타자로서의
서구

이 저서는 2007년도 정부(교육과학기술부)의 재원으로 한국연구재단의 지원을 받아 출판되었음.
(NRF-2007-361-AM0059)

타자로서의 서구
가야트리 스피박의『포스트식민 이성 비판』읽기와 쓰기

초판 1쇄 발행 | 2012년 5월 15일

지은이 | 임옥희
펴낸이 | 조미현

편집주간 | 김수한
책임편집 | 최진규
교정교열 | 김정선
디자인 | 김희은

출력 | 문형사
인쇄 | 영프린팅
제책 | 쌍용제책사

펴낸곳 | (주)현암사
등록 | 1951년 12월 24일 제10-126호
주소 | 121-839 서울시 마포구 서교동 481-12
전화 | 365-5051 · 팩스 | 313-2729
전자우편 | editor@hyeonamsa.com
홈페이지 | www.hyeonamsa.com

부산대학교 인문학연구소 ⓒ 2012
ISBN 978-89-323-1621-5 04100

01
우리시대 고전읽기
질 문 총 서

타자로서의 서구

가야트리 스피박의
『포스트식민 이성 비판』 읽기와 쓰기

임옥희 지음

현암사

A Critique of Postcolonial
Reason: Toward a History of
the Vanishing Present(Harvard
University Press, 1999)

Gayatri Chakravorty Spivak
(1942~)

"

최종심급화된 여성의 몸이

전 지구화된 금융자본주의의 흐름에서

어떤 변혁을 가져올 수 있는가?

혹은 변혁은 차치하고 하위 여성 주체는

말할 수라도 있는가?

스피박에 따르면 하위 여성 주체는 말할 수 없다.

그렇다면 스피박이 할 수 있는 것이라고는

한줌의 대학원생들을 모아놓고

인문학을 가르치는 것뿐일까?

스피박은 인문학의 창조적 상상력에서

그나마 변화의 가능성을 보고 있다.

"

차례

여는 글 　 전 지구적 자본의 시대,
　　　　 스피박 이론의 현재성

수많은 이론가 중에서 특히 가야트리 스피박Gayatri Chakravorty Spivak
을 거론해야 할 이유가 무엇일까? 한국 사회의 현란한 지적 속도전
을 감안한다면 스피박은 더 이상 '신선한' 이론가는 아니다. 물론 '신
선하다'는 판단 자체가 주관적이기는 하지만, 그녀는 에드워드 사
이드Edward W. Said, 호미 바바Homi K. Bhabha와 마찬가지로 지식 시
장에서 조금은 철지난 포스트식민 이론가 중 한 사람처럼 여겨진
다. 그렇다면 이 시점에서 그녀의 이론을 거론해야 할 특별한 이유
가 있는가? 더구나『다른 세상에서*In Other Worlds*』,『교육기계 안의 바
깥에서*Outside in the Teaching Machine*』,『포스트식민 이성 비판*A Critique of
Postcolonial Reason*』,『스피박의 대담』,『경계선 넘기*Death of a Discipline*』,

　　　　　　　　　　　　　　　　　타자로서의 서구

『다른 여러 아시아Other Asias』등 스피박의 저술 대부분이 국내에 이미 번역된 데다, 그녀를 거론한 메타이론서들인 릴라 간디Leela Gandhi의 『포스트식민주의란 무엇인가』, 로버트 영Robert J. C. Young의 『백색신화』뿐만 아니라 간략한 해설서인 『스피박 넘기』까지 번역되지 않았는가.

그러니 그녀의 이론을 이해하고 싶은 독자가 있다면 직접 읽는 것이 가장 좋은 방법일 것이다. 해설은 정확한 해석으로 지식 생산자와 지식 소비자 사이를 매개하는 데 그 미덕을 찾을 수 있을 것이다. 이때 매개자의 역할은 난해한 이론을 쉽게 풀이하고 정확한 해석을 덧붙이는 것이다. 하지만 해석은 아무리 중립적이고 객관적이라고 할지라도 또 다른 해석을 낳는다. 해석자의 해석이 개입하지 않을 수 없기 때문이다. 프레드릭 제임슨Fredric Jameson의 말마따나 "모든 해석은 결국 메타해석"[1]일 수밖에 없다. 스피박의 해석에 대한 필자의 해석은 서너 겹의 메타-해석이 될 수밖에 없다는 것이 부담스러웠다. 그리고 기존의 해설서, '스피박 읽기' 등이 나와 있는 마당에 이 해설서가 어떤 변별성을 가질 수 있을 것인가? 그것도 고민이었다.

우선 가야트리 스피박이 한국의 독자들에게 갖는 의미는 무엇인가라는 질문이 먼저 떠올랐다. 그녀의 텍스트 중에서 독자로서 필자가 처음 접했던 것이 「페미니즘과 비평 이론Feminism and Critical Theory」[2]이라는 짧은 글이었다. 1985년이었고 대학원 시절이었다.

1 Fredric Jameson, "Metacommentary," *PMLA* 86, 1971년 1월.
2 스피박의 이 논문은 그녀의 저서 『다른 세상에서』, 태혜숙 옮김, 여성문화이론연구소, 2003, 164~96쪽에 수록되어 있다.

그 시절 대학을 함께 다녔던 친구들 중에는 위장취업을 하거나 감방행을 택하거나 강제로 징집을 당한 경우도 있었다. 캠퍼스에는 봄철이면 어김없이 최루가스가 살포되던 시절이었다. 친구들이 도서관 바깥에서 '독재 타도, 미 제국주의 타도'를 외치는 와중에 도서관에 앉아 영어 텍스트를 펼쳐놓고 있는 자신이 민망했다. 그런 만큼 대학원 진학을 택한 자신의 행위에 변명이 필요했던 시절이었다. 그 무렵 접했던 영문학자이자 페미니즘 이론가가 스피박이었다. 그렇게 민주화 쟁취가 시대적 요청이던 상황 속에서 필자는 스피박의 글을 읽었고, '그' 글은 오랫동안 기억에 남았다. 1980년대 '서울의 봄'을 살고 있던 필자에게 그녀의 글은 무척 인상적이면서도 참담한 기분이 들게 했다.

그로부터 한 세대가 지났다. 지금은 한국 사회에서 영어 텍스트를 펼쳐놓고 있다는 사실만으로 부끄럽다고 느낄 사람은 아무도 없을 것이다. 이 해설서를 쓰기 위해 우선적으로 「페미니즘과 비평 이론」을 다시 읽어보았다. 이 글은 요즘의 스피박이 보여주는 난삽한 글쓰기와는 달리 논지가 선명하고 입장도 분명했다. 짧은 글이지만 그 이후 스피박이 전개한 논지의 많은 부분이 담겨 있기도 했다. 간단히 요약하자면 이 글은 마르크스와 프로이트를 페미니즘의 관점에서 비판한 다음, 1세계 백인 페미니즘 또한 비판한다. 1세계 여성작가이자 옥스브리지(옥스퍼드·케임브리지 대학) 영문학과 우등생인 마거릿 드래블Margaret Drabble의 소설 『폭포 Waterfall』를 분석하면서, 1인칭 화자인 제인의 계급적·인종적·젠더적 한계를 지적한 뒤,

타자로서의 서구

3 이 소설에서 드래블
은 3인칭 시점을 비판하면서
화자인 제인의 1인칭 시점
을 옹호한다. 3인칭 시점이
야말로 '정신분열적'이라는
제인의 발언은 3인칭 시점
을 객관적인 것으로 간주하
는 기존의 입장을 전복시킨
것이다. 그런데 스피박은 그
런 제인의 입장을 부르주아
지식인 여성의 한계라고 신
랄하게 비판한다. 스피박은
세계로부터 미학적인 거리
를 유지하는 1인칭 시점의 깊
은 물속에 빠지지 않으려면
3인칭이라는 현실 세계로 돌
아가는 것이 필요하다고 주
장하면서 문학 장치의 문제
와 한국 여성 노동자 문제를
결부시킨다.

4 신비평은 문학 텍스
트가 '완전한 전체'임을 강
조한 비평 이론이었다. 신비
평주의자들은 문학 텍스트
를 흔히 무결점의 잘 빚어진
항아리에 비유했다. 신비평
은 동일한 텍스트를 읽으면
서도 각기 달라질 수 있는 독
자의 반응을 '감성적 오류'
라는 이유로 배제했다. 텍스
트에서 저자의 의도를 찾아
내려고 하는 것은 '의도의 오
류'라는 이름으로 배제했다.
계급, 성차, 인종, 민족 등에
따라 천차만별일 수 있는 개
인들의 독서 경험은 보편적
인 진리를 추구하는 데 걸림
돌이기 때문에 괄호 속에 묶
어두었다.

마지막으로 1세계 백인 부르주아 페미니스트들이 '3'
세계 한국 여성 노동자들을 착취하는 데 1세계 기업
들과 어떻게 공모했는지를 분석한다. 영국 여성 작가
인 마거릿 드래블의 소설과 한국 여성 노동자의 착취
가 어떻게 맞물려 있다는 것일까? 지금 다시 읽어보
면 마거릿 드래블로서는 자기 소설과는 아무런 상관
도 없는 한국 여성 노동자의 착취 문제까지 소설가인
자신이 책임져야 한다니 억울할 것도 같았다.**3**

스피박은 이 논문에서 텍스트를 읽어내는 새로운
독법을 제시해주었다. 영문학 텍스트를 읽어내는 그
녀의 독법은 당시로서는 신선한 충격이었다. 마거릿
드래블의 소설과 한국 여성 노동자의 상황을 병치시
켜 읽어낸다는 것은 그녀가 아니었다면 상상하기 힘
든 독법이었을 것이다. 특히 신비평류**4**의 꼼꼼한 읽
기close reading는 텍스트 바깥을 참조하지 못하도록 막
았다. 신비평의 관점에서 보자면 스피박의 읽기는 논
리적인 비약을 무릅쓰면서까지 텍스트를 정치화함으
로써 오독했다고 비판받을 소지가 다분했다.

신비평이 권장한 꼼꼼한 읽기는 텍스트가 생산된
사회적 맥락과 텍스트를 철저히 단절시켜놓았다. 신
비평주의자들에게 문학 텍스트는 자족적인 하나의 우
주이고 완전한 전체였다. 신비평은 사회적인 맥락을

잘라내고 문학공화국에 안에서 자족하고자 했다. 텍스트 바깥에서 무슨 소란이 일어나더라도 문학 작품은 문학 작품으로 말해야 한다. 그들에게 문학 텍스트 바깥을 참조하는 것은 문학을 오염시키는 불순한 행위였다.

1980년대만 하더라도 한국 사회에서는 순수문학/참여문학 논쟁이 있었다. 사회적인 맥락을 참조하는 비평은 '빨갱이들'이나 하는 짓으로 매도당하는 분위기였으므로 신비평적인 독법이야말로 당시 한국 사회에는 적격이었다. 이처럼 신비평이 한국의 강단비평에서 인기가 있었던 것 자체가 한국적인 상황과 무관하지 않았다. 신비평은 1980년대 한국 사회에서 진행되었던 참여문학/순수문학 논쟁에서 순수문학 진영에게는 안전한 이론적인 배경을 제공해주었다. 그런 시대적 맥락에서 보자면 스피박의 포스트식민주의 독법은 그 당시로서는 가히 혁명적인 것이었다.

스피박이 언급한 '그' 사건은 미국의 다국적기업인 컨트롤데이터 사의 한국 지사 소속 여성 노동자들이 벌인 파업이었다.[5] 스피박이 자신의 텍스트에서 참조했던 컨트롤데이터 사건은 1982년 한국에서 일어났던 여성 노동자 투쟁이었지만, 당시에 필자는 그런 사건이 있었다는 사실조차 전혀 몰랐다. 컨트롤데이터 사 소속 여성 노동자들과 필자는 동시대를 살고 있었지만 스피박의 글을 통해 오히려 한국에서 일어난 그 사건을 뒤늦게 알게 된 것이다. 그 사건을 영어 텍스트로 읽고 나서야 비로소 알게 된 것이야말로, 스피박이 말하는 식민

[5] 컨트롤데이터 사 사건과 관련한 상세한 내용은 임옥희, 『채식주의자 뱀파이어』, 여성문화이론연구소, 2010, 1장 참조.

타자로서의 서구

화된 의식 탓이었을 것이다. 스피박을 읽으면서 참담했던 기억은 그런 이유에서였다.

1980년대 당시 한국적 상황에서 스피박과의 만남은 신선한 충격이었다. '3'세계 여성 노동자 문제가 영문학 비평 텍스트에 등장했다는 사실 자체도 놀라웠지만, 그보다는 영문학을 어떻게 공부할 것인가에 대한 하나의 실마리를 제공해주었다는 점에서 신선한 충격이었다. 이론과 실천이 엄격하게 분리된 것이 아니라 이론 자체가 하나의 실천이 될 수 있다는 점을 그녀의 독법이 보여주었기 때문이었다. 영문학의 고전들이 보편적인 진리를 담고 있는 불후의 명작이 아니라, 제국의 발명에 이바지하고 제국주의 이데올로기에 봉사하는 것에 불과하다면 어떻게 할 것인가? 이처럼 1980년대 당시로서는 새로운 독법과 새로운 이론실천인, 포스트식민주의적인 관점에서 영문학 텍스트를 '불온하게' 읽어내는 스피박의 글을 대하면서 독자로서 필자는 엄청난 희열을 느꼈다.

그로부터 사반세기가 흘렀다. 2008년 전 지구적 금융위기가 또한 차례 세계를 휩쓸고 지나갔다. 전 지구적 금융자본주의의 위기는 예외적인 위기 상태가 아니라 자본주의의 구조상 주기적으로 반복될 수밖에 없는 위기다.[6] 1989년 베를린 장벽이 무너지면서 동구 공산권이 몰락하자 프랜시스 후쿠야마 Francis Fukuyama 같은 자유주의자들은 역사의 종말을 공언했다. 그는 이제 자유민주주의가 인류 역사의 최종 목적지이므로, 공산주의가 아니라 자유민주주

6 스피박은 자본의 전 지구화 과정에서 민족국가의 경계를 초월하는 초국가적 자본에 주목하면서 계급, 젠더, 인종의 그 어떤 범주보다도 자본을 상위에 두고 분석해야 한다고 주장한다.

가 역사의 종말이라고 주장했다.[7] 후쿠야마가 보지 못했던 점은 그이후에 진행된 전 지구적 금융자본주의가 몰고 온 위기였다. 2008년 금융자본주의의 붕괴 위기를 경험하면서 한동안 잊고 지냈던 스피박 이론이 필자에게는 오히려 신선하게 다가왔다.

　　마이클 무어의 〈자본주의: 러브 스토리〉(2009), 찰스 퍼거슨의 〈인사이드 잡〉(2010) 등의 다큐멘터리와 슬라보예 지젝Slavoj Žižek 의 『처음에는 비극으로, 다음에는 희극으로』, 나심 니콜라스 탈레브 Nassim Nicholas Taleb의 『블랙 스완』 등 무수한 저서들이 보여주다시피, 세계의 자본을 휩쓸어갔던 월스트리트의 금융자본들은 2008년 그야말로 위기를 맞이했다. 그러자 미국 의회는 황급히 공적자금을 투자해 미국 경제를 망쳐놓은 금융기업들을 되살려놓았다. 그 와중에 구제금융의 혜택을 받은 골드만삭스 같은 회사는 벼랑 끝으로 내몰렸다가 기사회생했으면서도 구제금융으로 얻어낸 돈으로 직원들의 상여금을 주는 도덕적 해이를 다시 한 번 드러냈다. 구제금융이라고 하면 마치 하늘에서 돈벼락이라도 떨어져서 위기상황을 구제해 주는 것처럼 들리지만, 사실 구제금융은 국민의 자산을 거덜 낸 바로 그 금융기업들에게 공적자금이라는 명목으로 국민의 세금을 퍼부어주는 것이다. 골드만삭스는 구제금융으로 회생했지만 리먼브러더스는 파산했다. 스피박이 「가치 문제에 관한 단상들」(1985)에서 거론한 바 있는, 158년 전통을 자랑하던 세계적인 금융기업이자 미국의 4대 투자회사의 하나인 리먼브러더스는 결국 파산했다. 글로벌 금융자본주의 시대의

7　프랜시스 후쿠야마, 『역사의 종말』, 이상훈 옮김, 한마음사, 2007 참조.

타자로서의 서구

도래와 더불어 화폐의 전자적인 충동이 전 세계를 광속으로 움직일 무렵, 리먼브러더스는 "15분 일하고…… 2백만 달러를 벌었다. 스리랑카 여성들은 티셔츠 하나를 사기 위해 2,287분 일해야 한다"[8]고 스피박이 지적했던 바로 그 회사다. '3'세계 여성들의 등골을 휘게 만들면서 축적한 부가 장기 지속될 수 없다는 스피박의 진단은 단지 윤리적인 판단만이 아니다. 오로지 이윤 추구만을 목적으로 하는 금융자본주의[9]는 더 이상 버틸 수 없다는 것이 그녀의 주장이기도 하다. 그녀가 사반세기 전부터 언급했던 일들의 결과가 지금 현재 진행되고 있다는 점에서 스피박의 현재성을 새롭게 조명해볼 필요가 있겠다는 생각이 들었다.

해체론적 유물론자이자 페미니스트로서 스피박은 신자유주의 경제가 초래한 전 세계적인 경제위기와 3, 4세계 하위 여성 주체의 노동 착취와 빈곤의 양극화라는 화두를 놓친 적이 없다. 이런 그녀의 입장은 『다른 여러 아시아』(2011)에서 더욱 분명해졌다. 이 저서에서 그녀는 더 이상 전 지구적 자본주의의 욕망에 끌려 다녀서는 안 된다는 입장을 분명히 하고 있다. 상상력을 통한 '욕망의 재배치'야말로 인문학 교육이 절실히 수행해야 할 일이라고 그녀는 주장한다. 이윤 추구에 도움이 되지 않는다는 이유로 인문학의 위기가 거론되는 마당에 그녀는 오히려 인문학을 적극 옹호하고 나섰다. 인문학의 윤리적·정치적 과제는

8 스피박, 『다른 세상에서』, 태혜숙 옮김, 여성문화연구소, 2008, 350쪽.
9 아나톨 칼레츠키Anatole Kalestsky는, 20세기 초 자유방임의 고전자본주의 시대(자본주의 1.0)를 지나 1930년대 대공황 이후 케인스가 내세운 수정자본주의(자본주의 2.0), 1970년대 이후의 자유시장자본주의(신자유주의·자본주의 3.0)에 이어 이윤 추구 자본주의는 더 이상 지속할 수 없으므로 기업의 사회적 책임을 강조하는 사회적 기업 시대라는 자본주의 4.0을 주장하고 있다. 아나톨 칼레츠키, 『자본주의 4.0 Capitalism 4.0: The Birth of New Economy in the Aftermath of Crisis』, 위선주 옮김, 컬처앤스토리, 2011, 참조.

창조적 상상력을 통해 전 지구적 자본이 충동질하는 욕망을 재배치하는 것이라고 그녀는 역설한다. 이때 인문학은 상상력을 훈련시키는 것이고 그런 상상력은 무(혹은 부재한 것)에서 유를 만들어내는 사고 능력과 다르지 않다. 그런 상상력을 통해 욕망의 '비강제적' 재배치를 훈련시키는 것이 인문학이 해야 할 역할**10**이라고 그녀는 주장한다. 그 와중에 그녀는 주류 페미니스트들이 전 지구적 자본주의와 공모한다는 점에 일침을 가하는 것 또한 잊지 않는다. 이런 비판은 아마도 그녀 자신은 주류에 진입한 주변인 혹은 '교육기계 안의 바깥'으로 남고자 한다는 의미에서 주류 부르주아 백인 페미니즘과는 다르다는 자신감의 한 표현일 수도 있다.

자유민주주의라는 유토피아가 세계인들의 환상을 지배하고 문화 담론이 지식시장의 유행 현상이 되었을 때도 그녀는 3, 4세계 하위 여성들의 빈곤과 착취의 문제를 끊임없이 거론했다. 수많은 '포스트' 이론들이 문화 담론으로 전회했을 때도 그녀는 전 지구적 자본주의 시대에 이르러 경제를 부인하는 문화주의는 문화의 가면 뒤에 가려진 야만적인 얼굴을 포착하지 못한 것이라고 강도 높게 비판해왔다. 문화와 취향이 코드화된 시대에 이런 주장들은 오래된 마르크스주의자를 연상시킨다. 얼핏 보면 이런 주장은 현란한 금융자본주의 시대에도 여전히 경제적 범주에 매달리는 '시대착오적인' 주장처럼 비쳐지기까지 한다. 하지만 (여성) 노동력은 더 이상 일정한 지역에 머물지 않고 생존회로를 따라서 지구지역적glocal으로 이동한다. 생존회로의 밑바닥에

10 스피박, 『다른 여러 아시아』, 태혜숙 옮김, 울력, 2011, 13쪽 참조.

는 값싼 노동과 가난과 인내가, 상층회로에서는 금융상품이라는 우연적이고 신나는 주사위 놀이가 진행되고 있다.

이미 잘 알려져 있다시피 최근의 국제적 노동 분업에서 가장 열악한 희생자들은 여성이다. 여성들은 현재 진정한 산업예비군으로 남아 있다. 나이키 미국 본사에는 생산 공장이 없다. 따라서 본사에서 직접 신발을 생산하지 않는다. 모든 나이키 신발은 동남아시아와 베트남에 있는 익명의 하청업자들이 도맡아 생산한다. 나이키 회사가 말레이시아 나이키 공장에서 일하는 모든 여성 노동자의 1년 임금을 합친 것보다 더 많은 돈을 마이클 조던에게 CF 계약금으로 준다는 것은 잘 알려진 사실이다. 그리고 노트북을 사용하는 여성은 그것을 실제로 만드는 중국, 한국 등지의 전자회사 여성 노동자의 착취를 애써 잊어야만 자유로운 주체가 된다. 전자통신 분야에서 실질적으로 노트북, 핸드폰, 스마트폰을 만드는 사람들은 주로 '3'세계 여성들이다. 그런 제품들이 해당 소비자들에게 무한한 자유를 안겨주는 것처럼 포장됨으로써 '3'세계 여성 노동자들의 어깨에 지워진 무거운 짐은 감춰진다.

이처럼 전 지구적 금융자본주의가 몰고 온 위기를 보면서 스피박의 현재성을 다시 짚어볼 필요가 있겠다는 생각이 들었다. 스피박의 방대하고 난해한 텍스트 중에서 주저라고 할 수 있는 『포스트식민 이성 비판: 사라지는 현재의 역사 *A Critique of Postcolonial Reason: Toward A History of the Vanishing Present*』와 '제대로' 대면하고 싶어졌다. 에드워드 사이드가 『오리엔탈리즘』에서 동양이 어떻게 발명되었는가를 보여주었다면, 스피박의 이 저서는 서구가 어떻게 발명되었는가를 보여준 것이라고 해도 과언은 아닐 것이다. 이 저서는 서구의 근대가 가능하도록 해준 범汎인문학적 장치들, 즉 철학, 문학, 역사, 문화에 대한 비판서다. 서구의 근대적 유산을 비판하는 포스트식민 이론가로서 스피박의 면모가 가장 잘 드러난 저서라고도 볼 수 있다.

그런데 『포스트식민 이성 비판』은 제목부터 아리송하다. 칸트를 연상시키는 이 제목이 의미하는 바는 무엇인가? 칸트를 제외하고 서구 근대를 설명할 수는 없을 것이다. 서구 근대의 중핵은 종교로부터의 단절이라고 볼 수 있다. 신의 세계에서 인간의 세계로 이행하는 데 이성의 발명만큼 핵심적인 사태는 없다고 해도 과언은 아닐 것이다. 천상에 머물던 신이 지상으로 내려와 인간의 내면에 설치된 것이 이성이기 때문이다. 칸트 철학의 근간인 (근대적) 이성은 인간이 인간일 수 있는 인간의 척도가 되었다. 신이 사라진 자리를 대신한 것이 이성이었기 때문이었다. 그렇다면 근대적 이성이 아니라 '포스트식민 이성'이란 도대체 무엇인가? 근대적인 이성과 포스트식민 이성은 어떤 차별성을 갖는 것인가? 포스트식민화된 후기 근대에 이르러 이성의 역할은 무엇인가? 국가 이성이 국가의 존재이유raison d'État라는 뜻이라면, 포스트식민 이성은 포스트식민주의가 존재해야 하는 이유라는 뜻인가? 부제인 '사라지는 현재의 역사'는 무슨 뜻일까? 스피박의 『다른 세상에서』, 『교육기계 안의 바깥에서』, 그리고 이들 저서를 관통하고 있는 일관된 비판을 염두에 둔다면, 포스트식민 이성은 스피박 자신처럼 '3'세계 출신으로서 1세계에 자리 잡고 포스트식민주의 담론을 생산하는 사람들이 활용하는 '이성'이라는 뜻일까? 1세계 학계의 지식시장에서 '3'세계의 경제적·문화적 식민화를 통렬히 비판하면서 스스로를 '3'세계의 하위주체와 동일시하거나 대변인 노릇을 함으로써, '3'세계의 하위주체를 지식의 대상으로 동원하는 '이성의 간지奸智'를 말하는 것인가? 이런 질문에 답을 찾아 나가는 과정이 이 책의 핵심 내용 중 하나라고 할 수 있을 것이다.

사실 1990년대부터 9·11 테러 이전까지 포스트식민주의는 미국 학계에서 유행하는 담론이었다. 포스트식민주의에 입각한 다문화 연구야말로 인기 프로젝트였고 연구기금을 확보하기에 더할 나위 없이 좋은 주제였다. 이 말은 전 세계에 미치는 미국의 영향력을 비판적으로 성찰하는 것이 포스트식민주의 이론임에도 불구하고, 그것이 미국의 이해관계에 전혀 위협적이지 않다는 말과 다르지 않았다. 비판은 하되 그렇다고 위험하지는 않은 이론이 말하자면 포스트식민 이론이었는지도 모른다. 미국 중서부에 위치한 피츠버그 대학에 자리 잡고 있던 스피박 자신도 『포스트식민 이성 비판』을 비롯한 여러 저서의 후광으로 동부의 명문 대학인 뉴욕의 컬럼비아 대학으로 자리를 옮기게 되었다. 이렇게 하여 그녀 또한 '외형상으로는' 자신이 통렬하게 비판했던 메트로폴리탄 페미니스트[11]가 되었다.

이론 자체도 하나의 유행 현상인 데다 그 주기도 짧아, 제기한 문제가 해결되기도 전에 잊히는 지식시장에서 그녀의 저서는 일시적인 유행 현상으로서

11 '메트로폴리탄 페미니즘'은 한때 제국의 종주국이었던 나라에 속한 페미니즘을 일컫는 말로 스피박이 사용한 개념이기도 하다. 특히 1세계 학계의 중심부에 있는 페미니스트(크리스테바 같은 프랑스 페미니스트를 위시하여)를 겨냥한 것으로 보인다.

의 '포스트' 이론들과 거리를 유지하고 있다. 스피박은 폴 드 만Paul de Man, 자크 데리다Jacques Derrida 등의 해체론에 많은 영향을 받았지만 주체의 죽음, 혹은 탈중심화된 주체[12]를 무비판적으로 수용한 적이 없다. 그녀가 끝까지 놓치지 않고 있는 것이 (글로컬한) 주체 개념이다. 포스트식민 담론의 장에서 그녀를 스타 이론가로 부상시킨 논문인 「하위주체는 말할 수 있는가?Can the Subaltern speak?」라는 글에서 보다시피 그녀가 상정하는 주체는 막연하고 느슨하다. 그럼에도 이탈리아 마르크스주의자인 안토니오 그람시Antonio Gramsci에게서 차용한 그녀의 하위주체subaltern 개념은 이제 포스트식민 이론에서는 핵심 개념으로 제도화되었다. 하위주체[13]라는 범주가 1980년대 한국 사회구성체 이론들이 말한 '기층민중' 개념처럼 모호하다고 비판하면 스피박은 바로 그 때문에 하위주체 개념을 선호한다고 응수한다. 그녀가 말하는 하위주체는 교육받지 못한 가난한 '3세계' 토착 기층민중(여성)이라고 할 수 있다. 사실 하위주체는 자신의 목소리를 갖기 힘든 사람들이다. 스피박 같은 지식인들이 그들을 대변하고 재현해준다는 의미에서 그들은 지식의 대상이지 지식 생산의 주체는 아니다.[14]

그러므로 정작 하위주체 여성들이 스피박의 난해

12 주체의 해체, 탈중심화를 무비판적으로 칭송하는 포스트모던 이론들은 결국은 포스트포디즘적인 자본의 본원적 축적을 위한 길 닦기 이론이었다는 신랄한 비판을 받기도 한다. 사카이 다카시, 『통치성과 '자유': 신자유주의 권력의 계보학』, 오나하 옮김, 그린비, 2011, 54쪽 참조.

13 그람시가 「역사의 여백에서: 하위주체의 사회집단의 역사」에서 처음으로 사용한 개념을 음독하기보다 하위주체로 번역하고자 한다. 열등한 계층으로 계급의식을 갖지 못하고 지배당하는 한국의 1980년대 정서로 본다면 엄격한 사회학적 개념은 아니지만 기층민중에 해당한다. 하위주체에 관한 개념은 이 책 240쪽 용어 사전 참조.

14 스피박의 짧은 글로부터 이 해제의 서두를 시작한 데에는 또 다른 계기가 있었다. 이혜란 감독의 다큐 〈우리는 정의파다We Are Not Defeated〉(2005)의 제작 일지가 준 감동 때문이다. 이 작품은 1970년대 말 동일방직에서 해고된 여성 노동자들의 복직투쟁 집회를 기록한 것이다. 동일방직 복직투쟁자 중에는 컨트롤데이터

타자로서의 서구

한 글을 직접 읽을 기회는 거의 없다고 보아도 무방할 것이다. 그녀는 1세계 백인 페미니스트들을 비판할 때는 타자의 입장 혹은 '3'세계 하위주체의 입장을 보지 못한다고 끊임없이 비판하면서 페미니즘 내부의 이론적 편차에 주목한다. 하지만 그녀 또한 '3'세계 하위 여성 주체 혹은 토착 정보원들을 지식의 대상으로 만든다는 비판에서 자유로울 수는 없을 것이다. 하위주체를 거론하지만 그녀의 난해한 글쓰기 전략은 결코 하위 여성 주체에게 '직접적으로' 호소하는 것은 아니기 때문이다.

그렇다면 스피박은 과연 어떤 독자를 염두에 두고 이처럼 난해한 글을 전략적으로 쓰고 있는 것일까? 스피박이 말하는 손쉬운 글쓰기는 정답을 제시함으로써 성급한 행동을 촉구하는 글쓰기를 의미한다. 대체로 회의적인 데다 행동으로 옮기는 데 느린 것이 지식인의 속성이다. 그래서 지식인들은 책에 고개를 파묻고 현실도피를 할 것이 아니라 행동하라는 소리를 종종 듣게 된다. 철학적 인식knowing이 정치적 실천doing으로 곧장 연결되는 것은 결코 아니다. 행동하라는 명령에 생각이 많은 지식인들은 아직 행동하기에는 시기상조라고 변명할 수 있다. 무언가를 읽어야 할 시간은 그런 읽기를 그만두고 행동할 시간이기도 하다는 비판이 나오는 이유도 그 때문이다.

사에서 해고된 이영순 씨도 포함되어 있었다. 27년 전 여성 노동자들이 뭉쳐 민주노조를 조직했다는 이유로 회사는 남성 노동자 구사대를 시켜 노조 사무실에 오물을 투척했다. 그로부터 한 세대가 지난 지금 그들은 학자, 기자, 면담자 들이 지겹도록 대상화하고 착취해간 자신들의 이야기에 반발하면서 자신들의 목소리로 자신들의 이야기를 하고 있었다. 벌써 사오십대가 된 그들 대다수는 아직도 비정규직 여성 노동자로 살아가고 있다. 그들의 이야기는 패배의 이야기이면서 동시에 패배의 이야기가 아니다. 이 다큐는 하위주체로서 여성 노동자들이 스스로 말할 수 있음을 보여준다. 이론 노동자들이 저지르는 '필연적인' 실수는 기층 민중 운운하면서도 결국은 그들을 대상화한다는 점이다. 그것이 필연적인 실수라는 점을 분명히 의식하고 글을 쓰는 자기 성찰이 스피박이 주는 매력이기도 하다. 그녀는, 전 지구적인 인식의 지도를 그리고 싶어 하는, 혹은 하나의 이론으로 모든 것을 총체적으로 설명하고자 하는 이론가들의 나르시시즘과 거리를 유지하기 때문이다.

반대로 철학적 성찰이 필요한 순간과 대면하는 것이 두려워 성급한 행동주의로 빠져들 수도 있다. 스피박은 끊임없이 지적인 성찰과 경계를 해야 할 곳에서 상투적인 해답을 내리고 그에 따라 조급하게 행동하는 것은 기계론적인 정치적 실천에 봉사할 확률이 높다고 주장한다. 그 결과 성급한 행동주의로 인해 '내가 과연 무슨 짓을 했던가?'라는 사후적인 반성과 마주칠 수도 있다. 스피박의 말을 뒤집어 생각한다면 지식인들은 본인이 직접 행동하는 데는 느리고 남들을 행동하도록 만드는 데 훨씬 더 익숙한 사람들이다. 물론 지식인들이 선동적인 정치가는 아니지만 자신들의 지식 생산이 궁극적으로는 타인의 삶을 변화시키고 반反/계몽하는 데 있다고 보기 때문이다.

난해한 글쓰기에 대한 스피박의 변명은 지식인들의 무기력증을 옹호하는 데 있는 것만은 아니다. 난해한 글쓰기는 바로 그 난해성 때문에 끊임없이 리더reader와 해제들을 생산한다. 난해한 이론을 풀어서 평이하게 삼킬 수 있도록 해주는 작업이 줄기차게 반복되지 않을 수 없다. 쉬운 글쓰기에 수많은 리더가 나올 필요는 없을 것이다. 그렇게 본다면 이 해제 또한 스피박의 이론을 재생산하는 데 가담하고 있는 셈이다.

이름 앞에 수식어가 많이 붙어 다니는 이른바 '하이픈' 이론가답게 스피박은 철학적 일관성, 순수성을 포기하면 오히려 생산적인 이야기들이 풍부해질 수 있다고 여긴다. 그래서 그녀는 필요에 따라 해체론, 마르크스주의, 페미니즘, 포스트식민주의 등을 오가면서 자기 이론을 전개하고 있다. 마르크스주의의 정치경제학과 가치의 경

타자로서의 서구

우 해체론을 가지고 옴으로써 경제결정론을 해체하고 그 대신 그것의 대리 보충supplement으로서 차연différance을 주장한다. 페미니즘을 언급할 때는 여성들 내부의 차이를 강조하면서, 전 지구적 입장에서 하위주체의 끈을 놓치지 않으려고 한다. 철학을 정신분석함으로써 철학이 완강하게 고집했던 진리의 독점을 또한 해체한다. 그와 동시에 자신의 이론을 문학화함으로써 자기 이론의 진리가치를 독점하려고 하지 않는다. 포스트이론가인 그녀가 자기 이론의 확실성, 진리치를 주장하는 것이야말로 자가당착이기 때문이다. 역사가들은 사료의 객관성과 진실성을 주장하지만, 역사와 문학이 얼마나 지척에 있는지를 스피박은 심문한다. 이런 혼란스런 방식을 통해 그녀는 오독의 생산성을 적극적으로 역설한다.

난해한 스피박의 이론, 어떻게 읽을 것인가

스피박은 자기 글쓰기를 평이하게 만들어 난해한 사고의 매듭을 풀어버림으로써 쉽게 소비하는 것에 저항하는 이론가다. 스피박의 이런 입장이 그녀에 관해 더 많은 글쓰기를 유도한다는 점은 역설적이다. 스피박 읽기의 고민이 시작되는 지점도 이 부분이다.

　　스피박은 포스트식민주의-해체주의-마르크스주의-페미니스트 이론가로 일컬어진다. 그만큼 하나의 이론으로 규정하기 힘든 이론가다. 스피박의 욕망은 자기 이름 앞에 붙어 다니는 하이픈 이론의 '변증법적인' 종합이 아니라 불연속성에 노출되는 것이다. 장 프랑수아 리오타르Jean-François Lyotard와 같은 '포스트' 이론가들은 편집증적인 지식인들이 만들어낸 욕망이 '총체성'이라고 비판한다. 모든 것을 하나의 열쇠를 통해 총체적으로 설명하려는 욕망이야말로 그에게는 타도의 대상이었다.[15] 하지만 인식의 습관 자체가 시-중-종이라는 완결된 서사 구조를 요구한다는 점은 부인할 수 없다. 구슬이 서 말이라도 꿰어야 보배라는 속담처럼, 일관된 논리로 꿰어놓지 않은 파편화되고 분열증적인 이론은 이해하기 힘들기 때문이다. 미국 마르크스주의 문학비평가인 프레드릭 제임슨의 강박은 전 지구적 자본주의 시대를 꿸 수 있는 인식적 위치를 점하는 것이다. 허구라고 할지라도 제임슨의 이론에서 총체성(부재로서의 총체성)은 파편화되고 삽화적인 서사들을 하나로 꿸 수 있는 실타래로 기능한다.

이에 반해 "나는 브리콜뢰르bricoleur다. 나는 닥치는 대로 사용한다"[16]고 고백한 스피박은 다양한 이론들에 치밀하고 정연한 논리를 부여하지 않는다. 하나의 입장을 고수하지 않으므로 때로는 어떤 관점에서 누구를 상대로 어떻게 하자는 것인지 모호한 경우가 적지 않다. 해체론의 입장에서 마르크스주의를 공격하기도 하고 페미니즘의 입장에서 해체론과 마르크스주의 둘 다 비판하기도 한다. 다른 한편 간디와 같은 인도의 엘리트 민족주의를 공격하면서 하위 민중 여성 주체의 입장을 굳건하게 유지하기도 한다. 그녀는

15 장 프랑수아 리오타르, 『포스트모던의 조건』, 유정완 옮김, 민음사, 1991 참조.
16 Angela McRobbie, "Strategies of Vigilance: An Interview with Gayatri Chakravorty Spivak," Block 10, 1985, p. 8. 로버트 영, 『백색신화』, 김용규 옮김, 경성대학출판부, 2008, 389~400쪽에서 재인용. 브리콜뢰르는 여러 가지 일에 손을 대는 사람을 뜻한다.
17 프랑스의 철학자 사라 코프만Sarah Kofman은 "소크라테스는 기원전 400~399년 69세의 나이로 죽었다. 페리클레스가 죽은 지 29년 뒤이며 알렉산드로스 대왕이 태어나기 44년 전이었다"라는 전기적인 사실이자, 역사적이고 객관적 사실

타자로서의 서구

포스트식민 페미니스트로 알려져 있지만 페미니즘이 젠더 하나만으로 연대할 수 없다는 점을 분명히 밝힌다. 여성이라는 이유만으로 서로 연대하고 서로 자매애를 발휘해야 한다는 부르주아 페미니즘이 주장한 자매애sisterhood의 허구성을 신랄하게 비판한다. 그런 자매애야말로 1세계 페미니스트들이 인식의 대상으로서 '3'세계를 구성하기worlding 위해 '3'세계 여성을 동질적인 하나의 대상으로 고정시키는 인식적 폭력이라고 맹렬히 비판한다. 이처럼 그녀는 자기 이론을 고착화하고 평면적으로 소비하는 것에 저항한다. 하이픈으로 연결된 어느 하나의 이론에 자기 입장을 정초하지 않으면서도 동시에 이 모든 입장 사이를 유연하게 떠돈다.

그녀는 온갖 이론, 문학 작품, 문화 담론, 영상 이미지 들을 가로지르면서 개입하고 '간섭'한다. 그녀는 영문학자이지만 영문학 텍스트 자체에 머물러 있지 않는다. 그녀는 자본주의 분업 체제에 바탕한 분과학문 체제를 넘어서려는 최근의 다학제 간 융합학문 혹은 학제 간 경계 넘기를 처음부터 실천하고 있었던 셈이다. 다양한 이론을 오가면서도 동시에 해체하고 있으므로 그녀의 이론은 난해하고 문장은 난삽해진다. 그러므로 그녀가 해석한 상황을 또다시 해석하는 메타해석은 어쩔 수 없이 해설자의 주관적 관점에서 읽어낸 또 다른 해석의 하나가 될 것이다.**17** 예를 들어 프레드릭 제임슨이 알레고리로 해석한 상황에 대한

을 나열하는 헤겔의 문장에서도 해석의 가능성은 얼마든지 있다고 말한다. 헤겔은 객관적이고, 사실적이며 단도직입적으로 말한 것처럼 보인다. 그럼에도 불구하고 소크라테스의 죽음을 페리클레스의 죽음과 알렉산드로스 대왕의 탄생이라는 연대기를 통해 언급한 것은 이미 특정한 독서를 그 안에 포함하고 있는 것이다. 그것은 결코 순진한 독서가 아니다. 소크라테스의 죽음을 변증법적인 위치에 자리매김하는 것이다. 헤겔이 선호한 영웅들 사이에 소크라테스를 위치시킴으로써 경험적인 죽음을 넘어서 그의 죽음을 지양하려고 한 것이다. 이렇게 본다면 해석에는 이미 해석자의 해석이 언제나 포함되어 있는 것이다.

스피박의 비판을 또다시 해석해야 하는 해설 작업은 원본에서 몇 단계나 멀어지게 만든다. 플라톤 식 어휘를 동원하자면 원본이라는 이데아에서 서너 단계나 멀어질 수 있다. 해석에 대한 해석, 그 해석에 대한 또 다른 해석은 사소한 편차와 오독으로 인해 무한한 자기 증식과 자기 복제를 가능케 한다.

스피박이 안이한 해석에 반대하면서 "평이한 글쓰기에 속임수가 있다"[18]고 주장한 것도 그런 맥락을 염두에 두고 한 말이다. 아직도 그녀의 이론이 어렵다고 불평하는 사람들에게 그녀가 주는 대답이다. 도무지 명쾌한 대답이 나올 수 없는 맥락 속에서 시원한 대안을 내놓는 것은 사기이고 기만이다. 그러므로 그녀는 자기 이론이 깔끔하게 정리되어 간단하게 소비되는 것에 저항한다. 자기 이론이 소비시장의 회로에서 손쉽게 소비되고 망각되는 것에 저항하기 위해서라도 그녀는 난해한 글쓰기를 고집한다. 그것이 난해한 글쓰기에 대한 그녀의 변명이다.

스피박의 난해한 글쓰기에 대한 철학적 변명을 따져보면 대단히 아이러니컬하다. 그녀는 1세계 페미니스트들이 하위 여성 주체들을 토착 정보원으로 도구화한다고 신랄하게 비판했지만 정작 그녀 자신도 난해한 글쓰기를 통해 하위 여성들을 배제시키고 있다. 대체로 문맹인 하위 여성 주체들은 스피박이 쓴 글들을 이해는커녕 접근할 기회조차 없다. 『포스트식민 이성 비판』의 3장 「역사」에서 스피박은 과거 히말라야 고산 지대 왕국의 여왕이었던 라니를 찾아가는 도중에 만난 여성들

18 스티브 모튼, 「스피박 넘기」, 이운경 옮김, 앨피, 2005, 20쪽에서 재인용.

을 언급한다. 염소 떼를 몰고 가는 여성들이 스피박이 말한 하위 여성 주체겠지만 그녀들이 무슨 소용에 닿는다고 스피박의 텍스트를 읽겠는가. 종이를 좋아하는 염소의 먹잇감이 아니라면 스피박의 책이 그녀들에게 쓰일 용도는 없을 것이다.

「하위주체는 말할 수 있는가?」에서 그녀는 '3'세계 하위주체를 배제하는 것은 제국주의적인 기획을 연장하는 것이라고 주장한 바 있다. 그녀의 글쓰기가 난삽해지는 이유 중 하나는 자신의 연구가 연구라는 이름으로 '3'세계에 대한 지식을 제공해주는 토착 정보원으로 기능하게 내버려두지는 않겠다는 의지의 발로일 수 있다. 1세계 이론을 해석하고 분석했다는 것만으로 자기 할 일을 다 한 것으로 만족하지는 않겠다는 뜻이다. 스피박의 글에 대한 수많은 해제가 생산되는 것 또한 그런 난해함에서 기인한 것일 수 있다. 그렇다면 그녀의 난해한 글쓰기는 그녀가 그토록 비판한 1세계 페미니스트들이 하는 것과 그다지 다를 바가 없는 것은 아닐까라는 의구심이·든다. 그녀는 누구를 대상으로 자신의 글쓰기 철학을 말하고 있는 것인가.

벨 훅스Bell Hooks의 경우 빈곤한 아프리카계 미국인 하층(중산층이 아니라) 여성들에게 말을 건네기 위해 대중적이고 쉽게 이해할 수 있는 글을 쓴다. 자존감이 바닥에 떨어진 하층 여성 노동자들에게 희망을 줄 수 있는 자기계발 담론의 어법을 긍정적으로 차용하면서 벨 훅스는 자아실현을 통해 그들에게 자긍심을 북돋워주려고 한다. 그런 측면에서 보자면 훅스는 프랑스 페미니즘이 신랄하게 비판했던 정체성의 정치를 오히려 긍정적으로 수용하면서 기존 제도와 협상하고자 한다. 그녀는 일견 인종 차별로 보이지만 사실은 계급 갈등에서 비롯된 문제에 주목함으로써,**19** 자기 글쓰기의 대상을 어린 나이에 싱글맘이 된 아프리카계 미국인 여성들로 정하고 자신의 글이 그들의 삶을 위한 하나의 지침서가 되기를 원한다. 그렇다면 어렵게 쓰려야 쓸 수가 없다.

　스피박은 계급보다는 전 지구적인 자본에 방점을 찍는다. 벨 훅스와 달리 스피박이 대상으로 삼는 청중은 결코 아프리카계-미국인 여성이 아니다. 그녀의 이론적인 토대는 전 세계에 퍼져 있는 하위 여성 주체들이다. 하지만 그들은 추상화된 하위주체이며 스피박의 직접적인 청중은 아니다. 1세계 강단에서 한줌의 엘리트 학생들을 대상으로 메타비평을 하려면 쉬운 언어로 말할 수 없다. 페미니스트들 또한 자신이 처한 위치, 즉 인종, 계급, 민족, 종교, 국적에 따라서 글쓰기 방식, 세계의 해석, 문제에 접근하는 방법론이 달라진다.

　페미니즘의 이질적 목소리를 옹호하는 스피박은 1세계 페미니스트들의 자유주의적 개인주의가 보편적인 여성 주체로 등치되는 것에 부정적이다. 그런 입장은 '3'세계 여성들과의 연대는커녕 오히려 그들을 식민화하는 데 일조할 수 있다는 것이다. 이 점은 이 책의 2장에서 보게 되겠지만 그녀가 영문학의 고전인 『제인 에어』를 분석한 데서 잘 드러난다. 제인이 사망한 부모의 유산을 물려받고 마침내 경제적으로 독립하는 순간, 그녀는 서구 제국주의의 노예제도와 공모하면서 자신이 원하든 원치 않든 '3'세계 자매 위에 군림하는 백인 여

19　벨 훅스, 『경계넘기를 가르치기』, 윤은진 옮김, 모티브북, 2008, 『계급에 대해 말하지 않기』, 이경아 옮김, 모티브북, 2008 참조.

성 주체가 된다. 그러므로 스피박은 정체성을 추구하면서 나는 누구인가, 라고 묻는 단일하고 단수적인 정체성의 정치학 대신 '다른' 여성은 누구인가, 라는 복수의 주체성에 주목한다. 여성으로서 '우리'라고 말할 수 있다면 그 우리는 몇 명인가를 물어야 한다는 것이다. 여성은 여성이라는 공통된 젠더를 기반으로 하지만 그들이 처한 상황은 역사적, 문화적으로 이질적이고 불연속적이므로 보편화할 수 없다. 대부분의 경우 서구 페미니즘의 오만은 보편적인 여성 주체를 설정하면서 타자인 여성들을 자신과 동일시, 동질화하는 나르시시즘을 되풀이하거나, 혹은 시혜적인 입장에서 우리처럼 자유로운 개인으로서의 정체성을 가지면 여성해방이 될 것이라고 계몽하는 입장에서 벗어나지 못할 때 드러난다는 것이다.

스피박은 전 지구적 자본주의 시대를 읽어내려면 초국적 독해 능력transnational literacy이 요구된다고 말한다. 전 지구적 금융자본주의 시대는 한 국가 차원의 독해 능력만으로는 온갖 모순이 중첩된 사회를 파악하기 힘들다. 그래서 국민국가의 경계를 넘어 지구지역적으로 연결된 세계를 이해할 수 있는 독법이 필요한데 스피박은 그것을 초국적 독해 능력이라고 일컫는다. 이런 맥락에서 보자면 초국적 독해 능력은 프레드릭 제임슨의 전 지구적 인식 지도 그리기의 야심과 별반 다른 것처럼 보이지 않는다. 앞서 지적했다시피 스피박은 이질적인 문화, 역사를 통합하려는 것이 아니라 불연속성을 그대로 드러내기 위해서 그런 능력이 요구된다고 주장한다. 하지만 그와 같은 전 지구적 관점은 지구를 들어 올릴 아르키메데스의 지렛대와

받침점을 필요로 한다. 우주비행사와 같은 거시적 관점으로 보아야만 지상의 빈곤한 자들의 삶이 포착될 수 있다. 그것은 지구 전체를 조망할 수 있는 여신의 관점과 다르지 않다.

모든 것을 총체적으로 보기 위해 소용돌이의 꼭대기로까지 비상해야 한다면 그런 아득한 높이에서 과연 생존의 사막을 가로지르는 여성들의 삶이 보일까? 하위 여성 주체들을 전경화하려는 이론에의 욕망은 그들의 목소리를 재현함으로써 침묵시키는 아이러니에 빠질 수도 있고, 예이츠의 시 「재림」에서처럼 이론가라는 송골매가 너무 높이 나는 바람에 지상의 고단한 하위 여성 주체를 비가시화하는 맹목에 빠질 수도 있다.

스피박은 전 지구적인 시선을 유지할 수 있는 관점을 묘하게도 인문학(최근 들어서는 비교문학 포함)[20]에서 찾는다. 스피박은 미래에 대한 녹색 비전과 원거리 생성시학(텔레오포이에시스teleopoiesis, 238쪽 용어 사전 참조)을 제시한다는 점에서 매력적이다. 우리 시대가 필요로 하는 것은 비상하는 이론가의 이론이 아니라 추락하는 시인의 상상력일 수도 있다. 총체성이 아니라 불연속성에서, 과학적 이론이 아니라 원거리 생성시학을 통해 '남南'의 여성들의 목소리가 들릴 수 있도록 하기 위해 그녀는 서구 철학에서부터 시작한다. 그중에서도 칸트의 이성 비판이 어떻게 야만인들의 영혼을 발명했으며, 그것이 포스트모던 시대에 어떻게 기능하고 있는지 조망한 것이 『포스트식민 이성 비판』, 1장의

20 레이먼드 윌리엄스 Raymond Williams의 표현(정서의 구조)을 도용하자면 지역학(부상하는 학문emerging), 인문학(지배적인 학문dominant), 비교문학(잔여학문residual)이 서로 경합하는 가운데 그나마 비교문학의 위상을 인정하는 방향으로 나아가고 있다.

내용이다.

스피박이 전개하는 이론을 장악해서 필자의 관점에서 풀어쓴 해제를 여는 글에 담고자 했다. 하지만 그녀의 이론과의 거리 유지가 쉽지 않았다. 메타해석의 고충이 바로 이런 점이다. 어디까지가 필자의 주장이고 어디까지가 스피박의 이론인지가 불분명해지는 지점이 많았다. 그러다 보니 난해한 스피박 이론을 가능한 한 평이하게 풀어쓰는 작업에 그치고 말았다. 평이하게 풀어쓰는 것이나마 제대로 할 수 있을지 의문이 들기도 한다. 하지만 해석은 해석자와 텍스트와의 고독한 씨름이 아니라 타자로서 독자의 목소리와 함께 만들어나가는 과정이라는 생각을 위안으로 삼고자 한다.

임옥희

1장 철학의 정신분석:
칸트, 헤겔, 마르크스
오/독하기

『포스트식민 이성 비판』의 1장은 동구 공산권의 몰락이라는 세계사적인 사건에서부터 시작한다. 지금은 과거지사가 되었지만 그 당시 서구 좌파 지식인들에게 동유럽 공산권의 몰락이 미친 영향은 가히 충격적이었다. 스피박은 동구 공산권의 몰락이 가져다주었던 충격, 견제 세력이 없는 자본주의의 독주와 더불어 그로 인한 철학적·문화적 충격을 염두에 두고 1장을 시작한다.

　1989년 베를린 장벽의 붕괴, 1991년 구소련의 와해로 동구 공산권이 완전히 무너졌다. 공산권의 몰락이라는 세계사적 사건으로 인해 전 지구적 자본주의화를 방해하고 견제할 세력 또한 사라졌다. 국가의 경계선을 바탕으로 한 일국자본주의의 둑이 무너지자 포스

타자로서의 서구

트식민 연구 또한 급물살을 타고 미국 학계의 문화적 충동과 욕망을 자극했다. 스피박이 여기 실린 글들(1985~1990)을 묶어서 출판했을 무렵(1999)은 포스트식민 연구가 미국 학계에서 유행 이론이자 폭발적인 생산성을 발휘하던 시기였다. 하지만 포스트식민 담론이 주류가 될 수도 없거니와 되어서도 안 된다는 것이 스피박의 입장이다. 정화되어 깨끗해 보이는 본류 아래 가라앉아 있는 찌꺼기 또한 동시에 보아야 한다는 것이다. 혹은 깨끗한 본류 아래 흙탕물이 흐르고 있다는 것을 경고하기 위해 스스로 분탕질을 한번 쳐보겠다는 것이 스피박의 의도라고 볼 수 있다.

전 지구적 금융자본주의 시대와 마주하면서 스피박은 칸트, 헤겔, 마르크스를 다시 읽어보려고 한다. 그녀가 보기에 칸트, 헤겔, 마르크스는 '사심 없는' 철학적 관념들을 전개했던 1, 2백 년 전의 철학자라기보다는 지금과 같은 금융자본주의 시대를 선도하고 예견한 담론 생산자들이기 때문이다.

마르크스라면 지금과 같은 금융자본주의의 등장을 예측했노라고 어떤 이론가가 주장하더라도 놀라지 않겠지만 칸트는 뜬금없다는 생각이 들 수도 있다. 자신의 이해관계와 무관하게 초월적인 철학을 평생 성실하게 추구해왔던 것으로 알려진 칸트가 금융자본주의와 무슨 연관이 있다는 것일까? 사실 전 지구적 금융자본주의가 지배하는 포스트모던 시대에 이르러 철학의 진리치를 담보했던 의식, 이성, 총체성, 보편성 등은 해체의 대상이 되었고 무의식, 광기, 우연성, 파편화가 철학적 무대의 전면에 배치되었다. 이성의 해체라는 소용돌이를 헤쳐 나온 포스트모던 시대에 이르러 스피박은 오히려 칸트의 이성(순수이성, 실천이성)으로 되돌아간다. 그녀의 해체론적 전략을 거친 칸트의 이성은 어떤 모습일까?

『포스트식민 이성 비판』이라는 책 제목 자체가 포스트식민 시대의 이성 비판은 과연 어떤 것일까라는 궁금증을 유발한다. 칸트를 연상시키는 이 책 제목으로 미뤄보건대 1장을 다 읽고 나면 이 제목의 의미가 드러나지 않을까. 이 책의 1장은 특히 칸트 철학의 재해석 혹은 오독이다. 그렇다면 칸트, 헤겔, 마르크스 같은 서구의 남성 철학 대가들을 오독하고 해체함으로써 스피박이 얻어내고자 하는 것은 무엇일까?

스피박의 논의는 한편으로는 지나치게 어렵고 난삽한 엘리트주의라고 비난받는다면,[21] 다른 한편으로는 논의가 치밀하지 못하고 엉성하다고 비판받는다. 식민주의/제국주의/신식민주의의 차이가 역사가들에게는 중요하겠지만 그런 구별이 자신에게는 그다지 중요하지 않다면서 스피박은 엄격한 구분을 무시한다 (p. 3).[22] 많은 역사가들이 오랜 연구와 논쟁 끝에 만들어낸 복잡하고 섬세한 구분을 무시하다 보니 그녀의 논의가 치밀하지 못하다는 비판이 나오는 것은 당연하다. 게다가 칸트 전공자들이 보기에 스피박은 극히 '사소한' 한두 구절을 끌고 와서 자신의 의도에 맞게 해체하고 오독하는 것이 불만일 수도 있을 것이다.

칸트의 철학을 오독하겠다는 그녀의 입장(p. 9)

21 테리 이글턴, 『이론이후』, 이재원 옮김, 도서출판 길, 2010, 115~16쪽.
22 이 해제를 쓰기 위해 물론 번역본을 참조했지만 본문에서 언급할 경우 Gayatri Chakravorty Spivak, *A Critique of Postcolonial Reason: Toward a History of the Vanishing Present*, Harvard University Press, 1999의 페이지로 표기하고자 한다.

타자로서의 서구

은 철학의 진리 주장truth-claim을 심각하게 훼손하는 발언이기도 하지만, 다른 한편으로는 철학이 일관성, 순수성을 포기하면 또 다른 지평이 열릴 수 있을 것이라는 의미가 될 수도 있다. 스피박이 칸트를 적극적으로 오독하겠다고 나선 마당에 철학자들이 그렇게 읽으면 오독이라고 말하면서 엄격한 철학적 척도를 들이대는 것은 무의미할지도 모른다. 그것은 문학이 주는 비유 남용의 특권일 수 있다. 이런 태도는 철학을 대하는 그녀의 오독(혹은 문학적 접근)에서 더욱 잘 드러난다.

스피박은 자신의 오독을 문학적 오어법誤語法, catachresis으로 해결하고자 한다. 오어법은 어색하거나 무리한 은유나 잘못된 용법, 즉 비유의 남용이나 말의 오용을 의미한다. 오어법은 비유 남용으로 인해 은유의 경제성이 떨어질 수도 있지만 효과적으로 사용하면 특정 은유의 효과를 배가시킬 수 있다. 스피박이 염두에 둔 것은 물론 후자의 경우다. 데리다와 폴 드 만의 영향을 받았다는 것을 염두에 둔다면, 철학 자체도 어떤 측면에서는 문학과 마찬가지로 언어의 오용에서 벗어날 수 없는 측면이 있다는 것이 그녀가 오어법을 주장하는 이유이다. 철학을 오독하겠다는 스피박의 주장이 의미하는 것은 철학 텍스트를 진리의 담지체가 아니라 문학적인 담론으로 읽겠다는 뜻이다. 이런 입장은 문학에서의 오어법과 다를 바 없다. 여기서 스피박이 거론한 오독은 그녀의 지도교수이기도 했던 폴 드 만의 오독 개념을 차용한 것이다.

폴 드 만은 철학의 진리 주장의 근거가 비유(혹은 알레고리)에 불과하다고 지적한다. 진리는 자신이 비유에 의존하고 있다는 사실을 은폐함으로써 진리가 될 수 있다. 서구 철학은 실재/표상, 즉 사물과 그것의 재현으로서의 기호를 엄격히 구별하고자 했다. 기호와 재현은 실재와 진리에 도달하기 위한 하나의 매개 수단이다. 기호와 재현은 가능한 한 명료하고 명확해야 하고 은유에 의지하는 데서 발생하는 모호성을 배제해야 한다. 그런데 폴 드 만 같은 해체론자들이 보기에 철학의 진리 주장 자체가 은유에 의존하고 있으므로 개념의 모호성과 의미의 미끄러짐을 방지할 수 없다. 예를 들어 아리스토텔레스의 '인간은 정치적 동물이다'라는 명제를 서술할 때 '인간은 인간이다' 혹은 '나는 나다'라는 동어반복은 아무것도 제시해주는 바가 없다. 그러므로 인간은 '정치적 동물이다'라는 술부에 의해 인간 주체의 의미가 규정된다. 그러면 정치는 무엇인가라는 질문이 뒤따르게 된다. 정치는 다양한 사람들이 의사소통하는 장이다. 그렇다면 의사소통은 또 어떻게 하는 것인가. 또다시 의사소통을 설명해야 한다면 개념의 미끄러짐은 막을 수가 없게 된다. 철학적 명제는 자신을 서술할 때 결국은 비유에 의존함으로써 철학적 진리를 구성하게 된다.

폴 드 만의 독서 이론을 차용한 스피박 또한 철학

23 버지니아 울프의 『등대로』에 대한 스피박의 비평이 이 점을 가장 잘 보여준다. 『등대로』에서 안주인이자 주어가 램지 부인이라면 이런 램지 부인이라는 빈 집을 허물어지지 않도록 유지해주는 사람이 맥냅McNab 부인이다. 세월이 흘러가면서 집도 부식되고 맥냅 부인 또한 늙어간다. 맥냅 부인은 해마다 노구를 이끌고 와서 허물어져가는 집을 청소한다. 이렇게 본다면 주체이자 빈 집의 안주인으로서 램지 부인은 늙어가는 하층계급 여성인 맥냅 부인이라는 술부에 의해서 유지된다.

24 『다른 세상에서』의 스피박은 프로이트의 핵가족 모델에 기초한 오이디푸스화뿐만 아니라 들뢰즈와 가타리가 주장한 앙티오이디푸스 모델에 바탕을 둔 기관 없는 신체까지 간단히 무시하고 지나갔다. 「가치 문제에 관한 단상들」 참조.

25 스피박이 차용한 프로이트와 라캉의 폐제fore-closure는 다음과 같다.

폐제foreclosure: 강력하고 효과적인 방어기제로서 자아는 참을 수 없는 표상과 동시에 그것에 대한 정동affection을 거부한다. 그것은 마치 그 표상이 자아에 결코 도달해본 적이 없는 것처럼 군다. 따라서 폐제에서 기호형식(예컨대 거세 콤플렉스에서 기호형식으적 진리, 실재계, 주체, 보편 등을 중심이 비어 있는 하나의 비유로 읽고자 한다는 점에서 해체론자들의 그것과 유사한 측면이 있다. 버지니아 울프의『등대로』라는 텍스트 전체를 하나의 문장으로 보고 주부가 술부를 구속하는 것이 아니라 그와는 반대로 술부가 어떻게 주부를 가능하게 하는지를 분석한 사례가 이에 해당할 것이다.[23]

스피박은 텍스트를 적극적으로 오독하기 위해 해체론과 더불어 정신분석학에 의존한다. 정신분석학에 대한 스피박의 태도는 10여 년 전에 출판된『다른 세상에서』(1987)와 비교해본다면 상당히 유연해졌다. 그 당시 스피박은 정신분석학을 폐기하자는 것은 아니지만[24] 그렇다고 우호적인 것도 결코 아니었다. 하지만 협상negotiation의 정치학을 내세운 스피박은 자신이 비판한 개념이나 이론을 버리는 것이 아니라 자신의 목적에 맞게 재활용, 재배치하는 데 탁월하다. 1장에서 스피박은 프로이트, 라캉이 말한 폐제foreclosure[25] 개념을 차용하여 칸트가 말한 주체의 인식론적인 한계가 어떻게 타자의 속성으로 전이transference되는가를 살핀다. 그 과정에서 서구 철학 텍스트는 자신의 인식론적 한계를 감출 수 있도록 해주는 타자로서 토착 정보원native informant[26]을 발명함

로서의 남근)은 주체의 상징계 바깥으로 배제된다. 폐제가 억압과 다른 것은 폐기된 기호형식이 무의식에 통합되지 않는다는 점이다. 그것은 내부에서 되돌아오는(억압되었다가 귀환하는 것이 아니라) 현실의 한가운데서 환각 현상으로 다시 나타난다. 장 라플랑슈, 장 베르트랑 퐁탈리스 공저,『정신분석사전』(임진수 옮김, 열린책들, 2009)에서는 '폐기'로 번역했지만 '폐제'라는 번역어가 이미 익숙해져 있으므로 이를 사용했다.

26 토착 정보원은 민족지 ethnography 분야에서 스피박이 차용한 것이다. 서구적인 맥락에서 자기 이야기를 가진 주체가 될 수 없는, 서구적 주체의 대립항으로서의 타자를 말한다. 스피박이 말하는 광의의 토착 정보원에는 3세계 출신으로서 1세계의 학계에 진출해 본국의 지식과 정보를 제공하면서 스스로 자신을 토착 정보원으로 간주하는 자들까지 포함된다. 말하자면 스피박 자신이 인도의 하위 민중인 서발턴들을 대표하고 대변하면서도 자신을 서발턴과 동일시한다면 토착 정보원에 해당하는 셈이다. 스피박은 토착 정보원이 아니면서도 토착 정보원과 자신을 동일시함으로써 1세계에서 자신의 이해관계를 관철시키는 사람들이야말로 포스트식민 이성의 발명품으로 간주한다.

과 동시에 폐기처분한다. 이 과정을 요약하자면 칸트의 경우, 합리적 의지에 자유를 허용해주는 반성적 판단의 자율성을 주장하기 위해 그와 반대의 경우, 즉 '한정적인 것determinant'의 타율성을 보여주는 사례로 토착 정보원을 꼽는다. 헤겔의 경우, 『바가바드기타』를 통해 인도의 정신은 변증법적으로 정신현상하지 못하고 평면적으로 운동하는 것이라고 주장하게 된다. 마르크스의 경우, 자신이 주장한 생산양식의 예외적인 현상으로서 아시아적 생산양식을 거론한다. 『포스트식민 이성 비판』의 1장에서 스피박은 이처럼 세 명의 탁월한 유럽 남성 이론가들이 자기 이론의 정합성과 일관성을 위해 어떻게 타자를 발명함과 동시에 삭제하는지를 살피고 있다.

　그렇다면 우선적으로 칸트는 자기 철학의 일관성을 위해 타자로서 토착 정보원을 어떻게 발명하고 어떻게 폐제시켜버렸다는 것일까? 이에 앞서 스피박이 말하는 토착 정보원이란 무엇인가라는 질문이 제기될 수 있다. 그녀는 토착 정보원의 범주를 과도하게 확장하고 느슨하게 정의하고 있으므로 분명히 개념화하는 것이 거의 불가능해 보인다. 하지만 논의의 필요상 좁혀보자면, 토착 정보원은 1세계와 대비해볼 때 "'3'세계"의 타자이며 문명화에 포획되지 않았다는 점에서 보편 인간이라는 이름에서 배제된 존재이며, 서구의 관점에서 보았을 때 문명화되지 않았으므로 도덕적인 주체가 되기 이전 단계다. 토착 정보원은 서구인만이 문명화된 보편적 개인으로 구성되는 텍스트에서는 하나의 공백이자 유령이다. 유럽적인 것이 인간적인 규범인 텍스트에서 토착 정보원은 요구됨과 동시에 폐제된다. 그러므로 서구 근대 텍스트는 토착 정보원을 긍정하거나 찬양하지 않는다. 그런데 포스트식민주의가 득세하는 지금, 스스로 토착 정보원 행세를 하거나 주변화된 디아스포라 혹은 포스트식민 주체로 행세하는 사람들이 늘고 있다(p. 6)고 스피박은 비판한다.

스피박은 칸트의 3대 비판서 중에서 『판단력 비판』을 매개로 하여 『순수이성 비판』과 『실천이성 비판』 사이에 노출된 이율배반을 해소하는 과정에서 토착 정보원이 어떻게 발명되고 폐제되는가에 주목한다. 통상적으로 칸트는 물자체와 현상계, 지성과 이성, 자연과 자유의 영역을 미적 판단력을 통해 통합시켰다는 점에서 인식론에서의 코페르니쿠스적인 전환을 가져왔다고들 한다. 그런데 스피박은 칸트가 자기 이론의 이율배반을 해소하기 위해 타자를 발명함으로써 **인식론적 전환**이 아니라 **인식론적 전이**[27]를 통해 그 문제를 봉합했다고 주장한다. 그렇다면 칸트의 이성 비판 시리즈가 보여준 이율배반은 무엇이며, 그 이율배반을 칸트는 어떤 식으로 전이시키고 봉합했다는 것일까? 이런 질문의 탐색 과정에서 그녀는 칸트의 특정한 몇몇 구절에 집중함으로써 그의 전체 이론 체계를 심문하고 있다.

27 스피박의 강조라고 별도로 밝히지 않은 강조는 필자의 것이다.

칸트 철학의 이율배반과 숭고의 발명

칸트의 『순수이성 비판』은 "자연을 이론적으로 인식하는 지성의 선험적 작용을 규명한 것이고, 『실천이성 비판』은 **자유**에 의해 우리의 욕구 능력을 선험적으로 규정하는 것이다. 미학적 판단력은 자연 개념들이 자유개념과 어울려 통합될 수 있도록 작동한다"(p. 10).

스피박은 칸트의 방대한 철학을 이처럼 세 문장으로 요약한 다음 논의를 시작한다. 그렇다면 지성과 자유를 매개할 때 판단력에는 나름의 선험적 원리가 부여되어 있는가? 처음에 칸트는 판단력에는 선험적인 원리를 부여하지 않았다. 그러면서도 칸트는 자연을 인식하는 지성과 자유를 규정하는 이성의 매개항으로 판단력을 설정한다. 미학적 판단은 쾌 혹은 불쾌의 감정으로 드러난다. 미학적 판단력은 상상력에 바탕을 둔 것이다. 이런 상상력이 주어진 표상을 통해 의도치 않게 지성(개념화 능력)과 일치하게 되면 우리 안에 쾌감을 불러일으키고 이럴 때 판단력은 합목적적인 것으로 간주된다.

여기서 칸트는 판단력을 규정적 판단력과 반성적 판단력으로 다시 구분한다. 규정적 판단력은 보편성 속에서 특수한 것을 찾아내는 것이고, 반성적 판단력은 특수한 것에서 보편성을 찾아내는 것이다. 반성적 판단력은 특수한 자연법칙에 따라 경험의 체계가 가능하도록 인식 능력을 부여하는 것, 다시 말해 혼란스러운 자연에서 합목적성을 찾아내는 것이다. 지성이 자연의 법칙성을 생각한다면, 판단력은 특수한 법칙들에 의해 규정되는 자연의 통일성을 발견하는 것이다. 이런 통일성을 가능하게 하는 판단력의 초월적 원리가 자연의 합목적성이다. 그런데 자연과 자유는 생각처럼 조화롭게 어울릴 수 있는 것이 아니다. 자연이 언제나 합목적인 것은 아니다. 자연의 질서와 법칙을 인식하는 지성과, 욕구에 따라 행동하면서도 자유로

타자로서의 서구

울 수 있는 이성 사이에는 화해할 수 없는 이율배반이 존재한다. 무한한 자연을 유한한 인간이 어떻게 인식하는가? 자신의 욕구에 따라 행동하면서도 어떻게 자유와 충돌하지 않을 수 있는가? 무한한 자연과 유한한 자유의 이율배반과 이중구속을 어떻게 해결할 것인가? 그런 딜레마의 해결 방식으로 칸트는 판단력에 의존하게 된다.

칸트는『판단력 비판』에서 언급한 숭고sublime라는 미학적 범주를 통해 이런 모순을 해결하고자 한다.『판단력 비판』에서 칸트는 미학적인 것the beautiful과 목적론적인 것the theological을 구분한다. 미학적 판단은 아름다운 것과 숭고한 것sublime에 대한 고찰로 다시 구분된다. 아름다운 것(생명력 촉진)은 평온한 관조 상태의 마음에서 나오는 것이라면, 숭고는 마음의 동요(생명력 억제)를 초래한다. 숭고는 두려움과 공포에서 비롯된다. 상상력은 이 마음의 동요(숭고)를 인식 능력(지성)이나 욕구 능력(이성)과 관련시킨다. 인식 능력과 숭고가 관련되면 수학적 숭고, 욕구 능력과 관련되면 역동적 숭고가 된다.

칸트에 따르면 사람들은 무한한 자연과 대면하면서 그 무한성을 이해할 수 없다는 사실에 고통과 공포를 느낀다. 숭고는 상상력에 의해서 형성된 미학적 척도와 지성에 의해 형성된 인식적 척도가 일치하지 않음으로써 발생하는 고통의 감정이다. 그것은 개인의 상상력으로는 자연세계를 재현할 능력을 갖지 못하기에 발생하는 고통이다. 그런데 칸트에 따르면 자연이 주는 숭고의 순간에는 아름다움의 순간과는 달리 결여의 순간을 가리기 위해 합리적인 의지가 개입한다. 그래서 무한한 자연의 절대 권력이 주는 고통은 인간 정신의 용기와 합리성으로 극복할 수 있게 된다.

> (숭고한 감정은) 기발하게 높이 솟아 마치 위협하는 것 같은 암석, 번개와 천둥 소리와 함께 몰려오는 하늘 높이 솟아오른 먹구름, 온통 파괴력을 보이는 화산, 폐허를 남기고 가는 태풍, 파도가 치솟은 끝없는 대양, 힘차게 흘러내리는 높은 폭포와 마주하면서 우리의 저항하는 능력을 그것들의 위력과 비교할 때 보잘것없이 작은 것으로 만든다. 그러나 우리가 안전한 곳에 있기만 하다면 그런 것들의 광경은 두려우면 두려울수록 더욱더 우리의 마음을 끌 뿐이다. 우리가 이러한 대상들을 기꺼이 숭고하다고 부르는 것은 그것들이 영혼의 힘을 일상적인 보통 수준 이상으로 높여주고 우리로 하여금 자연의 외견상의 절대 권력에 도전할 수 있는 용기를 주는 전혀 다른 종류의 저항하는 능력을 우리 안에서 들춰내주기 때문이다.[28]

숭고에 대한 판단을 내리기 위해서 우리는 인용문에서 보다시피 '용기'가 필요하다. 그런 점에서 도덕적 이념을 발전시킬 필요가 있다. 우리가 대자연과 맞서는 것은 애당초 부질없는 짓이다. 그럼에도 자연과 맞서 자신이 독립적이라고 생각하는 것은 자연의 위력과 자연이 주는 공포에 굴복당하지 않는 책임감을 가질 때이고 바로 그때 내 안에서 숭고의 감정이

28 임마누엘 칸트, 『판단력 비판』, 백종현 옮김, 아카넷, 2009, 41쪽 참조. 괄호 안은 필자.

타자로서의 서구

일어난다. 자연 앞에서 너무나 무력하고 하찮은 존재이지만(허블 망원경으로 천체를 관찰하면서 그 무한한 우주 앞에서 인간은 얼마나 초라한가를 느낄 때처럼), 우리 안의 도덕법칙은 맹목적인 자연을 초월하여 무한한 고양감을 불러일으킨다고 칸트는 보았다.

인간 이성으로 숭고를 온전하게 경험할 수는 없지만 "우리의 위대한 감각 능력이 내린 부적합하다는 판단은 이성적이고 옳기" 때문에 쾌락이 일어난다. 인간은 자연의 무한하고 재현 불가능한 숭고를 인식할 수 없지만, 인식할 수 없다는 사실을 안다는 점에서 합리적인 주체이자 도덕적인 주체가 된다. 하지만 스피박은 칸트의 이 말을 뒤집어 끝까지 밀고 나감으로써, 인간은 자기 자신을 모를 때라야만 도덕적인 주체가 된다고 비판한다. 즉 자신이 모른다는 사실을 몰라야만 도덕적일 수 있다.[29] 그러므로 칸트는 이성의 주체에게 인식 능력을 부여하지 않는 이율배반에 빠지게 된다는 것이다. 알수 없고 재현 불가능한 무섭고 두려운 숭고한 대상에 사로잡혀 있으면서도 완전히 공포에 떨지 않고, 미신에 사로잡히지 않은 채 그것을 포착하려면 '용기 있는' 도덕적인 주체가 되어야 한다. 우리 안에 있는 도덕적 이념들을 발전시키지 않으면 자연은 위협과 공포로 다가오지 결코 숭고하게 다가오지 않기 때문이다. 하늘에 빛나는 별들을 보면서 우리 자신이 하잘것없고 미미하다고 느낄지라도 도덕법칙은 맹목적인 자연을 넘어서 우리를 무한히 고양시킨다.

이렇게 본다면 우리 안의 지적인 충동이 아니라

29 오이디푸스를 상상한다면 이 말의 의미가 분명해질 수 있다. 오이디푸스는 자신도 모른 채 근친상간을 저질렀다. 바로 자신이 누구인지를 모를 때 그는 도덕적인 주체가 될 수 있다. 그가 자신을 아는 순간 그는 범죄자가 된다.

도덕적인 충동이 인식론적 토대(p. 13)가 된다. 말하자면 지성이 도덕적 충동을 가져다주는 것이 아니라 도덕적이기 때문에 불가능한 것을 인지할 수 있는 지성을 갖추게 해준다. 칸트의 인식론의 토대는 지知가 아니라 선善이다. 따라서 우리가 인식론적 토대이자 기원이라고 믿은 것이 사실은 기원이 아니라 기원의 보완supplement에 불과하다고 스피박은 지적한다. 그렇다면 인간은 선하기 때문에 지에 도달할 수 있는 것인가? 이 도덕적인 충동은 선험적으로 주어진 것인가? 아니면 교육에 의해 형성되는 것인가라는 문제가 제기될 수 있다. 무한한 심연을 숭고한 것이라기보다는 공포로 보는 미개한raw 인간이 저지르는 실수가 문화에 의해 교정될 수 있다고 본다면, 그것은 교육에 의해 교정 가능한 것이 된다.

칸트에게는 지성이 인식 능력을 담당하는 선험적 능력이고, 이성이 욕구 능력을 담당하는 선험적 규정인 것과는 달리 판단력은 자체의 선험적인 규정을 갖지 못하지만, 그럼에도 불구하고 자연의 나라(지성의 영역)와 자유의 나라(이성의 영역) 사이에서 가교 역할을 하는 것이 판단력이다. 스피박에 따르면 칸트는 선험적 역할을 부여하지 않았던 판단력을 매개로 자기 이론의 이율배반을 해결한다. 칸트는 이성/지성이라는 초월적 이원론의 간극을 반성적인 판단력(미학적 판단)으로 해결하고자 한다. 말하자면 미학적인 것이 인식과 도덕, 자연과 자유를 매개하고 있는 셈이다. 이렇게 하여 칸트에게 오면 고전적인 진선미는 미(혹은 숭고)에 대한 상상력과 판단력에 의해서 강제로 통합된다고 스피박은 지적한다.

여기서 스피박은 칸트가 말하는 자유의 문제를 심문한다. 칸트에게 자유는 이성이 감각을 지배할 때 나오는 쾌락으로 간주된다. 자유가 선험적 이성이 명령하는 의무에 복종하는 데서 비롯된다면, 그런 자유 개념은 이미 선험적으로 프로그램된 것이다. 이미 프로그램되어 있다면 그것은 자유일 수가 없다.[30] 스피박에 따르면 칸트에게 자유는 자유의 개념에 대한 비유론적인 해체tropological deconstruction of the concept of freedom일 뿐이다. 자연에서 느끼는 숭고의 감정은 사실 일종의 메타랩시스metalapsis, 즉 본말의 전도[31]다. 무한한 대상(자연적 숭고)에 대해 경외감을 느끼는 감정이 우리 주체 안에 있는 선한 인간성 혹은 도덕성에 대한 존중으로 교묘하게 치환되고, 대상에 대한 경외감이 어느새 그런 경외감을 느끼는 주체 자신에 대한 감탄으로 뒤집힌다는 점에서, 그것은 주체의 나르시시즘이 된다. 그것은 대상의 속성을 주체의 속성으로 교묘하게 전이시킨 것이다. 무한한 자연의 숭고를 유한한 인간 주체가 이해할 수 있다는 점에서 도덕적이라고 말하는 것은 주체와 대상을 교묘하게 바꿔치기한 것이다. 칸트는 자연의 우월성에 대한 감정을 불러일으키는 것이 숭고라고 말하면서도, 그것을 그는 자연의 우월성을 인정하는 주체의 우월성으로 은근슬쩍 치환해버리고 있다는 것이다(p. 12).

30 이 지점에서 가라타니 고진은 칸트가 말하는 자유는 자유로워지라는 명령에 따르는 것이므로 모순이 없다고 한다. 해야만 하기must 때문에 할 수 있다can는 말이 수수께끼가 아닌 것과 마찬가지라는 것이다. 자유롭다는 것은 자유로워야 한다는 의무 외에는 달리 아무것도 아니기 때문이다. 가라타니 고진, 『트랜스크리틱』, 송태욱 옮김, 한길사, 2005. 제1부 「칸트」 참조.
31 아무런 관련이 없는 한 사물을 다른 사물로 지칭하는 어법으로, 본말을 전도시키는 이상한 비유와 엉뚱한 인과논리를 이용해 새로운 의미를 창조하는 수사법의 하나.

이성은 자신의 고유한 (실천적) 영역에 합당할 목적으로 그리고 자신에게는 심연인 무한성을 들여다볼 수 있도록 하기 위해, 감수성 위에 군림한다. 숭고에 대한 판단력은 사실상 문화를 필요로 하지만, (……) 그렇다고 하여 문화에 의해 주로 형성되는 것은 아니다. 숭고에 대한 판단력은 인간 본성nature에 토대하고 있으며, (실천적인) 관념을 위한 정서적인 경향, 즉 도덕적인 경향에 토대하고 있다.**32**

스피박은, 칸트가 이렇게 판단력 비판을 자연(혹은 인간 본성) 속에 다시 프로그램해 넣음으로써 문화를 필요로 하면서도 문화에 의해 생산되지 않는 다소 특별한 방식으로 숭고를 설명한다고 예리하게 지적한다. 숭고에 대한 이해는 이미 선험적으로 주어진 것이라고 말하면서도, 동시에 그것은 교육에 의해 형성된다고 말함으로써 칸트는 숭고와 관련하여 이율배반에 빠지게 된다. 그렇다면 이 문화(서구 문명과 문화)에 이방인으로 태어난다면 문화적으로 되는 것은 가능하지 않다는 말인가? 자연의 숭고를 판단하려면 문화가 필요하지만 동시에 인간 본성의 도덕적 경향성이 그 토대가 된다면, 도덕적 관념이 발달하지 않은 사람들에게 숭고는 '미개한'(raw, 독일어 rob) 것으로 드러나게 될 것이다. 스피박은 이때 '미개한'이라는 형용사를 교육받지 않은 것으로 번역한다. 칸트에게서 교육받지 않은 이들은 가난한 자, 태생적으로 교육시킬 수 없는 여자들이다

32 Immanuel Kant, *The Critique of Judgment*, tr. J. H. Bernard, New York: Hafner Press, 1951, p. 105. 스피박이 필요에 따라 번역을 수정하기도 했는데 어쨌거나 본문에서 인용된 『판단력 비판』은 이 책을 참조로 한다.

타자로서의 서구

(pp. 12~13). 이 미개한 인간들은 야만적이고 원시적인 존재가 된다.

여기서 칸트는 교육받지 않은 자들을 지리적·인종적으로 배치한다. 오스트레일리아 원주민들이나 티에라델푸에고 출신은 도덕적인 주체가 될 수 없다. 그들은 유적·보편적인 존재가 되지 못한다. 그들은 숭고를 인식할 만한 문화를 가지고 있지 않기 때문이다. 도덕적 주체가 아닌 미개한 인간은 숭고를 볼 수 없고 오로지 공포에 사로잡힌다. 무자비한 자연의 힘 앞에서도 도덕적 용기에 의존하여 두려움을 극복하는 대신 소위 미개한(교육받지 못한) '야만인들은' 공포에 사로잡혀 미신에 의존하게 된다. 이렇게 하여 칸트가 말하는 보편 주체는 유럽인을 전 지구적 주체로 정당화하는 것이 된다.

우리 안에 있는 도덕적인 충동이 인식론적으로 정초되어 있다는 주장은 그것의 기원이 보완supplement이라는 점을 간파하지 못한 것이라고 스피박은 비판한다. 자연에다 철학적으로 부적합한 숭고라는 명칭을 붙여놓고, 무한한 심연을 숭고로 인식하지 못하고 무섭고 두려운 것으로 보는 미개한 인간이 저지른 실수는 문명화를 통해 교정할 수 있다고 칸트는 주장하기에 이른다. 문명의 세례를 받은 cooked 사람들은 이와 같은 오어법을 통해 자연의 무한한 심연을 숭고한 것으로 인지할 수 있다. 반면 미개한 인간에게 심연은 끔찍한 것으로 다가온다. 일식을 보면서 용이 태양을 삼키는 것으로 상상하는 중국 농민들이나 드라마 〈선덕여왕〉에서처럼 일식을 보고 공포에 떨면서 소원을 비는 것은 문명화되지 않은 인간들이 자연의 숭고를 공포로 수용하는 셈이다. 그의 논리대로라면 인간을 합목적인 존

정신의 모든 능력들		
인식적 능력들		욕망하는 능력
쾌와 불쾌의 감정		

인식적 능력		
지성	판단력	이성
자연	예술	자유
순수이성	상상력	실천이성
인식 능력	취미 능력	욕구 능력
인식	예술	도덕
인식	감성	오성
참/거짓	불/쾌	선/악
진	미	선

선험적 원리들		
법에의 순응도	목적성	최종 목적

적용되는 곳		
자연	예술	자유

재로 대우하는 것이 제국주의의 문화적 사명이며 이런 사명에 착수하는 것이 문명화 과업이라는 확신이 들 것이다.

칸트가 말한 인지 능력에 관한 인식론적인 지도를 그려보자면 위와 같다.

도식화시킨 이 표(p. 19)에서 보다시피, 『판단력 비판』에서 판단

타자로서의 서구

력이 유일하게 적용되는 곳이 예술이다. 이처럼 『판단력 비판』에서 예술이 차지하는 자리가 매우 클 수밖에 없음에도 불구하고 숭고의 예술에 대해 칸트가 제시한 예시는 없다. 그의 「목적론적 판단력 비판」은 예술과는 전혀 상관이 없다. "자연의 대상에 대한 미학적 판단에 관한 연역적 추론은 소위 자연에서의 숭고를 지향하는 것이 아니라 오로지 아름다움을 지향하는 것이기 때문이다"(p. 20). 따라서 숭고는 자연에 대한 판단으로 한정된다. 자연에서의 숭고 대신 칸트는 아름다움을 지향하기 때문이다.

여기서 칸트에게 중요한 것은 인간이 창조의 궁극적인 목적이라는 점이다. 자연이 합목적을 따르는 절대적 전체라면 자연은 인간의 행복과 반드시 조화를 이뤄야 한다. 인간이 창조의 궁극적인 목적이라고 상정하는 것은 인간이 가진 욕망 수용 능력 때문이다. 욕망 능력은 인간만이 스스로에게 부여할 수 있는 가치인데, 인간은 자연이라는 연쇄사슬의 한 고리가 아니라 **욕망 능력의 자유**로 구성된다. 인간에게는 선의가 있고 다름 아닌 그런 선의에 의해서만 인간 존재는 절대적 가치를 가질 수 있으며 선의지good will라는 이 절대적 가치를 참조함으로써 세계는 궁극적인 목적을 가질 수 있다.

이처럼 칸트는 욕망 수용 능력과 욕망의 자유를 이야기하다가 갑자기 선의지로 은근슬쩍 미끄러져버린다. 욕망의 자유는 자유 개념을 가능하게 하는 조건이다. 하지만 이 자유는 강제된 자유임을 드러내는 대목이 등장한다(자유의 환영illusion처럼). 자연의 궁극적 목적에 부합하는 사물의 존재를 설명하려면 도덕적 존재(선의를 가진 존재)를 가정해야 한다.

여기서 결정적인 이율배반은 우리는 궁극적인 목적을 생각해야 하지만 그것을 결코 알 수 없다는 점이다(p. 22). 그래서 칸트는 이 두 가지 판단력 사이에서 초래된 어떤 혼란을 드러냄과 더불어 해소하고자 한다. 칸트는 이성의 주체에게 인식의 힘을 부여하지 않는다. 그렇다면 신에 의존할 수밖에 없다는 결론은 그의 논리에서는 당연한 귀결이다.

> 그렇다면 우리는 신은 없다고 단호하게 확신하는 (……) 의인義人을 가정해볼 수 있다. 차라리 그는 자신의 모든 힘을 인도해주는 [도덕]법이 확립되기를 사심 없이 소망한다. 하지만 그의 노력은 한계가 있다. (……) 그 자신은 아무리 정직하고 평화롭고 자비롭다고 할지라도, 그의 스타일은 기만과 폭력과 시샘이 될 것이다. 그가 만나는 의인들은 행복할 가치가 있음에도 불구하고 지상의 다른 짐승들이나 매한가지로 자연에 종속될 것이다. 하나의 드넓은 무덤이 그들 모두를 집어삼켜서 그들이 빚어져 나왔던 바로 그 질료의 목적 없는 혼돈의 심연 속으로 되돌아 갈 때까지 강제될 것이다. (……) 만약 그가 도덕적인 내면적 결단의 부름에 끝까지 충실하고 싶다면, 그는 이 세계의 도덕적 창조주의 존재, 즉 신을 가정해야 한다.[33]

스피박은 칸트가 말한 혼돈의 심연을 집어삼키는 입

[33] 같은 책, pp. 303~304.

타자로서의 서구

으로서의 자궁이라고 해석한다(p. 23). 그녀는 칸트가 언급한 끔찍한 심연, 무덤처럼 입을 벌리고 있는 그 심연 앞에서 고유한 의미를 찾으려면 신을 상정하지 않을 수 없었을 것이라고 주장한다. 칸트가 끔찍한 심연을 가려줄 신을 찾았다면, 스피박은 그 심연을 자궁이라고 해석함으로써 칸트 철학을 페미니즘의 입장에서 다시 읽어낸다. 숭고는 목적을 알 수 없는 죽음과 대면하는 공간이다. 철학자(의인 righteous man)는 자연의 자궁과 죽음의 한계 내부에서 의롭기 때문에 세계를 도덕적으로 만드는 존재를 가정해야 할 책임이 있는 것처럼 보인다. 이렇게 하여 『판단력 비판』은 초감각적인 하나의 원칙을 설정하는 것으로 마무리된다.

결론적으로 칸트는 토착 정보원으로서의 타자를 발명함으로써 서구적인 이성 주체를 발명할 수 있었다. 서구의 근대적인 주체 개념은 이런 타자의 발명 없이는 칸트의 자체 논리상 불가능한 기획이었다. 칸트 철학에서 이성의 한계를 보충할 수 있는 존재들이 다름 아닌 뉴홀랜드인(오스트레일리아 선주민)이나 티에라델푸에고인이었다(p. 26). 이들은 칸트가 말하는 판단하는 주체, 선의지를 발휘할 수 있는 문명화된 주체가 아니다. 그들을 문명화시키는 기획이 서구 제국주의의 공리였다. 칸트의 근대 이성이야말로 서구 제국주의가 '3'세계를 식민화하고 그곳 선주민들을 문명화하는 데 필요한 철학적 논리를 제공해주었다. 데리다의 개념을 차용하자면 칸트의 이성적인 주체를 완성시켜주는 파레르곤parergon이 미개한 선주민들이다(p. 34). 데리다가 말하는 파레르곤이란 가장자리 장식임에도 오히려 대상의 내용이나 미를 충족시키는 것인데, 그 개념에 따르면, 그림은 액자가 완성해주는 것이다. 그와 유사하게 칸트 철학에서 극히 가장자리에 위치한 것들이 그의 기획을 완성해주는 것이 된다. 텍스트의 무의식으로서 뉴홀랜드인과 티에라델푸에고인은 칸트의 이성 비판을 완성하는 데 필연적인 프레임으로 기능한다. 이때 프레임은 있어도 그만 없어도 그만인 것이 아니라 그것이 없으면 전체가 붕괴되도록 만드는 것이다. 이런 맥락에서 칸트는 서구 제국의 식민지 문명화 사업에 필요한 철학적인 타자로서 '3'세계인들을 발명했다는 것이 스피박의 칸트 비판인 셈이다.

과거 제국주의가 새로운 세계를 문명화하려 했던 것처럼, 이제 북은 남의 세계를 '원조'한다. 그런 표면적인 원조 이면에 자원을 요구하는 북의 생활양식에 남이 제공하는 것들은 영원히 폐제된다. 스피박은 폐제된 토착 정보원의 전형적 사례로 최종심급화된 남의 여성(서벌턴)을 꼽는다.

헤겔의 미학과 『바가바드기타』 읽기

헤겔은 모든 역사와 현실을 하나의 도표로 형상화하려고 한다. 그에게는 절대정신이 스스로를 구현하는 과정이 곧 역사이기 때문이다. 헤겔의 『역사철학』, 『법철학』, 『미학』은 역사, 철학, 미학의 영역에서 그런 절대정신의 구현 과정을 보여주려는 기획이었다. 이와 같은 절대정신의 여정에서, 역사의 시간화가 진행되는 것에 대한 부정성의 사례로 헤겔은 인도를 지목한다. 스피박은 자신이 인도인이자 벵골인으로 태어났으므로 인도에 관한 헤겔의 언급에 초점을 맞춰 보고자 한다. 그러기 위해서 스피박은 『역사철학강의The Philosophy of History』에서 헤겔이 동양 세계를 훑고 지나가는 김에 언급한 인도와 『미학Aesthetics: Lectures on Fine Arts』에서 『바가바드기타』를 분석한 '두' 구절에 주목한다.

　헤겔에 따르면 하나의 예술작품에는 **형식, 내용, 의미**라는 세 가지 계기가 있다(p. 40). 그리고 예술작품의 내용과 형식은 의미라는 암묵적 통일성 속에 상호 교직된다. 예술작품뿐만 아니라 사물의 외양이 가지는 진정한 의미는 자기지self-knowledge를 지향하는 절대정신의 자기 전개 과정이라는 시간적인 도표 위에서 그것이 차지하는 위치에 달려 있다. 그렇다면 절대정신의 자기 구현이라는 여정이 인도로 오게 되면 어떻게 되는가? 헤겔의 절대정신이 인도에 도착할 무렵이면, 형식은 의미와 분리된 것으로 지각된다(p. 41). 예술작품의 내용과 형식은 의미라는 통일성 속에서 서로 직조되어야 하는데, "인도 예술은 고유한 내적 과정에 의해 추동되는 것이 아니라, 형식과 의미 사이의 모순을 대체하거나 지양할 수 없다"(p. 42). 인도 예술은 과잉 아니면 과소의 양극단으로 분주하게 오갈 뿐 변증법적으로 통합되지 못한다. 말하자면 눈앞의 형태는 현란하게 바뀌어도 여전히 정태적이고 동일한 것으로 남아 있고 그런 반복과 유사성 때문에 극도로 단조롭고 텅 비고 지루하다는 것이다. 그래서 "인도인들은 인간의 영혼이 도달하는 이 통일적인 지식이라는 면에서 브라마

(힌두의 절대 개념)와 화해하거나 동일시하지 못한다"(p. 42)고 주장하기에 이른다.

헤겔은 『역사철학강의』에서 언급된 짧은 인도편에서 인도의 세계관은 극히 범신론적인데 그것도 사고에 바탕을 둔 범신론이 아니라 상상력에 바탕을 둔 범신론이라고 지적한다. 다양한 현상 형식은 내용과 통일성을 갖지 못하고 평면적으로 나열되어 있다. 그러므로 감각적인 소재나 내용은 정신의 자유로운 힘에 의해 아름다운 형식을 부여받지 못한다. 감각적인 것을 잘 활용하여 정신에 걸맞게 표현하는 것이 아니라 과도하게 표출함으로써 괴물적인 신들을 만들어낸다. 따라서 꿈꾸는 상상력을 통해 인도인들이 만들어낸 신들은 정신의 자기 구현이 아니라 삼라만상 어디서나 발견될 수 있는 흔하고 지루한 것으로 격하된다.

> 이런 꿈은 상상력이 빚어낸 하찮은 꿈 이야기 속을 정신이 나풀나풀 춤추는 것이 아니라, 정신은 그 속에서 자기를 상실하고 꿈을 진정한 현실로 여겨 그것에 농락당한다. 유한한 사물을 신으로 추앙하고 그것에 종속된다. 때문에 태양, 달, 별, 갠지스 강, 인더스 강, 동물, 꽃 등등 모든 것이 정신에게는 신이고, 신으로 추앙을 받아 그들 유한한 것이 오히려 개별적 안정성을 잃기 때문에 그것들을 이해하는 지성의 작용은 사라져버린다. 거꾸로 신 자신은 변하기 쉬운 불안정한 것이 되기 때문에 낮은 차원의 다양한 형태를 부여받아 지극히 불순하고 어리석은 존재가 되고 만다. 이와 같이 모

타자로서의 서구

든 유한한 것이 똑같이 신격화되어 신의 가치가 떨어지게 되면 신이 육신을 갖는다는 관념도 각별하게 중요한 사상이라고는 할 수 없게 된다. 앵무새나 소, 원숭이 등도 신의 화신이라고 한다. 그렇다고 앵무새나 소, 원숭이기를 그만두는 것도 아니다. 신은 주체적인 개인 내지 구체적인 정신이 되는 것이 아니라 흔하고 의미 없는 것으로 격하되는 것이다.[34]

헤겔이 인용한 『바가바드기타』의 아름다운 구절은 "땅, 물, 바람, 공기, 불, 정신, 이해, 자기自己가 나의 본질적인 힘을 말해주는 여덟 가지 음절이다"(pp. 43~44)로 시작되는데, 헤겔은 특히 이 구절에 집중한다. 아프리카 예술을 심하게 멸시한 헤겔이지만 『바가바드기타』에 대해서는 상당히 호의적인 편이다. 하지만 인도 예술에 감탄했음에도 불구하고 헤겔은 인도 예술에서 정신의 자기 구현 과정은 부재한다고 보았다.

　『바가바드기타』의 원제목은 『스리마드바가바드기타』이다. 원래 인도의 유명한 서사시 『마하바라타Mahabharata』 제6권의 일부였으나 독립된 문헌으로(나중에는 힌두 경전으로) 따로 분리되어 전해졌다. 형식상으로 볼 때 『바가바드기타』는 아르주나Arjuna라는 무사와 그의 전차장인 크리슈나가 전쟁터에서 나누는 대화이자 문답의 형식을 취하고 있다. 크리슈나는 처음에는 아르주나와 함께 싸우는 동료로 등장하지만 점차 신성을 드러내면서 우주의 위대한 창조주인 비슈누 신이 된다. 비

34 빌헬름 프리드리히 헤겔, 『역사철학강의』, 권기철 옮김, 동서문화사, 2008, 143~44쪽 참조.

슈누, 즉 크리슈나는 여러 가지 모습으로 변신을 하는 신이다. 크리슈나가 신의 본성을 드러낸 다음부터 『바가바드기타』는 아르주나와의 대화와 문답이 아니라 크리슈나 신의 거의 일방적인 설교로 전개된다. 『바가바드기타_Bhagavad-gita_』는 '거룩한 자의 노래'라는 뜻으로 크리슈나의 가르침을 담은 대서사시다. 힌두교인들에게 『바가바드기타』는 단지 서사시가 아니라 최고신의 가르침을 담고 있는 경전이다. 서사시 『마하바라타』에 『바가바드기타』가 첨가된 것을 두고 해석이 분분하지만, 스피박은 서사시를 경전으로 격상시키려는 정치적 행위로 인해 『바가바드기타』가 종교적인 텍스트가 되었다고 본다는 측면에서는 유물론자들의 해석과 궤를 같이한다.

『바가바드기타』의 대략적인 줄거리는 다음과 같다.

"하스티나프라에 자리 잡은 쿠루_Kuru_ 족의 왕권은 드르타라스트라에게 계승되었다. 그러나 그는 장님이었으므로 관례에 따라 통치할 자격이 없었다. 그래서 동생인 판두가 왕이 되었다. 판두는 저주로 인해 곧 왕국을 포기하고 드르타라스트라를 왕좌에 남겨둔 채 두 아내와 함께 히말라야에 은둔했다. 판두가 죽었을 때 그에게는 유디스티라, 비마, 아르주나, 나콜라, 사하데바라는 다섯 명의 아들이 있었다. 이들은 드르타라스트라의 아들 백 명과 함께 교육을 받기 위해 하스티나프라로 되돌아간다. 장남인 유디스티라가 성년이 되자 왕권 계승자로 책봉되었다. 그러자 드르타라스트라의 장남인 듀료다나는 판두의 아들들에게 적개심을 품는다. 다섯 형제는 생명의 위험을 느껴 그 나라를 떠나기로 작정한다. 풍운아로서 여러 왕들의 궁궐을 전전하면서 그들은 세상을 주유했다. 그러다가 판찰라족 왕의 궁궐에서 남편 선택 대회가 열렸고 아르주나는 드라우파디 draupadi를 아내로 얻게 되었다. 드라우파디는 형제들끼리의 다툼을 피하기 위해 다섯 형제의 공동의 아내가 되었다. 드라우파디는 일처다부제의 어머니가 되었다. 드르타라스트라는 자기 동생의 다섯 아들을 다시 불러들이고 그들에게 왕국을 분할해주었다. 하지만 그의 장남인 두료다나는 유디스티라를 도박 게임에 초대했고 그 게임에서 유디스티라는 모든 것을 잃게 되었다. 공동의 아내인 드라우파디뿐만 아니라 분할 받은 왕국도 전부 잃었다. 그는 두료다나에게서 13년 동안 신분을 숨기고 있으면 왕국을 돌려주겠다는 약속을 받아낸다. 하지만 두료다나는 그 약속을 지키지 않았다. 그래서 다섯 형제는 전쟁을 준비하게 되었고 양 진영이 서로 적대하게 되었다."[35]

『바가바드기타』는 바로 이 결정적인 전투가 벌어지려는 찰나에 다섯 형제 가운데 셋째인 아르주나와 크리슈나 신 사이에 오고 간 대화다. 싸움에 나선 아르주나가 적군이 자신의 일가친척(삼촌, 사촌, 집안 어른, 옛 스승 들)이라는 것을 보고 너무 낙담하여 죽으면 죽었지 저들과 대항해 싸울 수 없다고 하자, 크리슈나는 아르주나에게 무사로서의 의무를 상기시키면서 결연히 싸울 것을 요구한다. "왜냐하면 태어난 것은 반드시 죽고/ 죽은 것은 반드시 태어나기 때문이다/ 그런즉 피할 수 없는 일을 위해/ 그대는 슬퍼해서는 안 된다."[36] 그러니까 "그대가 만약/ 의무에 따른 이 싸움을 수행하지 않는다면/ 자신

35 내용 요약은 『바가바드기타』, 길희승 역주, 현암사, 1988, 6~7쪽 참조.
36 같은책, 40~42쪽 참조.

의 의무와 명예를 저버리고/ (자신에게) 악을 초래할 것이다"고 설득한다. 이렇게 아르주나와 크리슈나 신 사이에 대화가 오가다가 크리슈나가 점점 신의 모습을 드러내면서 대화는 크리슈나 신의 일방적인 설교로 바뀌게 된다.

『바가바드기타』를 읽는 방식은 다양할 것이다. 헤겔처럼 자신을 당대 독자로 상정할 수도 있겠지만 그것은 사실 불가능하다. 당대 독자(혹은 청자)가 헤겔 자신이 아니라면 그들의 생각을 우리가 어떻게 알 수 있겠는가? 스피박은 여기서 마치 문학 텍스트를 읽는 것과 같은 방법론을 적용해 『바가바드기타』를 읽는다. 그녀가 선별한 두 명의 독자가 코잠비D. D. Kosambi와 마티랄B. K. Matilal이다. 『바가바드기타』의 여러 독법 중에서 두드러진 것 중 하나가 코잠비의 「바가바드기타의 사회경제적 측면들」이고, 다른 하나가 인도 서사시를 통해 인도의 문화 구성체를 조명하는 마티랄의 접근 방법이다. 이들 또한 (내포) 독자를 상정하지 않을 수 없다. 코잠비는 하층계급 청중을 독자로 설정한 반면 마티랄은 엿듣고 있는 독자를 상정한다. 마티랄의 읽기는 『바가바드기타』 텍스트 내부의 불협화음을 지적함으로써 "식민주의자/민족주의자, 발전론적 현실주의자/신비적인 문화주의자의 대립을 해체한다"(p. 46). '기타gita'는 찬양의 노래라는 뜻이다. 따라서 서사시 『마하바라타』에 『바가바드기타』를 첨가한 취지는 정치적인 것을 종교적으로 신비화하려는 것임이 분명하다고 마티랄은 해석한다.

코잠비는 『바가바드기타』의 사회경제적인 측면에 주목해 유물론적으로 읽어냄으로써 『바가바드기타』가 영겁의 경전이 아니라, "하층계급이라는 청중을 필요로 했고, 고대 전쟁에 관한 영웅적인 노래는 하층계급들이 암송하기 쉬웠다. 브라만들이 삽입하고자 했던 교리를 전달하는 데 서사시는 가장 편리한 수단이 되었다"(p. 50)는 것이다. 문맹이고 무식한 하층계급들에게 교리를 전달하는 데 가장 편리한 방법이 노래로 들려주는 것이다. 마티랄의 경우, 몇 천 년 전의 청자와 우리 시대의 청자 사이의 간극을 좁히려면 과거 그 시절의 대화를 엿들어야 한다고 한다. 물론 어떻게 엿들을 수 있는지가 관건이겠지만 말이다.

이에 반해 스피박은 "법과 역사의 유희라는 관점에서 거칠게나마 변증법"(p. 47)으로 『바가바드기타』를 독해하고자 한다. 『바가바드기타』에서 설법을 듣는 자(청자)는 아르주나 왕자이고, 설법을 하는 자는 크리슈나 신이다. 크리슈나가 불변하는 지식을 태양에게 설교해왔다는 말에 아르주나 왕자는, 시간의 연속성이 역사일진대 그런 시간성을 위반하는 크리슈나에게 의문을 품고 "태양의 탄생이 먼저였고 당신은 나중에 생겨났습니다. 그런데 이 모든 것 중에서 최초라는 그 말을 내가 어떻게 알 수 있겠습니까?"(p. 51)라고 묻는다.

이 지점에서 영원불변의 무시간성이 아니라, 역사적인 시간이 개입한다. 이에 크리슈나는 시간화로서의 **역사**를 법에 종속시킨다. 크리슈나는 "시원적인 존재태에서는 연속성의 사유가 시간에 포착되지 않는다"(p. 51)고 일러준다. 크리슈나는 이렇게 하여 "법의 중재를 통해 태양 중심적인 시간을 계보학적인 시간에 끼워 넣는다."

그렇다면 이때 법은 무엇인가? 이 경우 법은 변함없이 법을 준수하는 태양에 의해 신화적 인간인 마누에게 전수해준 크리슈나의 비밀이다. 마누는 이 비밀을 다시 익슈바쿠Iksvaku에게 전한다. 말하자면 크리슈나가 말한 태양은 왕들의 시원적인 계보인 익슈바쿠, 즉 태양 왕조의 시조로 거슬러 올라간다. 태양보다 나중에 나타난 당신의 말을 내가 어떻게 진실이라고 믿느냐는 아르주나의 물음에 대해 『바가바드기타』의 4장 첫머리에서 크리슈나는 다음과 같이 세 가지로 설법한다.

크리슈나가 말씀하셨다

1.
나는 이 불변의 요가를
비바스밭(인류의 조상 마누의 아버지인 태양신)에게 말해주었노라
비바스밭(태양신)은 그것을 마누에게 전했고
마누는 그것을 익슈바쿠(마누의 아들)에게 말했노라.

아르주나가 말했다.

4.
당신의 출생은 나중이었고
비바스밭의 출생은 그 이전이었습니다

당신이 태초에 그것을 말해주었다는 것을

어떻게 제가 이해할 수 있겠습니까?

태양신을 태양 왕조의 시조로 거론함으로써 크리슈나는 영원불변의 무시간성이 아니라 역사적 시간성을 끌어들인다. 그럼에도 불구하고 아르주나 당신은 태양신의 시조들보다 뒤늦게 태어난 것이 아니냐고 따져 묻는다. 그러자 크리슈나는 자신은 한 번의 생을 사는 것이 아니라고 말해준다.

1) "우리는 여러 번 오고 간다. 나는 그것을 알지만 너는 알지 못한다. 우리는 단지 **이번** 역사만으로는 연속적인 진리 입증을 확실하게 할 수 없다"(p. 52).

크리슈나는 지식의 주체로서의 자신의 우월성 혹은 완전성을 주장한다. 그렇다면 '그는 전체 역사를 관통하는 무시간적인 시간성으로 역사를 대체하는 것인가?'라는 헤겔 식의 의문이 나올 수 있다. 헤겔은 토착 정보원에게는 시간 개념이 없으므로 그들은 역사 이전의 시간 속에서 산다고 주장한다. 혹은 크리슈나라는 특권적인 관점 혹은 예외적인 지식 주체가 자신을 분리시켜 역사 속의 자신과 그런 시간성 속에 있는 자신을 초월적인 관점에서 보는 자신으로 분리시키고 있다고 주장할 수 있다. 말하자면 인식하는 주체와 인식하는 주체를 보고 있는 제3의 시선 주체로서의 크리슈나를 주장할 수도 있다.

5.

나는 수많은 생을 거쳐왔고

그대 또한 그러하다, 오 아르주나여.

나는 그 모든 생들을 알지만

그대는 알지 못한다.

6.

나는 불생不生이며 나의 자아는 불변하고

나는 모든 존재들의 주主이지만

내 자신의 창조력에 의해

자신의 물질을 사용하여 존재하게 된다.

2) "자신의 현상적 가능성을 통해 자신의 본성에 거주함으로써 '나는 된다I become'"(p. 52).

여기서 나는 불변하는 정신에서 태어난 것이 아니라 불변하는 정신 자체이며 만물의 머리다. 나는 나를 분리시킴으로써 신성한 남성이 된다. 이 지점에서 스피박은 젠더 원리를 가지고 개입한다. 데리다 식으로 말하자면 크리슈나는 자기 기원이면서 동시에 자기 차연의 존재다. 크리슈나는 원래 영원하므로 어디에서 생기는 것이 아니며, 그래서 불생不生이다. 정신적 존재이지만 육체를 지니고 물질과 질료의 시간화 세계에 태어난다. 그것은 자신의 창조력과 변신 능력에 의해 정신이 몸을 입고 육화된 것이다.

타자로서의 서구

본성으로서 자연nature은 인간(남성)에 맞서 군림하는 여성적 원칙이며 나의 거주는 내 안에 여성적인 것을 거주시키는 것이다. 그것은 인간 남성이라면 죽음을 뜻하겠지만 나에게는 자기생성적인 것으로 각인된다. 자기생성하는self-generating 주체가 생성되려면 이미 자기 안에 여성적인 원칙을 거주시켜야 하고 그런 맥락에서 본성으로서 자연은 자기-차이의 존재다. 자기생성의 도구는 자기 자신의 마야(어머니)다. 인간 존재는 여러 번 현존하므로 헤겔처럼 한 번의 역사적 계기만으로 진리 입증 운운하는 것은 불가능하다. 이것은 역사적 시간성의 외부에 로고스를 제시하는 것이라고 스피박은 지적한다.

3) "법이 쇠퇴할 때마다 나는 나 스스로를 만든다"(p. 53).

이 세 가지는 역사에 대한 남근 이성 중심주의적인 부정과 지양임을 쉽게 파악할 수 있다. 시간을 초월한 특권적 존재인 크리슈나는 탐욕과 실수를 무대화하고 선한 자들을 보호하고 악한 자들을 멸하는 데 필요한 법(다르마dharma)을 확립하기 위해 "나는 유가yuga마다 세상에 온다"고 한다. 그러자 아르주나는 당신의 그 불멸의 자아를 보여달라고 간청한다.

지고의 신이시여, 당신은 말씀하신 그대로입니다.
저는 주로서 당신의 형상을 보기 원합니다,
유감스럽게도 나는 그것이 잘못인 줄 알지만, 하오나, (p. 54)

"만약 제가 볼 수 있다고 생각하신다면 당신의 불멸의 자아를 제게 보여주십시오"라는 요청에 크리슈나는 우주 형상cosmograph에서 특이한 방식의 역사 형상historiograph으로 들어옴으로써 존재 형상ontograph을 보여주는 무대를 마련하게 된다. 믿지 못하는 아르주나에게 크리슈나는 우주를 담는 천 개의 팔을 가진 존재로 모습을 드러낸다. 크리슈나는 수많은 팔과 배와 입과 눈 등 사방에 무한한 형상을 지닌 존재로 자기 형상을 현상한다. 시작도 중간도 끝도 없고 무한한 힘과 무수한 팔들을 가지고 있으며 해와 달을 눈으로 지닌 형상이 나타난다. "수많은 팔과 배와 입과 눈 등/ 사방에 무한한 형상을 지닌 당신을 보나/ 당신의 끝과 중간과 시작은 볼 수 없나이다"라고 아르주나는 말한다. 이런 우주적인 형상은 특정한 역사적 계기에서는 역사 형상으로 드러난다. 크리슈나는 끔찍한 송곳니로 세계를 전율시키며, 열기로 온 세상을 불태워버리는 불 같은 입들을 보여준다.

현재 아르주나는 전쟁터에서 적과 대치 상태다. 그는 적의 진영에 있는 사촌들, 비수마, 드로나, 전차장의 아들 카르나뿐만 아니라 아군의 전사들이 끔찍한 송곳니를 가진 무시무시한 크리슈나의 입들 속으로, 인간과 함께 바닷물을 삼키는 백경이나 조스의 입 속으로 소용돌이치면서 끌려들어가는 '환영'을 보게 된다. 어떤 자들은 크리슈나의 이빨 사이에 끼어 머리가 바스러지기도 한다. 많은 강의 격류들이 바다를 향해 치닫듯이 인간 세계의 영웅들이 크리슈나의 불타는 입 속으로 던져지고 끌려들어간다. 나방들이 타오르는 불 속으로 파멸을 향해 돌진하듯이.

　이것을 보고 헤겔은 수천 년 동안 오로지 반복될 뿐인 미학적 재현이며, 목적도 한계도 모르는 괴물성이라고 간단히 언급하고 넘어가버렸다. 헤겔에 따르면 이 장면은 미학적 재현의 단조로운 반복일 따름으로 변증법적인 절대정신의 구현이 되지 못한다. 현란하게 모습을 바꾸지만 "정태적이고 단조롭다"(p. 58)고 헤겔이 말했던 것도 그 때문이었다. 하지만 스피박이 보기에 헤겔의 이런 주장이야말로 법과 역사의 변증법을 정치적 **이해관계**에 따라서 문화적 **책략**으로 해석한 것과 다르지 않다. 스피박은 헤겔과는 달리 아르주나가 보고 있는 장면은 혈족을 중심으로 한 부족사회에서 국가에 충성하는 단계로 이행하는 과정에서 일어난 전투라고 해석한다.

　앞에서 아르주나가 본 생생한 장면은 그가 현재 어디에 있는지를 묘사한 것이다. 아르주나는 크리슈나 신이 보여주는 환영 속에서 자신의 혈족들인 삼촌, 삼촌의 아들, 전사 들이 크리슈나 신의 송곳니에 의해 산산이 부서지고 가루가 되어 이빨 틈에 끼었다가 삼켜지는 모습을 보게 된다. 이 모든 존재들을 씹어서 삼키는 생생한 장면을 보면서 아르주나는 지금까지 자신의 친구인 줄로만 알았던 자신의 전차장인 크리슈나가 다름 아닌 우주의 위대한 창조주인 비슈누임을 알게 되고, 자신의 실수를 용서해달라고 말한다. 신의 위대함을 몰라보고 먹을 때나 잠잘 때나 혼자 있거나 함께 있거나 하여튼 잘못을 저질렀다면 용서해달라고 아르주나는 간청한다. 그런 다음부터 크리슈나 신이 말하는 것은 지상에서의 질서가 되고 일방적인 설법이 된다. 그러면서 크리슈나 신은 네 가지 카스트를 말해준다.

　바라문과 크샤트리아와 바이샤와
　수드라 들의 행위들은, 오 적을 괴롭히는 자야,
　본성으로부터 생긴
　요소들에 의하여 구분되어 있다.

　평정, 자제, 고행, 순결
　인내, 그리고 정직
　지혜, 통찰, 믿음은
　본성에서 생긴 바라문들의 행위들이다.

　용맹, 활력, 굳셈, 숙련,
　그리고 전쟁에서라도 도망치지 않음과
　보시, 그리고 지배자적 성품은
　본성에서 생긴 크샤트리아들의 행위들이다.

　농사, 목축, 상업은
　본성에서 생긴 바이샤의 행위이며
　봉사의 성격을 지닌 행위 또한
　수드라들의 본성에서 생긴 것이다.**37**

37 같은 책, 258~59쪽 참조.

38 『역사철학강의』에서 헤겔은 카스트 제도를 무시간적인 것으로 보지 않았다. 국가의 본질적인 임무는 공동체 전체를 목적으로 하는 것이므로, 첫 번째 계급은 신을 모시고 신의 일을 행하는 바라문(사제)이다. 두 번째 계급은 무사 계급이다. 국가 전체가 존속하고 다른 국가에 대항할 수 있으려면 무력이 확보되어야 한다. 세 번째 계급은 생활상의 필요를 충족시켜줄 농업, 공업,

　　　　　타자로서의 서구

이처럼 당대 네 가지 질서는 카스트로서 브라만, 크샤트리아, 바이샤, 수드라이다. 브라만은 정신과 감각의 통제, 엄격, 순수, 인내, 강직, 지식, 통찰, 내세에 대한 믿음을 뜻한다. 크샤트리아는 전사 계급이며 용기, 불굴, 능력, 전쟁터를 상징한다. 바이샤는 생산 계급으로 농업, 목축, 거래를 뜻한다. 수드라는 남들에게 봉사하는 것을 그 본질로 한다. 여기서 수드라로 명명한 존재들에게 적합한 행복은 "잠, 나태, 현혹"과 같이 혼란과 미혹에서 나오는 행복이라고 한다 (p. 56).

많은 이론가들이 이 부분에 주목하는 것은 아니지만 스피박은 자신의 오독을 위해 이 부분에 집중해보겠다고 말한다. 이렇게 본다면 이 장면은 헤겔이 주장한 것처럼 무시간적으로 초월적인 것이 아니라 힌두 식 사회적 행위를 기능적으로 실천하는 증거로 동원될 수 있다(p. 57). 이 장면은 역사가 초월적 정신의 자기 구현이라고 말한 헤겔의 주장과는 거리가 멀다.[38] 여기서 스피박은 아르주나의 인간적 실수에 대한 변명을 절묘하게 오독함으로써 이 장면을 '사회 질서'와 연결시킨다. 아르주나가 "당신을 친구라고 생각하여 함부로 한 말들, '어이 친구여'라고 하면서 당신의 위대함을 모르고 장난으로 당신께 한 무례한 짓, 놀거나 쉴 때, 앉아 있거나, 식사할 때, 혼자 있거나 다른 사람들 앞에서 한 일들에 대해서 측량할 길 없는 당신의 용서를 비나이다"라고 말함으로써 아르주나는 자신의 실

상업을 포함한다. 이것이 바이샤(평민) 계급이다. 네 번째는 최하층으로 타인에게 봉사하는 계급이다. 이런 계급의 구분이 자연(출신)에 따르고 있다는 점에서 동양적이라고 비판한 바 있다. 그에 따르면 동양에는 내면적인 주체성이 아직 자립적인 가치를 인정받지 못하므로 직업의 구분은 개인의 자발성에 따르는 것이 아니라 출신에 따라 규정되었다고 보았다. 『역사철학강의』, 제1부 「동양세계」 중, 제3편 '인도' 참조.

수를 깨닫고 신의 용서를 빌게 된다. 아르주나의 실수로 인해 신은 자신의 본모습을 드러내게 된다. 그런 다음 신이 말하는 것은 진리가 된다. 그런데 그 신이 인간 본성에서부터 네 가지 카스트가 존재한다고 말해준다면, 그것은 현재의 사회질서를 신의 목소리로 정당화하는 것이다. 헤겔이 단계별로 도표화한 역사라는 것이 정치적 이해관계에 따라서 어떻게 상이한 해석을 산출하는지를 보여주는 좋은 사례로 스피박은 이 장면을 제시한 셈이다.

문제는 헤겔의 이러한 논의를 민족주의자들이 차용하게 되면 동일한 논리가 인도 민족주의를 이상화하는 것으로 동원된다는 것이다. 레이 초우Rey Chow가 '원시적 열정'이라고 했던 것들을 전유하는 방식이 민족 부르주아들의 논리에서는 전통으로 미화된다.**39** 식민 지배에 저항하는 민족 투쟁에서 민족 이데올로기는 정신/물질로 구분되고 서구 문명은 물질적인 것으로 간주된다. 근대 지향적인 민족주의자들은 과학, 테크놀로지, 합리적인 경제 조직들, 정치기구와 같은 근대적 방식들을 받아들여 이른바 '동도서기東道西器'로 식민 지배를 극복해야 한다고 주장해왔다. 이것은 자국민의 전통문화를 합리화하고 개혁하는 민족주의 기획의 한 측면이다. 그렇다면 이것은 서구를 전면적으로 모방하는 것은 아니다. 이 탁월한 민족주의자들은 아직 역사적인 단계로 진행하지 못한 역사 이전 단계로서의 『바가바드기타』가 아니라, 헤겔이 비판한 『바가바드기타』의 초역사적인 무시간성을 오히려 찬양한다. 그들에게 『바가바드기타』는 보편적 인간 정신의 영속

39 레이 초우, 「원시적 열정」, 정재서 옮김, 이산, 2004 참조.

타자로서의 서구

적이고 불변하는 구조가 되어버린다. 헤겔의 절대정신이 이미 언제나 구현된 상태라는 점에서 민족주의자들의『바가바드기타』해석은 헤겔의 논의와 동전의 양면인지도 모른다. 이렇게 하여 헤겔의 인종차별적인 도표화는 탈인종화된 보편정신으로 비상한다.

여기서 스피박은 '3'세계의 페다고지가 어떤 일을 해야 하며 교사와 토착 정보원은 어떤 입장에 서야 하는가를 다시 묻는다. 그것은 헤겔의 철학으로 인해 망각되고 지워진 역사적 기원으로서 인도인을 복원하려는 것이 아니다. 순수한 기원으로서 인도인을 설정하는 것은 혼종성을 무시한 처사다. 역사적으로 활용할 수 있는 순수한 인도인이라는 것은 없다는 사실을 토착주의자들, 민족주의자들은 잊고 있다. 이렇듯 '3'세계 토착 엘리트들은 민족국가의 독립과 통일이라는 기획 속에 포획되지만 하층 여성은 또다시 배제된다. 이점은 마르크스에 대한 스피박의 '징후적 독법'을 통해 상세히 읽어보고자 한다.

마르크스와 아시아적 생산양식

마르크스가『정치경제학 비판 요강A Contribution to the Critique of Political Economy』에서 지나치는 김에 언급한 악명 높은 아시아적 생산양식에 요즘 누가 관심이나 있겠는가. 그렇다면 스피박은 잊힌 지 오래된 아시아적 생산양식이라는 개념을 무슨 용도로 다시 불러내는 것일까? 이미 폐기처분된 개념을 가지고 와서 스피박은 무엇을 하겠다는 것인가, 라는 의구심이 들 수도 있다. 스피박이 그 점을 몰라서 아시아적 생산양식을 거론한 것은 아닐 것이다.

그녀가 보기에 독일 철학의 영향 아래 있었던 초기 마르크스는 자기 이론 안에서 차이를 설명하고 그에 대한 해결책을 모색하려고 했다. 초기의 그는 자연적인 것과 인간적인 것을 유적 생명species life과 유적 존재species being로 구분한다(p. 76). 유적 생명으로서 자연은 의식도 없고 목소리도 없는 역설적인 주체다. 들뢰즈 식으로 말하자면 그것은 자연과 즉자적인 관계를 맺는 '기관 없는 신체'다. 인간은 자연과 더불어 살아가고 자연은 인간의 신체이기 때문이다. 인간이 자연과 연결되어 있다고 말할 때 그 인간은 날것으로서의 생명, 즉 유적인 생명과 다를 바가 없다. 마르크스는, 그런 유적인 생명이 유적인 존재가 되기 위해 철학의 내부에 역사적 서사를 포함시킴으로써 철학의 형식을 위반하게 된다는 것이다(p. 78).

마르크스 또한 유럽 자본주의의 유기적 지식인이었다. 칸트처럼 그에게 인간은 보편적이고 자유로운 유적類的 존재로 간주된다. 젊은 철학자로서 마르크스는 철학적 주제(보편적인 인간으로서의 유적 존재)를 정치경제학의 영역과 연결시킴으로써 유적 존재의 가능성을 모색한다. 그런데 사회적 불평등은 유적 존재로서의 인간이 실현될 수 없도록 만든다. 정치경제학과 역사적 서사는 규범적(윤리적) 주체의 자기 정체성에 차이를 도입한다. 초기에 마르크스는 유적 존재로서의 인간의 자기 정체성을 방해하는 이 차이를 없애려고 했다. 말하자면 주체와 구조 사이, 주체와 텔로스telos의 지향 사이에

타자로서의 서구

모순과 갈등이 초래된다. 가치 개념을 정립하기 이전의 초기 단계에서 사회주의를 향한 마르크스의 목표는 이 양자 사이의 간극을 채우는 것이었다. 그리하여 마르크스는 자기 이론 안에 노정된 차이를 설명하는 데 필요한 타자로서 아시아적 생산양식 개념을 발명했던 셈이다.

마르크스는 사회가 균등하게 발전한다면 왜 전 지구적 차원에서 자본의 규범 논리가 동일하게 드러나지 않는가를 설명해야 했다. 균등한 발전의 논리에 따라 유럽식 자본주의가 일직선적으로 전개된다면 왜 아시아, 러시아, 인도, 중국 등에는 이런 형태가 드러나지 않는 것일까? 스피박은 아시아적 생산양식은 마르크스 이론 내부에 드러난 차이를 지칭하는 이름이라고 말한다. 바로 이 차이를 설명하려는 절박함 때문에 그는 아시아적 생산양식 개념을 도입하게 되었다는 것이다.

마르크스는 인류의 역사 발전을 사회에서 생산이 이루어지는 방식인 생산양식에 따라 원시공동체 사회, 고대 노예제 사회, 중세 봉건제 사회, 근대 자본주의 사회, 미래의 사회주의 사회라는 다섯 단계로 구분했다. 하나의 생산양식에서 다른 생산양식으로의 전환은 생산양식(생산력/생산수단) 내부의 모순 때문에 생산관계와 갈등이 초래된다고 믿었다. 생산력이 증대하면 기존의 생산관계는 변하지 않을 수 없다. 마르크스 본인이 든 비유를 들자면, 생산력이 증대되는 데도 생산관계는 변하지 않는다면 그것은 마치 어린아이(생산력)가 자라는 데도 예전의 옷(생산관계)을 그대로 입고 있으면 옷이

찢어질 수밖에 없는 것이나 마찬가지다. 생산력의 증대는 생산관계의 변화를 수반하게 된다. 이처럼 인류 역사의 발전이 생산관계 사이의 계급투쟁의 역사라고 한다면 봉건적인 생산관계에 기초한 계급은 지주와 노예로 대별된다. 그런 발전단계론에 비추어본다면 자본주의 사회는 봉건 사회라는, 유럽에서 나타난 생산양식 자체 내의 모순을 통해서 만들어질 수 있었다. 반면 아시아의 생산양식은 고대 노예제 생산양식의 변종인 '아시아적 생산양식'이다. 아시아는 근대에 이르기까지 이 고대적인 생산양식에서 벗어나지 못한 채 정체 상태에 머물러 있었다. 따라서 봉건적 생산양식을 경험하지 못한 아시아는 자본주의로 발전할 가능성을 갖고 있지 않은 셈이다. 다시 말해 자본주의로 발전하는 선형적 역사라는 동질적 내부에 있는 다른 것, 그것이 아시아적 생산양식이라는 것이다.

전 지구적 금융자본주의가 된 지금 오히려 "아시아적 생산양식은 '개발'과 경제적 구조조정을 통한 전 지구의 금융화뿐만 아니라 유럽 중심의 경제적 이민도 작동시킨다"(p. 79). 따라서 이렇게 중요한 개념을 폐기하는 것은 잘못이라면서 스피박은 아시아적 생산양식을 **가치40**의 차원으로 전환해 재활용할 수 있다고 강조한다. 그녀는 마르크스의 텍스트를 전체적으로 분석하기보다 다만 아시아적 생산양식이라는 개념에만 집중한다.

마르크스는 『자본론』에서 생산양식들 사이의 차이를 규명하기보다는 (노동)가치에 더욱 집중한다. 인간의 자의식적인 활동(노동)은 가치 형식으로 나타난

40 가치에 관한 스피박의 주장은 『포스트식민 이성 비판』 중 「가치에 관한 단상」을 참조할 것.

타자로서의 서구

다. 인간의 노동은 인간이 자연에서 유적 생명으로 단순히 생존을 유지하는 것을 넘어서는 가치를 생산하게 된다. 하지만 자연 생명으로서의 욕구와 제작물making 사이의 차이야말로 교환의 가능성뿐만 아니라 더 많은 교환(사용)에 접근할 수 있는 잉여가치를 생산한다. 잉여가치를 누가 전유하는가에 따라서 자본주의는 두 계급으로 나뉘지고(부르주아지, 프롤레타리아트) 이와 같은 계급 차이는 역사의 합목적적인 자기 결정으로 나아가는 중에 계급투쟁을 통해 지양되어야 한다.

그런데 지상의 모든 지역들이 이런 역사 발전 경로를 따르는 것은 아니었다. 아시아적 생산양식은 『정치경제학 비판 요강』의 전前자본주의적인 사회구성체precapitalist formation 논의가 보여주다시피, 기관 없는 신체로서의 자연 개념을 부활시킨다. 전자본주의적 구성체는 대부분 아시아적 토지 형식들이 그러하듯이 전제군주의 형식으로 실현된다. 말하자면 토지는 전제군주의 것이고, 아시아인들은 아직 개별화된 유적 존재가 아닌 유적 생명의 차원에 머물러 있다. 유적 생명으로서 아시아인들은 사실 전제군주의 재산이며 그들이 전제군주와 맺는 생산방식이 아시아적 생산양식이다. 그런 개인에게 재산은 자연적으로 주어진 객관적 신체에 속하는 노동과 재생산이 자연적 조건과 맺는 관계이다. 이 경우 개인화된 신체 기관이 없는 아시아인들은 마치 칸트의 『판단력 비판』에서 본 것처럼 아직 주체 이전의 미개한 인간이 된다.

스피박이 비판하고자 하는 것은 이처럼 아시아인들을 문명화

이전의 유적 생명으로 보는 것 자체가 문제적이라는 점이다. 그리고 서구에서 역사 발전이 중세의 게르만 형식에서 보다시피 도시와 농촌 사이의 모순에서 비롯된 것이었다면, 다른 한편 아시아는 도시/농촌의 구별조차 없으므로 양자 사이의 모순이 역사 발전의 추동력이 될 가능성조차 없는 셈이다(p. 81). 유럽과 인도, 이슬람, 중국의 지정학적 차이는 소멸된다. 이것은 지구의 모든 지역을 평면적이고 똑같은 신체로 파악한 다음 거꾸로 역사 발전이라는 틀에다 그것을 대입한 것에 불과한 것이다.

여기서 스피박은 아시아적 생산양식에 관한 방대한 문헌과 대면하는 대신, 그것에 관한 세 편의 2차 텍스트에 주목한다. 아시아적 생산양식을 폐기처분하려는 것이 아니라 그것을 가지고 와서 광범하게 제기되는 문제들을 간략하게 다루기 위해서였다. 라나지트 구하Ranajit Guha의 『벵골 재산법*A Rule of Property for Bengal*』(1963), 페리 앤더슨Perry Anderson의 『절대주의 왕조의 계보*Lineages of the Absolutist State*』(1974), 사미르 아민Samir Amin의 『불균등발전론*Unequal Development: An Essay on the Social Formations of Peripheral Capitalism*』(1976)이 그 세 가지 텍스트에 해당한다. 그녀는 이 세 가지 2차 텍스트를 선택한 이유로 이들 텍스트가 각기 다른 방식으로 아시아적 생산양식 논쟁과 거리를 두고 있기 때문(p. 92)이라고 밝히고 있다. 이들 텍스트는 아시아적 생산양식을 해체하면서도 재구축함으로써 그것이 지닌 한계를 가시화한다는 장점이 있다는 것이다.

구하의 『벵골 재산법』은 마르크스가 아시아적 생산양식이라고 명명한 것이 인도에서 구현된 방식을 살펴볼 수 있게 해준다. 구하가 벵골에 초점을 맞춘 것은 영국이 인도에서 최초로 차지한 땅이 벵골 지역이었기 때문이다. 그래서 마르크스는 벵골 지역은 토지의 사적 소유가 아직 이루어지지 않았고 지대가 조세와 동일하다고 일반화했다. 하지만 지배층이 토지 소유자인 지주들이라고 일반화할 수 없었다는 것이 구하의 지적이다. 말하자면 벵골은 단선적인 역사 진행 방식을 전혀 따르지 않았다는 것이다. 토착 지주들은 농업자본가로 이행한 것이 아니라, 오히려 부재지주로서 토지와 멀리 떨어진 곳에 살면서 토지의 기름을 빨아먹는 존재로 바뀌었다.

페리 앤더슨은 봉건 유럽의 외부에 있는 영역을 설명하면서 서구의 모델을 그대로 적용하는 것이야말로 '무지의 밤'[41]에서 비롯된 것이라고 비판한 바 있다. 지역마다 다른 사회구성체와 국가 체제에 대한 유형학을 만들어내려면 각 지역마다 다른 차이를 존중해야 한다는 것이다. 그러면서도 앤더슨은 문명이라는 용어를 선택하여 그것이 유럽 이외의 지역에서의 생산양식을 연구하는 방법론이 되기를 여전히 기대했다.[42]

단선적인 발전 모델이 아니라 불균등발전론, 다선적 발전 모델의 가능성을 제시하려는 학자들 중에서는 아민의 모델이 있다. 1976년에 출판된 『불균등발전론』에서 사미르 아민은 아시아적 생산양식을 폐기처분하지 않고 그 특징을 밝히기 위해 조공tribute을 분석한다. 아민은 불균등발전론에 입각하여 자본주의가 사회주의를 지향하는 목적론적인

41 Perry Anderson, *Lineages of the Absolutist State*, London: Verso, 1974, p. 549.

42 같은 책, p. 548.

서사에 초점을 맞추기보다는 전 지구적 제국주의에 초점을 맞춘다.

아민의 관점에서 보자면 첫째, 토지가 자본으로 바뀌는 적절한 근거를 어떻게 제공할 것인가는 주요한 초점이 아니다. 둘째, 이 시각에서 쟁점은 국세와 토지임대료가 같다는 의미가 아니다. 아시아적 생산양식은 실패한 자본주의가 아니라 전 지구적으로 성공한 제국주의에게 조공을 바치는 경제적 사회구성체로 읽어야 한다는 것이다.

아시아적 생산양식은 역사적으로 정태적이고 사회적으로 열등한 것이라고 읽어낸 것은 마르크스가 자신의 철학을 역사에 재배치함으로써 일으킨 혼돈이자 위험이다. 변증법적인 철학(혹은 과학)은 역사를 사적 유물론으로 접근할 것이 아니라 변증법적 유물론으로 접근해야 한다는 것이 아민의 입장이다. 아민의 논의는 종교, 문화, 민족주의 등이 유럽 중심적인 국민국가nation-state에 적합하게 들어맞는 것이 아니라 차이를 드러낸다는 점 또한 설명해줄 수 있다.

아시아적 생산양식이 자체의 생산수단을 갖지 못했기 때문이라는 지겹도록 반복된 주장을 되풀이하는 것보다 차라리 생산수단의 비소유 형태로 조공이라는 것을 생산양식으로 보는 것이 낫지 않겠느냐는 것이 스피박의 지적이다. 사실 구소련의 해체 이후 전 지구적 금융자본주의화 과정에서 등장한 브레튼우즈 체제[43]가 관세 장벽을 철폐하고 신자유주의적 자유시장을 열게 만든 비합리적 조공 체계가 아니라면 무엇이겠는가라는 것이 스피박의 반문이다.

스피박의 해체론적 시선은 아시아적 생산양식을

43 1944년 7월 미국 뉴 햄프셔 주 브레튼우즈에서 44개 연합국 대표가 모여 만든 국제통화질서.

유럽 중심적인 5단계 발전의 예외이자 아시아의 특수성을 드러내는 것으로 설정하지 않는다. 그 대신 정상적인 발전/일탈적인 예외라는 이분법에 맞서 혁명 이후의 사회공학에 주목하려고 한다. 진정한 아시아를 추구하려는 것이 또다시 인종 차별적인 민족주의(이슬람주의, 힌두이즘 등)를 초래하기 때문이다.

마르크스의 『자본론』과 같은 텍스트를 다시 읽어내기 위해서는 저자의 죽음을 선언한 롤랑 바르트Roland Barthes의 논의를 가져와서 새로운 독자로서 텍스트를 다시 읽어야 한다는 게 스피박의 제안이다. 해체론적 읽기는 저자의 권위를 유령으로 만든 다음 새로 태어난 독자의 시각으로 읽어보는 것일 수도 있기 때문이다. 그래서 오랫동안 침묵했던 마르크스의 가치이론을 다시 읽어보면 어떤 출구가 보일 수도 있다고 스피박은 주장하는 것이다.

아시아적 생산양식이라는 불균등한 사회구성체는 해외무역을 거침으로써 제국주의적인 기획을 가능하게 했다. 자본주의의 자생력으로 인해 사회주의로 변형될 수 있는 혁명적 계기는 사라졌다. 자본주의의 경제적 잉여는 전 지구적으로 재배치IMF, IBRD, GATT, WTO되었고, 제국주의적인 구성체들의 지속적인 서사에 나타나는 해외 원조 무역에 의해 채무-속박, 조공 체계를 갖는다. 스피박에 따르면 이러한 체계를 온몸으로 떠받치고 있는 것이 하위주체화된 여성들이다. "'3'세계 여성들의 등골 위에 낡은 식민지 시대의 지도가 다시 그려지고 있다"는 스피박의 주장이 의미하는 바가 바로 그것이다.

마르크스는『공산당선언』에서 굴뚝 생산에 바탕을 둔 육체노동이 줄어들면 여성 노동이 부상할 것으로 예측했다. 이제 전 지구적 재택 노동이 폭발적으로 증가된 시대를 우리는 살아가고 있다. 여성 노동이 전 지구적으로 부상했지만, 구소련의 해체 이후 신자유주의 가부장제 안에서 여성은 오히려 하위주체가 되어가고 있다. 스피박에 따르면 재택근무 등과 같이 새로운 국제적 경제 질서의 재편 속에서 가장 효과적으로 사회화된 것은 가부장적으로 정의된 하위주체 여성의 노동이었다는 것이다.

기존의 독법에 따르면 아시아적 생산양식은 하나의 독자적인 생산양식으로 간주되지 않았다. 심지어 배리 힌데스와 폴 Q. 허스트마저도『전자본주의적 생산양식』에서 독자적인 생산양식으로 보기 어렵다고 토로한 바 있다.[44] 이처럼 아시아적 생산양식은 서구 발전 모델의 예외로 규정되었다. 반면 스피박의 논지를 따라가다 보면 지금까지 역사 발전의 법칙으로 간주되었던 서구적 모델이 오히려 예외가 되어버린다. 영국 자본주의 분석에서 벗어나면 마르크스의 생산양식 분석은 세계의 어떤 지역, 어떤 국가에도 제대로 들어맞지 않는다. 인도, 중국, 이슬람권, 아프리카, 남미 등 어디에서도 적용될 수 없다는 것이다. 그러므로 마르크스가 영국 자본주의를 분석 대상으로 삼아서 전개한 생산양식은 보편적인 발전 법칙이 아니라 서구에 국한된 국지적인 현상에 불과해진다. 이렇게 본다면 정상으로 간주되었던 서구 자본주의 모델이야말로 극히 예외적인 현상으로 축소되어

44 Barry Hindes and Paul Q. Hirst, "The 'Asiatic Mode of Production," *Pre-Capitalist Modes of Production*, London: Routledge, 1987 참조.

타자로서의 서구

버린다. 그러므로 아시아적 생산양식은 서구 모델의 예외가 아니라 그 나름의 생산양식으로 간주할 필요가 있다는 것이 스피박의 독법인 셈이다.

이 장을 간략하게 마무리하자면, 독일은 철학으로 문명화 사업을 벌였다. 영국이나 프랑스는 실질적으로 식민지를 경영했지만, 자본주의 후발주자로서 독일은 과학과 진리의 통합을 모델로 삼는 철학 영역에서 주체의 보편 서사들을 생산했다. 칸트의 세계시민 정치신학, 헤겔의 절대 개념, 마르크스의 사회주의적 동종요법을 공고하게 한 것이 그런 후발주자의 관념적·철학적 성격(윤리적 보편 주체, 철학적·경제적 주체의 탄생과 직접적으로 관련이 있기 때문이다)에서 비롯된 것인지도 모른다고 스피박은 말한다.

스피박이 보기에 철학은 역사의 신비화와 신화에 복무함으로써 스스로의 존재를 조롱의 대상으로 만들었다. 그것이 서구 역사의 문명화 사업에 철학이 어떻게 복무하게 되었는지를 조명하려는 스피박의 의도다. 그녀의 의도에 따라 서구 남성 텍스트에 유령으로 남아 있는 토착 정보원으로서 여성 하위주체가 앞으로 과연 어떻게 드러날 수 있는지, 아니면 드러나자마자 또다시 삭제되어버릴지는 문학의 장으로 넘어가면서 살펴보고자 한다.

2장 문학:
영혼을 발명하는 서사

『포스트식민 이성 비판』의 1장에서 서구 철학이 제국주의 기획에 어떻게 기여했는가를 살펴보았다면, 2장에서 스피박은 영문학이 담당한 역할을 살피고자 한다. 스피박은 영국 제국주의 기획의 문명화 사업과 문화적 재현에서 영문학이 핵심적인 역할을 했다는 점을 이해하지 않고서는 영문학을 제대로 읽어냈다고 말할 수 없노라고 역설한다. 이 사실을 유념해야만 유럽의 식민주의 기획이 '3세계'[45]라고 불리는 세계 구성worlding 서사를 어떻게 생산해왔는지를 밝힐 수 있다는 것이다. 이때 '3세계'는 이제 남南으로 불리는 세계의 빈곤 국가를 뜻한다. 이와 같은 목적을 위해 스피박은 대체로 잘 알려진 19세기 영문학을 검토한다.

45 스피박은 3세계라는 말 자체가 1세계가 만들어 낸 것이라는 점에서 인용부호로 묶어서 사용한다.

타자로서의 서구

『포스트식민 이성 비판』, 2장은 스피박이 1985년《크리티컬 인콰이어리》에 발표한 논문 「세 여성의 텍스트와 제국주의 비판Three Women's Texts and a Critique of Imperialism」을 1섹션으로 하고 거기에 2, 3섹션을 첨부한 것이다. 발표한 지 거의 15년이 지난 시점에 사진의 책에 재수록할 만큼 스피박은 이 논문을 매우 중요하게 보았다. 1섹션이 '세 여성 텍스트와 제국주의 비판'이라면 2, 3섹션은 '세 남성 텍스트와 제국주의 비판'이라고도 볼 수 있다.

『포스트식민 이성 비판』의 2장은 1장에서 분석한 칸트 철학이 문학적 재현을 통해 제국주의 기획에 어떻게 공모했는지를 이론화하는 데 필수적인 장이다. 2장에서 스피박은 19세기 영문학으로 익히 알려진 『제인 에어』와 그것을 다시 쓰기 한 진 리스Jean Rhys의 『광막한 사르가소 바다Wide Sargasso Sea』를 비교한 다음, 『프랑켄슈타인』을 영혼의 발명에 대한 철학적 작업의 일환으로 읽어낸다. 그리고 2섹션에서는 외관상 식민주의 기획과는 그다지 관련이 없어 보이는 샤를 보들레르의 시와 키플링의 단편을 포스트식민주의적인 관점에서 재해석한다. 그런 다음 대니얼 디포의 『로빈스 크루소』를 다시 쓴 존 쿳시John Maxwell Coetzee의 『포Foe』를 기존의 관점과는 다르게 읽어내고자 한다. 존 쿳시는 『포』에서 20세기 후반의 포스트 이론들을 작품화했다고 할 정도로 포스트 이론에 정통한 작가다. 그의 작품은 제국주의 기획의 하나인 영혼의 발명이라는 코드로 읽어내기는 힘들다. 그만큼 그의 작품은 호락호락한 비판을 허용하지 않는다. 스피박이 그의 작품과 어떻게 조우하는지를 살펴보는 것도

2장에서 얻을 수 있는 재미일 것이다.

　많은 페미니스트들이 『제인 에어』를 서구 개인주의 여성 주체의 탄생과 관련해 분석해왔다. 특히 샌드라 길버트Sandra Gilbert와 수전 구바Susan Gubar의 공저 『다락방의 미친 여자The Madwoman in the Attic』(1979)는 제인 에어가 어떻게 서구의 개별적인 여성 주체로 탄생하는가를 상세히 분석한 바 있다. 스피박은 여기서 특히 제국주의의 기획이 어떻게 인간 존재를 단지 개인이 아니라 개인주의자로 구성하는가라는 점에 주목한다.

　그녀는 서구 개인주의를 특이하게도 영혼 형성soul-making의 관점에서 읽어낸다(pp. 116~17). 성적 재생산을 통해 가족이 구성되는 것이라면, 영혼 형성은 사회적 소명을 통한 시민 만들기라는 제국주의 프로젝트의 일환이다. 스피박은 개인주의가 무엇으로 구성되는가라는 점에 주목하면서, 양육 과정을 통해 개인에게 영혼이 형성되는가, 그렇지 못하는가가 문명화 사업의 핵심이라고 주장한다. 흔히 서구 개인주의라고 하면 19세기 부르주아 개인주의를 연상하게 된다. 19세기 서구 소설에 고아가 주인공으로 많이 등장하는 이유도 개인적인 의지와 태도, 도덕성, 능력만으로 세상을 바꿀 가능성을 실험해보기 위한 것이었다. 귀족사회에서처럼 미래가 보장된 신분, 그런 신분을 뒷받침해줄 인맥과 같은 사회자본이 없더라도 혼자 힘으로 역경을 헤쳐 나가고 그 결과 성공할 수 있다는 신화가 부르주아 개인주의였다.[46] 1장에서 보다시피 칸트는 영혼이 없는 야

[46] 이런 신화가 신화임을 가장 잘 묘사한 작품이 찰스 디킨스의 『위대한 유산』이다. 고아로 자란 핍은 신사가 된다. 하지만 그의 신사 만들기 프로젝트에는 범죄자의 돈(유산)이 개입했다.

만인들을 문명화시키는 것이 제국의 소명이라고 보았다. 그런 제국주의 기획에서 여성의 역할은 남성에는 미치지 못하지만 그와 유사한 단계에 이를 수는 있다. 반면 토착 하위주체 여성은 이런 담론의 내부에서는 빈 공간이자 공백이 된다.

그렇다고 공백으로 폐제되어버린 토착 정보원 여성이 캘리번을 모델로 할 수는 없다. 스피박은 쿠바의 시인이자 문학평론가인 레타마르Roberto Fernandez Retamar의 「캘리번Caliban」**47**처럼 포스트식민 주체의 모델이 캘리번이 되어야 한다고는 생각하지 않는다(p. 117). 1900년 우루과이의 문인 호세 엔리크 로도Jose Enrique Rodo는 유럽과의 관계에서 라틴아메리카 지식인들의 역할 모델은 셰익스피어의 『템페스트』에 등장하는 말 잘 듣는 요정 에어리얼이라고 비판한 적이 있다. 『템페스트』에서 추방된 밀라노의 공작 프로스페로는 무인도에 자리 잡지만 사실 그곳은 무인도가 아니다. 선주민인 시코락스와 캘리번 모자가 다스리는 곳이다. 프로스페로와 시코락스 둘 다 마법을 부리지만 전자는 선한 마법, 후자는 악한 마법으로 대비된다. 프로스페로는 그녀를 추잡한 마녀라고 주장하면서 그녀가 다스리던 섬을 식민화한다. 『템페스트』의 이런 내용에 바탕을 두고 레타마르는 라틴아메리카의 모델을 에어리얼에서 캘리번으로 대체시킨다. 하지만 스피박은 자민족중심주의를 주장하며 프로스페로를 캘리번으로 대체한다고 문제가 해결되는 것은 아니며 오히려 그렇게 함으로써 라틴아메리카 중에서도 마야, 아스텍, 잉카 등의

47 Roberto Fernandez Retamar, "Caliban: Notes toward a Discussion of culture in Our America," tr. Lynn Garafola et al., in *Massachusetts Review* 15(winter-spring 1974): 7~72.

민족이 하나로 획일화되어 차이가 사라져버린다고 지적한다.

다른 한편 레타마르는 「캘리번」의 한 구절에서 캘리번과 에어리얼 둘 다 신식민주의 지식인으로 위치시킨다. 에어리얼과 캘리번이 서로 대립적인 입장이 아니라는 것이다. 둘 다 외국인 마법사인 프로스페로에게 볼모로 잡힌 노예들이다. 바람 같은 존재인 에어리얼은 섬의 자손이면서 지식인이다. 캘리번은 섬의 주인이면서도 프로스페로에게 자기 땅을 잃고 노예 신세로 전락한다. 그래도 캘리번은 프로스페로에게 언어를 배운다. 캘리번은 "당신은 나한테 언어를 가르쳤어. 그 말인즉 내가 당신의 언어로 저주할 수 있다는 거지"라고 대응한다. 그런데 라틴아메리카의 주체성을 캘리번으로 설정하는 것은 포스트식민주의가 해체하려는 바로 그 (서구식) 개인주의를 합법화하는 셈이 되어버린다(p. 118).

이런 논쟁을 염두에 두고 『제인 에어』로 들어가보자.

성적 재생산과 사회적 재생산: 가족과 양육의 문제

『제인 에어』의 첫 부분은 이렇게 시작한다. "그날 산책을 나갈 가능성은 전혀 없었다. (……) 바깥 활동은 말할 것도 없었다. 그래서 나는 기뻤다." 이 구절을 스피박은 이렇게 해석한다.

> 제인은 물러나 있기에 합당한 지형의 규칙을 위반하면서 계속 움직인다. 이 집안의 핵심 가족은 퇴실이나 객실과 같이 인가받은 건

타자로서의 서구

축 공간으로 물러난다. 그에 반해 제인은—'나는 주변으로 빠져나
갔다'—주변으로 빠져나가, 객실에 딸려 있는 작은 조찬방으로 살
그머니 들어갔다.**48**

서론에서 언급했다시피 스피박은 '평이한 글쓰기에는 함정'이 있다
고 말했다. 그런데 이와 같은 스피박의 글쓰기를 보면서 과연 평이
하고 쉬운 글이 불투명한 현상을 명료하게 하려는 이데올로기의 산
물이라고 불평할 수 있을까? 불투명한 세계를 명료하게 진술하려
는 것에 대한 경계심에서라기보다는 그녀의 나쁜 글쓰기 습관 탓은
아닐까라는 의구심이 든다. 앞의 인용문에서 보다시피 과도한 추상
어들의 남발은, 그녀의 말에 따른다면 오어법에 해당한다. 이 부분
을 학술적인 언어라는 느낌을 주지 않는 소설적인 서사로 풀어 쓴다
면 아마도 이렇게 표현될 수도 있을 것이다. "주인집 식구들은 응접
실이나 객실로 물러난 반면 제인은 물러나 있기에 적
당하지 않은 주변으로 슬그머니 빠져나갔다." 하지만
앞의 인용문처럼 온통 추상적인 해석과 난삽한 문장
으로 인해 독자로서는 스피박의 말을 이해하는 데 과
도하게 많은 시간을 투자해야 한다. 난해한 언어가 고
도로 추상화된 사고가 반영된 지적인 깊이로부터 나
오는 것만은 아니다. 오히려 식민 지배 아래에서 백인
주인 나리에게 엄격하게 격식을 차리는 집사들이 과
도하게 정중하고 고도로 허식적인 언어를 구사했던

48 The movement
continues as Jane brea-
ks the rules of the appro-
priate topography of with-
drawal. The family at the
center withdraws into the
sanctioned architectural
space of the withdrawing
room or drawing room;
Jane inserts herself
—"I slipped in"—into
the margin—"A small
breakfast-room **adjoined**
the drawing room."(강조는
스피박의 것)

것처럼, 스피박 자신이 식민화된 집사들의 영어 사용법을 즐기고 있는 것은 아닐까라는 의문이 들 지경이다. 하지만 스피박의 식민화된 '인도식' 영어 용법을 참아줄 수 있다면, 그녀의 『제인 에어』 분석은 충분히 주목을 요한다.

18, 19세기 부르주아들은 가정 안에서 공간의 서열화와 계층화를 구획하려고 했다. 그러므로 제인은 가족이 모여 있는 식당은 물론, 휴식 공간인 응접실로 물러나 있기에도 적당한 가족 구성원이 아니다. 그녀는 자신이 더부살이하고 있는 리드 가족과는 사촌지간이지만 그들에게 사실상 하녀 취급을 받고 있었다. 그녀에게 유일한 현실 도피처는 책이었다. 하지만 그녀는 책 읽기에 적합한 공간인 서재로 물러날 수도 없다. 그래서 식당방에 딸린 쪽방으로 들어가는 것이다.

『제인 에어』는 독자들에게 말을 건네는 1인칭 고백 소설이므로 독자들은 자연스럽게 제인과 동일시하도록 구성되어 있다. 소설 초반부에서는 따돌림과 괴롭힘을 당하는 제인에게 독자들이 감정이입을 하지 않을 수 없도록 만든다. 그날따라 제인의 시선은 책에 적힌 활자를 따라가는 것이 아니라 바깥 풍경에 머문다. 겨울날 오후의 황량한 풍경은 제인이라는 개인의 주관적이고 독특한 '창조적 상상력'[49]에 의해 탐독되어야 할 평면적인 대상이 된다.

여기서 가족/대항가족의 궤적을 쫓아가보면 한

49 엘리자베스 폭스지노비스Elizabeth Fox-Genovese는 서구에서 개인으로서의 여성이 생겨나고 그들이 개인주의를 누릴 수 있게 된 것이 서구 페미니즘을 탄생시킨 계기가 되었다고 말한다. 그녀는 '창조적 상상력'이라는 미학과, 신분이 아닌 능력으로 평가받는 개인주의라는 극장에서 '여성의 능력과 여성으로서의 주체화'라는 공연을 무대에 올리고자 한다.

편에는 정상가족이라고 해야 할 리드 씨 가족, 브로클허스트 가족이 있다. 다른 한편에는 미스 템플, 제인, 헬렌 번즈로 구성된 여성 공동체라는 대항가족이 있다. 로체스터와 그의 미친 아내라는 법적인 가족이 있다면, 제인과 로체스터의 불법적인 대항가족(혹은 블랑슈 잉그램과 로체스터)이 있다. 마지막으로 제인, 로체스터, 그들의 아이들이 합법적이고 정상적인 가족 공동체를 구성하게 된다. 처음에 제인은 대항가족에 속하지만 나중에는 합법적인 가족으로 이동하게 된다. 제인은 제국주의의 권력/지식에 의해서 합법적인 정상가족으로 편입된다.

제국주의 이데올로기에 의해 생산된 버사 메이슨은 동물/인간의 경계선적인 존재다. 처음 버사 메이슨을 보면서 제인은 짐승 같은 형체가 야생동물처럼 으르렁거렸다고 독자에게 말한다. 그녀는 "짙은 어둠 속에서, 방의 모퉁이 구석에서, 어떤 모습이 왔다 갔다 했다. 그것이 짐승인지, 인간인지 (······) 알 수 없었다. 그것은 언뜻 보아 네 발로 기어 다니는 듯 했고 이상한 야생 동물 마냥 무언가를 낚아채며 으르렁거렸다. (······) 풍성한 머리칼이 야생의 갈기처럼 머리와 얼굴을 가리고 있었다"(p. 121).

버사 메이슨이 영국의 한 저택에 갇혀 짐승처럼 울부짖었다면, 그녀에게는 영국이 지옥이나 다를 바 없을 것이다. 하지만 영국으로 오기 전 그녀가 살았던 식민지 공간은 로체스터의 입장에서는 지옥으로 묘사된다. 로체스터에게 지옥이 버사에게도 지옥이었을까? 『제인 에어』에서 버사는 자기 목소리를 갖지 못하기 때문에, 자기 상황을 변명할 기회조차 없다. 그녀는 다만 울부짖는 짐승에 불과할 따름이다. 로체스터가 제인에게 묘사한 '서인도제도'(이런 명칭 자체가 식민주의자들의 오류이지만)는 지옥이었다.

> "어느 날 밤 나는 그녀가 질러대는 고함소리에 잠에서 깨어났소…… 작열하는 서인도제도의 밤이었소……"

> "이런 삶은 지옥이야!" 마침내 나는 그렇게 읊조리게 되었소. 공기 탓이야. 저 소리는 바닥 모를 지옥에서 나오는 소리야! 할 수만 있다면 내게는 나를 구출할 권리가 있어. 그곳에서 탈출하여 신이 있는 고향으로 가라!"

> "유럽의 신선한 바람이 저 대양 너머로 불어왔고 탁 트인 창문을 뚫고 불어왔소. 폭풍우가 쏟아져 내리고 천둥이 울리며 번개가 치면서 공기가 맑아졌소……"

> "유럽의 달콤한 바람이 다시 생기를 띤 나뭇잎들 속에서 속삭이자 대서양이 빛나는 자유 속에 출렁거리는 듯했소……"

> "가라, 희망이 속삭였소. '다시 유럽으로 가서 살아라…… 신과 인류가 네게 요구하는 바를 너는 다 했으니.'" (p. 122, 재인용: 여기서 강조는 스피박의 것.)

타자로서의 서구

로체스터가 버사 메이슨과의 관계에서 벗어나는 것은 인간적인 법에 의해서가 아니라 신의 명령에 의한 운명처럼 보인다. 여기서 스피박은 『제인 에어』를 핵가족을 중심으로 하는 미시적인 접근보다 제국주의의 영혼 형성 기획이라는 거시적인 관점으로 접근하고자 한다. 이것은 단순한 결혼이나 재생산의 문제가 아니라 그런 야만인(광인)에게도 영혼이 있느냐, 없느냐의 문제로 설정된다.

이런 영혼 형성 과정을 뒷받침해준 철학자가 칸트라는 점은 1장에서 밝힌 바 있다. 칸트는 보편적인 도덕법으로서 인간과 모든 '합리적' 피조물은 그 자체로 하나의 목적이므로 수단으로 삼지 말아야 한다고 보았다. 기독교의 윤리적 명령은 칸트를 거쳐 철학으로 변형되었다. 그러므로 이교도가 목적 그 자체로 대접받으려면 그들이 먼저 '합리적' 인간이 되어야 한다는 공식이 등장하게 된다. 기독교도가 아닌 자들은 인간이 아니다. 이교도는 기독교인이 아니다. 따라서 이교도들은 인간이 아니다, 라는 삼단논법이 성립하므로, 인간이 아닌, 영혼을 갖지 못한 이들은 선교 활동을 통해 합리적 인간이 되어야만 목적 그 자체로 대접받게 될 것이다.

『제인 에어』에서 보다시피 창조적 상상력이라는 사적인 서사를 매개로 한 기독교적인 전기傳記는 주체 탄생에 대한 하나의 알레고리가 된다. 눈 쌓인 광야에서 제인 에어를 구해준 존 리버스는 그런 기독교적인 주체 탄생의 전형이다. 『제인 에어』의 마지막에 이르면 세인트 존 리버스는 『천로역정Pilgrim's Progress』에 나오는 순례자에 관한 심리적인 전기물로 각색된다. 말하자면 캘커타에서 리버스의 생활을 아무런 의문도 없는 순교 행위로 등치시킴으로써 그를 영웅적인 순례자를 만든다고 스피박은 분개한다(p. 124). 영문학 텍스트에서 스피박이 주의 깊게 보는 장면은 우선적으로 인도와 관련된 것들이다. 선교사들이 인도에서 어떤 과업을 수행했는지에 대한 성찰은 전혀 없고, 인도로 갔다는 사실만으로 이미 순교자라고 주장하는 것이야말로 식민지를 지옥으로 보는 제국주의적인 시각이라는 것이 스피박의 비판이다.

수전 구바와 샌드라 길버트는 『다락방의 미친 여자』 중 「못생긴 제인의 역정Plain Jane's Progress」이라는 장에서 제인과 존 리버스를 등치시킨 바 있다. 서구 여성을 서구 남성 주체와 동격으로 격상시킴으로써 여성 시학을 정립하려는 것이 수전 구바와 샌드라 길버트의 목적이었다. 그들은 주인공hero을 여주인공heroine으로 간단히 대체함으로써 성적 재생산과 영혼 형성 사이의 거리에 주목하지 못했다는 것이 스피박의 비판이다. 리버스의 죽음은 하늘을 향해 나아가는 어린 양, 선택받은 종, 기름 부은 자 등으로 수식된다. 그는 천로를 향해 나아가는 온갖 역경 끝에 죽음에 도달함으로써 순교자이자 영혼을 가진 자가 된다. 그는 무지의 영역을 지식으로, 전쟁을 평화로, 굴종을 자유로, 미신을 종교로, 지옥의 공포를 천국의 소망으로 바꾸려는 야망을 가졌던 자이다(p. 125). 반면 제인은 영혼의 왕국으로 나아가기 위한 여정이 아니라 로체스터와 정상가족으로 맺어지기까지 고난의 역경/역정을 경험한다. 이렇게 본다면 존 리버스와 달리 제인은 결혼과 성적 재생산을 통해 부르주아 가족을 형성한 것이

타자로서의 서구

지 칸트가 말한 것처럼 사회적 소명을 통해 문명화 과업에 참여함으로써 타자의 영혼을 형성하는 여정에 오른 것은 아니었다. 이런 맥락에서 스피박은 서구 남성 주체의 자리에 여성 주체를 단순히 대입한다고 하여 젠더의 위계에 변혁을 가져다줄 수 있는 것은 아니라고 지적한다.

자메이카 출신인 진 리스는 『제인 에어』를 다시 쓰면서 제인이 아니라 버사 메이슨(혹은 앙투아네트)의 관점에서 이 소설을 재구성한다. 작가인 진 리스는 버사 메이슨과 마찬가지로 자메이카 출신이다. 그녀는 1세계 백인 여성 주체를 위해 괴물로 희생될 수밖에 없었던 버사의 입장에서 『제인 에어』를 다시 쓴다. 『제인 에어』에서 버사는 인간과 동물의 경계에 서 있는 여자. 크리올creole[50]인 버사는 괴물이고 미친 여자다. 샬럿 브론테의 『제인 에어』에서 버사는 광기와 괴물성으로 인해 손필드의 안주인으로서의 합법적인 가족 구성원 자격을 박탈당한다. 『제인 에어』에서 제인은 '개처럼 소리 지르며 덤벼드는 소리'를 듣게 되고 바로 연이어 리처드 메이슨이 피를 흘리는 장면을 보게 된다. 진 리스의 『광막한 사르가소 바다』에서는 제인의 입이 아니라 그레이스 풀의 입을 빌려서 이 장면을 다시 들려준다. 리처드가 "내가 너와 네 남편 사이에 법적으로 개입할 수는 없어"라고 말하는 소리를 버사가 들었고, "'법적으로'라는 말을 듣는 순간 칼로 그 신사(리처드)를 찌르려고 했다"는 그레이스 풀의 전언으로 볼 때, 진 리스는 리처드의 이중성(표리부동) 때문에 버사가 흥분한 것이지 그녀의

<hr>

50 식민지로 이주하여 그곳에 정착한 유럽 백인이나 그들의 후손들.

광기 때문에 흥분한 것이 아니었다는 점을 강조한다. 말하자면 그 법은 누구의 법인가? 그녀를 광인으로 만들어버린 그 법을 들먹이면서 자신을 로체스터에게 팔아넘긴 리처드의 소행에 앙투아네트는 분노한 것이다.

진 리스는 『광막한 사르가소 바다』에서 제국주의 정치에 의해 흑인 토착민과 영국 제국주의 사이의 갈등에 사로잡혀 있는 앙투아네트에 관한 나르시시즘적인 주제를 다양하게 묘사한다. 흑인 소녀 티아와 앙투아네트는 서로 친구다. 사실 티아는 앙투아네트와 같은 또래의 하녀이지만 친구로 지낸다. 같은 음식을 먹고 같이 잠자고 같은 강에서 멱을 감았다. 그런 티아가 어느 날 앙투아네트에게 돌을 던진다. 두 사람은 결정적인 순간에는 서로 친구가 될 수 없는 관계다. 둘은 서로 노려보았다. 앙투아네트의 얼굴에서는 피가 흘렀고, 티아의 눈에서는 눈물이 흘렀다. 두 소녀는 서로를 비춰주는 거울처럼 바라본다. 티아와 앙투아네트는 서로를 비추는 거울과 같아서 이 작품에는 거울 이미지mirroring가 무수히 등장한다.

오비디우스의 『변신』에서 나르키수스는 자신의 타자를 자아로 인식할 때 광기를 드러낸다. 『광막한 사르가소 바다』의 마지막에 이르면 앙투아네트는 손필드의 장원에서 자신을 유령으로, 타자로 인식한다. "나는 손에 커다란 양초를 들고 다시 그 저택 속으로 들어갔어요. 내가 그녀를 그 유령을 본 것은 바로 그때였지요. (……) 그녀는 도금한 틀에 둘러싸여 있었는데 난 그녀를 알아보았죠."**51** 나르키수스의 연못이 자아가 된 타

51 진 리스, 『광막한 사르가소 바다』, 윤정길 옮김, 펭귄클래식코리아, 2008, 237쪽.

자를 비추는 것과는 반대로 앙투아네트의 도금된 거울은 타자가 된 자아를 비춘다. 그녀는 자기 자아를 허구적 타자로 변형되도록 연출한 그 집에 불을 지른다. 이렇게 버사가 죽어줌으로써 제인은 영국 소설의 개인주의적인 여주인공이 된다.**52** 여기서 제국주의적인 기획을 미화하기 위해 피식민 주체가 스스로 자신을 제물로 바치는 행위, 즉 죽어줌으로써 제국의 사명이 완성되도록 해주는 방식으로 식민 주체는 구성된다. 하지만 진 리스는 버사가 영국 제국주의 자매를 위해 자신을 미친 동물로 희생시키는 방식이 되지 않도록 경계하면서 그녀에게 목소리를 부여한다.

진 리스에 따르면 로체스터 또한 장자상속법의 희생자다. 로체스터는 상속녀를 얻기 위해 머나먼 식민지로 보내졌다. 그가 아버지에게 보낸 편지에는 3만 파운드 운운하는 대목이 등장한다. 로체스터는 앙투아네트와 결혼하면 지참금으로 3만 파운드를 받기로 되어 있었다. 그가 귀족 지위를 유지하고 손필드 저택의 주인이 된 물적인 토대가 결국은 앙투아네트의 돈이었다.

진 리스는 유독 앙트아네트의 유모인 크리스토핀의 시각을 통해 로체스터를 냉혹하게 분석한다. "그녀(앙투아네트)는 크리올 여자이고 그녀 속엔 태양이 있답니다. 자, 진실을 말해보세요. (……) 그녀는 자기와 결혼해달라고 당신에게 간청하고자 당신의 이 아름다운 집에 온 게 아니에요, 아니죠. 머나먼 길을 따라 그녀의 집에 온 것은 바로 당신입니다. 결혼해달라고 그녀에게 간청한 것도 바로 당신이고요"**53**(p. 130).

52 『제인 에어』에 관한 페미니즘 사이의 이론적 경합은 이 책의 5장을 참조.

『광막한 사르가소 바다』에서는 기독교 대신 크리스토핀의 토착 신앙이 대칭을 이룬다. 그녀는 앙투아네트가 원하는 사랑의 묘약을 제조하는 인물이고 스피박 식으로 말하자면 토착 정보원이며 자기 언어를 가진 인물이다. 그렇다고 그녀가 제국주의에 대항하는 원주민 주체가 될 수는 없다. 제국주의를 비판하면서 주체의 자리에 그녀를 앉힌다고 해서 그녀가 주체가 되는 것은 아니다. 제국주의적인 기획으로 인해 토착 정보원 또한 역사적으로 굴절되어 있기 때문이다.

많은 비평가들은 이 텍스트에서 그녀의 퇴장에 대해 어이없다고 혹평한다. 크리스토핀은 아무런 설명도 없이 서사에서 종적을 감추고 홀연히 사라져버리기 때문이다. 그녀가 사라지기에 앞서 로체스터와 리처드 메이슨 두 남자 사이에서 앙투아네트가 교환된다. 그러자 크리스토핀은 앙투아네트가 다른 남자와 결혼하여 행복하게 살 수도 있었다고 말한다. 로체스터는 질투에 사로잡혀 크리스토핀에게 여기서 떠나라고 명령한다. 그러자 그녀는 "누구를 보고 가라 마라 하시는 건지? 이 집은 마님의 사유재산이었고 이젠 앙투아네트 아가씨의 것인데, 누구를 보고 가라 합니까?"라고 대든다. 그러자 로체스터는 자기는 앙투아네트와 결혼했고 그녀의 재산은 자신의 것이라고 말한다. "이 집은 이제 내 것이야. 어서 가지? 그렇지 않으면 사람들을 불러서 내쫓을 테니까." 크리스토핀은 "여기는 식민지가 아니라 자유국가이고, 나는 노예가 아니라 자유로운 여성이랍니다"[54]라고 항의한다. 마지못해 로체스터는 그녀에게 편지를 해도 좋다고 말해준다. 그

53 진 리스, 앞의 책, 201 ~202쪽.
54 같은 책, 203쪽.

타자로서의 서구

러자 크리스토핀은 "나는 읽고 쓸 줄은 모릅니다. 다른 것들은 알지만"[55] 하면서 뒤도 돌아보지 않고 텍스트 바깥으로 나가버린다. 스피박은 그것을 텍스트의 약점이 아니라 강점으로 읽어낸다. 크리스토핀의 말은 자부심으로 가득 찬 메시지라는 것이다. 그녀는 크리스토핀이 무대에서 사라진 것은 주변을 지키고자 하는 움직임이라고 읽어낸다. 주변성을 유지하려는 스피박다운 독법인 셈이다.

그렇다고 진 리스가 존 리버스에 맞먹는 여성 주체, 즉 '3'세계 여성을 하나의 기표로 구성한 것은 아니라는 것이 또한 스피박의 지적이기도 하다. 헤게모니 문학은 토착민을 제국주의의 자아를 공고히 하는 타자로 발명하는 데 열심이다. 그중에서도 특히 인문학이 그런 역할을 부지런히 하고 있다고(p. 131) 스피박은 신랄하게 지적한다. 영문학과에서는 개인주의적인 페미니즘을 본격 페미니즘과 등치하고 있기 때문이라는 것이다. 이렇게 하여 스피박은 포스트식민 페미니즘 독법을 매개로 지배적인 인문학 독법에게 도전장을 내민다.

『제인 에어』가 서구 개인주의 여성 주체의 탄생을 알리는 성장소설이라면, 메리 셸리Mary Shelley의 『프랑켄슈타인』은 그런 개인주의를 비판하는 페미니즘 텍스트로 읽을 수 있다고 스피박은 모처럼 긍정적으로 평가한다.[56] 스피박은 1장에서 주장했던 것과의 연속선에서 영국의 문화적 정체성에 초점을 맞추려

---

55 같은 책, 206쪽.
56 메리 셸리의 『프랑켄슈타인』은 소위 말하는 주류 영문학사에서는 푸대접을 받았던 작품이었다. 반면 포스트 이론 시대에 접어들어 그녀의 소설은 포스트 이론들의 경합장이 될 정도로 재평가 받고 있다. 바바라 존슨은 페미니즘 자서전으로 읽어냈고, 조지 레빈은 글쓰기 자체에 대한 낭만주의적인 알레고리로 읽어냈다. Barbara Johnson, "My Monster/My Self," *Diacritic* 12, Summer, 1982. George Levine, *The Realistic Imagination: English Fiction from Frankenstein to Lady Chatterlay*, Chicago: Chicago University Press, 1981 참조.

고 한다. 메리 셸리는 인간의 오만은 인간 스스로가 영혼의 제작자가 되려고 함으로써, 즉 신의 자리를 차지하려는 것에서 비롯된 것으로 간주한다. 그녀는 그것을 여성의 생물학적인 특권(임신, 출산)을 없애려는 부질없는 시도로 이해한다. 그런데 여성의 자궁을 남성의 두뇌로 대체함으로써 인공자궁을 발명하려는 사람이 바로 빅터 프랑켄슈타인이다. 『프랑켄슈타인』을 성적 재생산(가족과 여성)과 **사회적 주체 생산**(인종과 남성)의 견지에서 살펴본다면, 이 작품은 개인주의적 주체 생산의 젠더 경합장은 아니다. 프랑켄슈타인의 실험실에서 경쟁자는 인공자궁을 두고 대립하는 인간과 신이다. 영혼 제작자로서 프랑켄슈타인의 오만은 신의 자리를 강탈하려는 것이다. 남성 속에서 승화된 자궁이라는 아이콘은 남성의 두뇌다. 『프랑켄슈타인』에서 사회적 소명으로 이해된 제국주의는 자신의 부정항으로 인종차별주의를 낳고 그것이 남성 히스테리와 결합한다. 괴물은 프랑켄슈타인에게 짝을 만들어달라고 부탁한다. 인종차별주의의 언어는 주체 구성보다는 성적 재생산의 관용어가 되고(여성 괴물 제작을 거부함으로써), 프랑켄슈타인은 여성 괴물(딸)을 제작할 수 없다고 거절한다. "그녀는 자기 짝보다 몇 천 배 더 악의적일 수 있기 때문이다." 여성 괴물이 몇 천 배 악의적일 수 있다는 것은 그녀가 가진 출산 능력에서 비롯된다. 그래서 괴물의 욕망은 제작자에게 받아들여지지 않는다. 스피박이 보기에 괴물의 요구는 젠더화된 미래를 위한 것이지 식민지 여성 주체를 위한 것은 아니다.

　　메리 셸리의 노골적인 교훈은 순수이성, 자연과학적인 이성만으로는 안 된다는 것이다. 그것을 비판하기 위해 그녀는 어린 시절의 세 친구 이야기를 도입한다. 그중 빅터가 자연철학, 이성의 힘을 대표한다면, 클레르발은 실천이성 혹은 사물들의 도덕적 관계의 힘을, 엘리자베스 라벤자는 미학적 판단력을 상징한다. 『프랑켄슈타인』에서 제국주의적인 분위기는 종교적인 미션이라기보다는 기업적인 것이다. 클레르발은 동양의 언어에 통달하려고 대학에 갔지만 별 볼일 없는 경력 따위는 추구하지 않겠다고 결심하고 동양으로 눈을 돌려 기업가 정신을 발휘한다.

『프랑켄슈타인』의 서사는 여러 겹의 액자소설로 이루어진 서한체다. 괴물이 로버트 월튼에게 이야기하고, 월튼이 그것을 다시 자기 누나에게 편지를 보내는 형식으로 되어 있다. 여기서 캘리번의 에어리얼에 해당하는 인물이 터키에서 탈출한 아랍 여성 사피다. 괴물은 텍스트에서 자신을 스스로 파괴하려고 얼음 뗏목을 타고 바다로 나간다. 괴물의 자기희생이 완성되었는지 알 수 없다는 점에서 괴물은 비포섭 대상으로 남아 있게 된다. '어둠 속에서 저 멀리 길을 잃고' 떠나가는 괴물은 개인적 상상력의 영토화나 기독교적인 심리 전기에 포획되지 않고 '실존적인 시간성' 속으로 사라진다.

로버트 월튼의 누나인 샤빌 부인은 개인주의적인 여주인공은 아니지만 소설의 계기가 된다. 월튼이 그녀에게 편지를 보내는 형식으로 되어 있기 때문이다. 괴물과 샤빌 부인 모두 텍스트의 결함으로 인해 어둠 속으로 사라짐으로써 비포섭 대상이 되고 열린 결말로 남아 있게 된다. 이렇게 하여 '성적 재생산과 사회적 주체 생산의 관계야말로 셸리 텍스트의 한계 내부'에서 빈 공간으로 남으면서도 역설적이게도 이 텍스트의 강점을 구성한다는 것이 스피박의 지적이다.

페미니즘 비평이 단지 여성을 찬양하고 여성의 미덕을 강조한다고 해서 기존의 문학비평을 혁신할 수 있는 것은 결코 아니다. 때로는 진리 주장truth-claim이 비유 남용에 불과한 경우도 있다는 것을 인정해야 한다. 남성 주체들의 보편성 주장이나 강단에서의 객관성이 진리 주장에 불과한 것처럼, 글로벌 자매애라는 페미니즘의 주장도 진리 주장에 불과한 허구라고 스피박은 비판한다.

스피박에 따르면 서구 페미니스트들은 전 지구적 자매애라는 하나의 진리를 만들어내는 거짓말을 수행해왔다. 아시아 여성, 아프리카 여성, 아랍인 여성 들일 때조차 자매애를 주장할 수 있는가? 그럼에도 불구하고 자매애를 주장하는 것은 마치 세계은행 팸플릿에 등장하는 아랍 복장을 하고 미소 짓는 여성들에게 백인 여성들이 길을 안내해주려는 것이나 다를 바가 없다. 〈아웃 오브 아프리카〉에서 자비로운 백인 마님이 플랜테이션 커피농장을 떠날 때, 눈물 흘리며 고마워하는 아프리카 여성들을 자매애로 설명한다면, 그것이야말로 주류 백인 페미니즘이 제국주의와 공모한다는 비판을 들어 마땅한 것이다.

세 명의 서구 여성의 텍스트를 읽고 난 다음 스피박이 대안으로 제시하는 것이 마하스웨타 데비Mahasweta Devi의 작품이다. 『다른 세상에서』를 통해서는 데비의 작품 「젖어미」와 「드라우파디」를 분석 소개하고 있다면, 이 저서에서는 「프테로닥틸, 피르타, 퓨란 사하이」

를 하나의 대안으로 분석하고 있다. 스피박이 발굴해 번역함으로써 데비의 작품은 주류 영문학계에서 읽히는 텍스트가 되었다고 해도 과언은 아닐 것이다. 데비의 작품은 인도의 불가촉천민에게 초점을 맞추고 있으므로 스피박이 말하는 토착 정보원 하위 여성 주체를 이론화하기에 가장 적절한 텍스트일 수 있었다.

보들레르의 「백조」/키플링의 「정복왕 윌리엄」과 동인도회사의 문서들

스피박은 네 편의 여성 소설을 분석한 뒤, 남성 텍스트로 시선을 옮긴다. 외관상 식민주의와는 관련이 없어 보이는 보들레르의 시 한 편을 꼼꼼히 읽어낸 다음, 동인도회사와 깊은 연관이 있는 키플링의 텍스트와 동인도회사 문건을 함께 다룬다. 보들레르, 키플링, 그리고 동인도회사의 문건들을 비교한다는 것은 비유 남용의 전형적인 스피박 식 읽기다. 남성 텍스트에 등장하는 여성들에 관한 칭찬을 페미니즘의 관점에서 해체할 때마저도 그녀는 제국주의와 공모하는 결과를 빚어낼 수 있음에 주의해야 한다고 경고한다. 동인도회사 문건은 제국주의 이데올로기 구조와 인종차별주의의 전제가 갖는 유사성을 보여주려는 것이다.

보들레르의 시 「백조」의 1연에서 시적 화자는 신화 속의 트로이 여왕인 앙드로마크를 생각한다. 신화 속에서 그녀는 트로이 왕자 헥토르의 아내였다. 트로이 전쟁에서 헥토르는 아킬레스와 싸우다 죽음을 맞는다. 트로이 성벽에는 죽은 남편, 죽은 아들, 죽은 연인을 그리워하면서 머리를 풀어헤치고 가슴을 치며 통곡하는 여자들로 넘쳐났다. 슬퍼하며 눈물 흘리는 여자들 중에는 트로이의 왕녀이자 헥토르의 아내였던 앙드로마크도 있었다. 그녀가 흘린 눈물로 시모이 강물이 불어났다는 전설이 전해진다. 앙드로마크는, 패리스 왕자와 사랑의 도피행각을 벌임으로써 트로이 전쟁의 도화선이 된 헬레네와는 대조적으로, 서구 문학사의 남성 작가들로부터 칭송받는 정숙한 여성이다. 호메로스, 베르길리우스, 라신, 보들레르에 이르기까지 그녀를 노래한 시인들은 헤아릴 수 없이 많다. 그들에게 앙드로마크는 슬퍼하면서 기다리는 정숙한 여성의 계보에 속하며, 남편을 위해 애도하는 여성들의 미학적 박물관에 한 자리를 차지한다. 부정한 헬레네와는 달리 그녀는 애도하면서 기다리는 솔베이지, 망부석에 해당하는 정결한 여성이다.

스피박은 빈번히 그랬다시피 이 시에서도 하나의 특정한 이미지에 집중한다. 시적 화자는 도시 풍경에 대한 기억의 "진실"을 문학사의 알레고리적 비유이자 자신을 우울하게 만드는 은유로 변형시킨다. 이 시에서 백조는 처음에는 단지 기호signe의 지위를 차지하고 있지만 나중에 이르면 문자적으로 백조를 의미하게 된다. 보들레르의 시 제목인 백조cygne는 프랑스어로는 기호signe와 발음이 같다. 그로 인해 스피박은 앙드로마크는 처음부터 주체라기보다는 기호, 상징의 지위를 부여받는다고 주장한다. 앙드로마크 여왕이 시인의 용맹을 나타내는 기호가 됨으로써 그녀는 백조보다 더욱 백조와 같은 존재가 된다. 그녀를 아무리 칭송한다고 하더라도 시를 장악하고

타자로서의 서구

있는 시인과 기호로서 조작되는 미학적 대상으로서의 여성 사이에는 존재론적인 차이가 분명히 있다는 것이다. 통제하는 주체이자 행위자로서의 시인과 기호로서 조작되는 여성 사이의 존재적 변별성은 사라지지 않는다. 앙드로마크-눈물-거울-강물-백조로 연결되면서 시인을 괴롭히는 이 우울하고 강박적인 시적 화자인 '나'는 어떤 이미지로부터 벗어나고 싶어 하는 것일까?

시적 화자인 '나'는 파리를 거닌다. 너무도 변해버린 파리를 보면서 '나'는 갑자기 옛날 파리의 모습을 기억한다. 파리는 너무도 변했다. '나'는 회상에 잠긴다. 한때는 (창경원처럼) 동물원이 있었던 그 자리에서 어느 아침에 보았던 풍경을 떠올린다. 차갑고 맑은 하늘 아래 노동이 잠깨는 이른 아침에 동물원 둥지에서 잠깨어 나온 백조는 강물도 없는 곳에서 부리를 적시고 아침을 연다. 고향의 아름다운 호수를 그리면서, '강물이여 언제 비 되어 내릴 거나, 천둥이여 언제 분노할 거나? 이 운명의 신화 속 불행한 짐승은 신을 저주하듯이 떨리는 목 위에 제 마른 머리를 쳐들고 있었다!'

2연에서 파리는 그토록 변했지만 시적 화자의 우울한 마음속에서는 아무것도 변한 게 없다. 모든 것은 추억의 알레고리가 된다. 루브르 박물관 앞에서 '나'는 생각한다. 하나의 이미지가 나를 괴롭힌다. 광기 어린 몸짓을 하고 추방당한 자처럼 쓸쓸한 모습으로, 끊임없는 욕망에 시달리는 백조를! 그리고 앙드로마크를! 생각한다.

나는 당신을 생각한다. 위대한 남편의 품에서 비천한 가축처럼 텅 빈 남편의 무덤 곁에 웅크리고 앉아 있는 그녀를.

나는 생각한다.
폐병 들어 수척한 모습으로
이전투구하며 살기등등한 모습으로
아득한 안개 벽 너머 아름다운 아프리카의
사라진 야자수 숲을 그리워하는 흑인 여자를,

꽃처럼 시들어가는 고아들을,
외딴 섬에서 잊힌 포로와 패배자들을,
그리고 그밖에도 수많은 사람들을.**57**

이 시에서는 시 안에 등장하지도 않는 앙드로마크가
시 전체를 통제하고 있다. '나는 당신을 생각한다'고
할 때는 고유한 앙드로마크가 아니라 막연한 당신으
로 확대된다. 시인의 자기 해체는 앙드로마크라는 은
유를 통해서 가능해진다. 남성은 자신의 주체성뿐만
아니라 자기 해체를 할 때도 여성을 은유로 동원한다.
남성들끼리의 동성 사회적인 위대한 전통을 만들어
낼 때 이 점을 고려해보아야 한다. 페미니스트들 또한
"여성적 주체성"을 이론화하면서, 남성을 해체할 때,
텍스트에 있는 **타자 여성**을 보지 못한다는 것이 스피

57 샤를 보들레르, 『악의
꽃』, 김인환 옮김, 자유교양사,
1991, 162쪽.
58 젠더 연구에서 수술 등
을 통해 성전환(트랜스젠더)을
하지 않고서도 남성이 여성으
로, 여성이 남성으로 가장하는
것을 패싱passing이라고 한다.
59 잔 뒤발에 관한 이야기
는 앤젤라 카터Angela Carter가
다시 쓰기 한 「블랙 비너스」를
참조해보는 것도 좋을 듯하다.
슬프고 우울한 황혼녘, 1인칭
화자가 3인칭으로 바뀌면 그
(시인)는 장황한 이야기를 늘
어놓는다. 예이츠의 「이니스
프리의 호도」를 패러디한 것
처럼 아름답고 나른한 당신의
섬으로, 보석으로 장식한 앵
무새가 에나멜 나무를 가볍게
흔들어대는 그곳으로, 당신을
데려가주리라고. 하지만 그녀
는 시인의 시를 이해하지 못한
다. 크리올인 그녀에게 시인의
시가 무슨 소용이 있으랴. 그
역시 그녀가 크리올 노랫말을
곁들인 춤을 추지만 그녀가 추
는 춤을 이해하지 못하는 것은
마찬가지다. 시인에게 그녀는
사랑스러운 '나의 망키, 나의
야옹이, 나의 팻'일 따름이다.
하지만 그 시절, 그녀는 더 이
상 팻도, 야옹이도 아니었다.
늙고 비참해진 까마귀 같은 신
세로 자욱한 매운 연기 속에
서 심술 맞게 툴툴거리면서 불
길을 피우고 있다. 기침을 하고
툴툴거리면서. 그녀는 언제나
추웠다. 그녀에게 매춘은 숫자

타자로서의 서구

의 문제다. 한 사람 이상의 남자에게서 돈을 받으면 매춘이다. 그래서 그녀는 시인 이외의 사람들과 잠자리를 할 때는 돈을 받지 않았다. 미래가 도무지 보이지 않는 몇 년을 시인과 함께 보낸 블랙 비너스는 자신이 게임을 잘 풀어나가는지 의아심이 들게 되었다. 그녀의 행운은 그가 젊고 잘생겼다는 것. 불운은 그가 아편쟁이고 글쟁이라는 것. 하지만 고개를 젓고 자신의 행운만을 생각하기로 한다. 벌써 그녀의 어금니는 썩었지만, 송곳니는 뱀파이어의 그것처럼 뾰족하다.

보들레르가 매독으로 죽고 난 뒤, 그로부터 매독을 옮겨 받은 그녀는 귀도 멀고, 눈도 보이지 않고, 이도 빠지고, 머리도 빠지고, 너무 흉측해서 아이들이 겁에 질릴 정도의 몰골이었다고 한다. 보들레르는 죽으면서 자기 어머니에게 그녀를 부탁했지만 그녀에게 돌아온 것은 아무것도 없었다.

하지만 그녀는 앨버트로스 덕분에 마티니크에 도착했다. 시인의 원고 중 엽궐련을 말아 피우는 데 사용하지 않고 남은 원고를 팔아서 돈을 챙긴다. 시인에 관한 기사, 시인이 그린 유치한 그림마저 상당한 돈이 되었다. 베란다가 있는 멋진 집을 갖게 되었다. 아침이면 하인이 "안녕하세요, 부인" 하고 달콤한 인사를 한다. 이것이 앤젤라 카터가 보들레르의 신화를 다시 쓰기한 내용이다.

박의 지적이다. 백조와는 달리 검둥이 여자는 몰개성적이고 흐릿하다. 백조는 하늘을 우러러보면서 "강물이여 언제 비 되어 내릴 거나, 천둥이여 언제 분노할 거나"라고 묻는다. 하지만 검둥이 여성은 말이 없다. 시인은 젠더 전환으로 여성 행세passing[58]를 하면서, 앙드로마크, 백조와 자신을 동일시한다. 앙드로마크의 눈물로 구불구불하게 뻗어나가는 물길을 보면서 시인은 파리 풍경을 기억의 지도로 그리게mapping 된다. 이처럼 구체적인 파리와는 달리 아프리카는 단 몇 마디로 병치된다. 시인은 검둥이 여자를 무대화하지 않고 결국 미래의 수많은 이들을 생각하는 것으로 마무리한다.

토착 정보원의 관점에서 읽는 해체론적인 독법은 보들레르를 오독하는 것일 수 있다. 스피박은 문학제국주의에 대한 비판적인 독법을 개발하기 위해 생산적 오독도 마다하지 않는다. 검둥이 여성은 잔 뒤발Jeanne Duval[59]일 수 있고, 상호텍스트성으로 보자면 「말리바 여성에게」에 나오는 여성의 이중적 자아double일 수도 있다. 말리바는 인도 남서 해안 남쪽 끝의 지명이다. '말리바인'이라는 호칭에는 '개뿔도 아닌 것들이 우쭐댄다'는 경멸적인 의미가 담겨 있다고 스피박은 말한다. 프랑스인들이 말리바에서 인도인들을 가혹하게 착취했으므로 영국은 인도 노동자의 이민을 금지하게 되었다. 그로 인해 영국과 프랑스의 식민지 쟁탈전이 발발한 곳이 말리바였다. 보들레르의 검둥이 여자는 바로 그 지점에 위치하게 되고, 서구 문학사에서 이들 여성은 물라토mulato(백인과 흑인의 혼혈)로 등장한다. 그러고는 샤피, 앙투아네트, 크리스토핀처럼 텍스트의 변두리에 위치하는 여성들이다.

스피박에 따르면 서구 문학사에서 검둥이 여성을 각인하는 세 가지 방법이 있다. 첫째는, 검둥이 여성을 나름의 역사나 지리가 없는 추방자로 보는 관점이고, 둘째는, 검둥이 여성을 아예 무시하는 방식이다. 보들레르의 텍스트에서 검둥이 여성을 그 자체로 보지 않고 말리바, 잔 뒤발로 등치시켜버리는 것처럼 말이다. 그리고 셋째는, 에드워드 아헌Edward Ahean처럼 검둥이 여성을 보들레르의 어두운 이중적 자아dark double로 등치시키는 것이다(p. 155).

스피박은 마지막 방식을 가장 수상쩍은 독법이라고 비판한다. 그런 독법은 제인의 어두운 자아로 버사 메이슨을 희생시켜버리는 것이나 마찬가지다. 그것은 타자를 단지 제거하는 것이 아니라 타자를 주체의 이중적 자아로 만들어서 주체의 자기 확장을 도모하는 음험한 제국주의적인 독법에 해당하기 때문이다.

스피박은 보들레르의 「백조」에 등장하는 '검둥이 여성'이라는 표현을 매개로 보들레르의 다른 텍스트를 상호텍스트적으로 끌고 온다. 신비평은 이런 식의 독법, 즉 텍스트 바깥에서 인종지학적, 인류학적 콘텍스트를 들고 들어오는 것을 허용하지 않는다. 신비평은 텍스트 외적인 요소를 참조하지 말라고 금했지만 스피박의 공격 대상 중 하나가 신비평의 텍스트 물신주의적인 접근이다. 스피박에 따르면 보들레르의 검둥이 여성은 시 텍스트 바깥에서 추측을 통해 다가갈 수밖에 없는 존재다. 검둥이 여성의 혼종적 정체성은 '수행'을 통해 진술(존재론적인 진실이 되는)로 재현되고 제도화되는 것과는 거리가 멀기 때문이다. 그녀는 보들레르의 「말리바 여성에게」를 읽으면서 말리바 여성이 서구인들에게는 어떤 식으로 차용되고 있는지 그 맥락을 설명한다. 그러면서 요즘 페미니스트들이 검둥이, 말리바 여성과 같은 '3'세계 여성들을 유색 여성으로 바꾼다고 한들 그게 무슨 의미가 있다는 것인지 반문한다. 유색 여성 자체가 백인을 기준으로 삼은 것이기 때문이다. 유색 여성으로 치자면 일본 여성 또한 졸지에 '3'세계 여성에 속하고 '3'세계 히스패닉 여성도 유색 여성에 속한다. 그래서 스피박은 유색 여성 대신 피부색주의chromatism 라는 어휘를 사용한다.

피부색주의라는 것에 바탕을 두고 그녀는 다음 차례로 키플링의 단편을 분석한다. 주로 1880년대에 글을 썼던 키플링의 「정복왕 윌리엄William the Conqueror」**60**은 그 당시 탄생했던 신여성에 관한 단편이다. 스피박은 이 단편이 관대하고 자비로운 남성주의masculinism 의 단점을 잘 보여준다고 비꼬고 있다. 이 단편의 제목인 정복왕 윌리엄은 1066년 영국을 정복한 정복왕 윌리엄이 아니라 여주인공의 이름이다. 그녀가 남자 주인공의 마음을 정복하는 것은 노르만 공국이 영국을 정복한 것에

60 Rudyard Kipling, *The Writtings in Prose and Verse,* New York: Scribner's, 1913, vol. 31, No. 1.

비견될 수 있다고 암시한다. 이와 더불어 인도의 정복은 사랑하는 여인을 정복하는 것이나 다를 바 없는 로맨스로 포장되어버린다.

키플링의 신여성은 아름답지 않다. 키플링은 다른 형태의 로맨스를 쓰고 싶어 했다. 이야기의 배경은 기근이 발생한 남인도의 마드라스 지역에서 시작된다. 여자는 못생긴 말괄량이처럼 보인다. 반면 남자는 훨씬 더 섬세한 감수성을 가진 것으로 묘사된다. 그녀는 당시 여성으로서는 대담한 인생 경력을 시작한다. 여주인공은 기근에 시달리는 인도 대륙을 기차로 횡단하는 신여성이자 명예 남성이다. 주인공 스콧은 기근으로 굶주린 인도 아기들에게 어떻게 염소젖을 물려줄 수 있는지를 그녀에게 가르쳐준다. 윌리엄의 눈에 그는 마치 "금빛 후광을 받는 신 패리스와 같이 아름다운 한 젊은이가 가축을 몰며 천천히 걸어가는 모습"[61](p. 159)으로 보인다. 신과 같이 후광이 비치는 남자를 어떻게 사랑하지 않을 수 있겠는가. 여자는 사랑에 빠져든다. 식민지의 굶주리는 아이들에게 염소젖을 짜는 법을 가르쳐주는 휴머니즘이 제국주의의 상투적인 어법이었다. 보들레르와는 달리 키플링의 자비로운 제국주의는 검은 피부색의 아이들에게 공간을 제공해주는 것처럼 보인다. 기근으로 굶어 죽는 남인도인들의 삶에 화가 치밀지만 영웅적인 영국인은 무능력하고 터무니없는 어린아이들 같은 남인도인들을 마치 어머니처럼 보살펴준다. 스피박이 보기에 그런 기근은 도구적인 것이다. 그것은 굶주림에서 벗어나도록 헌신적으로 일하는 두 명의 인간적인 영국인 행위자들 사이의 사랑을 촉진하는 촉매로

[61] 같은 책, p. 249.

기능하기 때문이다.

강의실에서 키플링의 이 단편은 셰익스피어의 『말괄량이 길들이기』처럼, 주로 두 남녀 사이의 말괄량이 길들이기 계보로 읽힌다. 선생이든 비평가든 '3'세계 문학에 열광할 때 성찰해야 할 것은 사회적 행위자들의 주체 구성을 모르면 어느새 제국주의적인 기획, 말하자면 전 지구성 혹은 혼종성을 지워버리는 것을 허용하게 된다는 것이다. 그런 학습된 무지에 빠지지 않도록 노력해야 한다고 스피박은 역설한다. 여기에 덧붙여 키플링의 단편과 동인도회사 문건을 잠시 비교해 살펴볼 필요가 있다고 그녀는 지적한다. 피부색주의가 인종차별주의와 어떻게 결합하고 있는지에 주목한다. 사실 성차는 유럽 자유주의의 개인주의적인 교육에서나 가능한 것이었다. 성차는 백인들에게만 작동되는 것이었고 남녀 간 결합의 합법성은 유럽인들에게나 가능한 것이었다. 윌리엄은 비록 남녀 차별이 있다고는 하지만 남성 주체인 스콧과 유사한 정도의 개인주의적인 주체가 된다. 하지만 인도로 공간을 옮기게 되면 성차의 운운은 사치가 된다. 인도인은 남녀가 아니라 검은 피부색을 가진 하나의 인종에 불과해지기 때문이다.

동인도회사의 문건에는 "토착 인도인들의 아들 중 누구도 동인도회사의 시민, 군대, 혹은 해상 서비스에 고용되어서는 안 된다"[62]고 규정한 1791년의 상설 법령에 대한 설명과 실제 사례들이 나온다. 문제는 피부색주의와 유럽 여성 혈통 사이의 혼혈의 경우다. 백인과의 결

62 L/P & S/1/2, Minutes of the Secret Court of Directors, 1784~1858. 스피드박의 인용을 재인용한 것이다(p. 165).

합으로 태어난 혼혈이어서, 피부색이 토착민과는 뚜렷이 다른 경우, 그들의 피부 색깔이 어느 정도인가에 따라 회사의 입사 여부가 결정되었다.

피부색만으로는 백인 혈통을 식별하는 데 어려움이 생기자, 위원회는 이런 애로사항을 없애기 위해 여러 가지 단서를 붙인다. 선주민 토착 인도인들의 2대 이후 후손들이 차별 없이 입사 허가를 받는 일이 없도록 합법적인 출생, 유럽식 자유주의 교육이라는 명문화된 자격 요건이 만들어지게 되었다. 부모의 결혼증서, 본인의 세례증서, 6년 동안 영국 및 아일랜드에서 자유주의적 교육을 받았다는 석사학위증서 등을 요구했다. 혼혈의 경우 결국 최종적인 요건은 유럽에서 받은 '자유주의 교육'**63**이 관건이었다고 한다.

문학이 식민통치에 어떻게 이용되고 있는지를 본다면 북미 교육기계 내부에서 교과 과정의 개편, 페다고지의 문제가 등장하지 않을 수 없다. 북미에서는 교과 과정을 개편하기보다는 일회적으로 지원금을 대주고 학술대회를 여는 식의 미봉책을 사용한다. 그나마도 백인 남성 학자들이 나서야 모금이 된다. 북미 강단 페미니즘의 세례를 받은 경우에도 북미 여성에게는 개인주의적인 주체성을 강조하고 그 밖의 지역에 사는 여성 집단에 대해서는 유색 여성women of color 운운하는 어설픈 다원주의로 접근하고자 한다. 다문화 다원주의의 경우 모든 것을 관대하게 허용하는 것 같지만 그런 허용의 제스처 아래 차별은 은폐된다. 미국

63 남아프리카에서 노예들에게 세례를 주는 선별 자격 요건 등에 관해서는 Robert Shell, *Children of Bondage: A Social History of the Slave Society at the Cape of Good Hope*, 1652~1838, Hanover, N. H.: University Press of New England, 1994 참조.

　　　　　　　　　　　타자로서의 서구

학계에서 학술지원금을 가장 잘 얻어낼 수 있는 주제가 포스트식민주의라는 것을 보면 알 수 있지 않겠는가라고 스피박은 반문한다. 포스트식민주의 담론이 전혀 위협적이지 않기 때문이다. 위협적이기는커녕 이런 담론들은 서구 자본의 전 지구적 흐름을 원활하게 하는 길 닦기 노릇을 하고 있다. 주변성 자체가 상품화되고 있는 것이다.

따라서 인종적, 에스닉ethnic한 지배 문제가 국제적 노동분업을 관통하는 착취 문제와 어떻게 연결되어 있는지 그 구조에 주목하는 것이 필요하다는 것이다. 페미니즘이 제국주의 극장에서 미국학, 에스닉 연구, 이주민 혼종주의migrant hybridism로서의 포스트식민주의 (p. 169)로 이행한다면 다시 한 번 '3'세계를 응답의 그림자로 유폐하는 데 일조할 것이라고 스피박은 못 박는다.

제2차 세계대전 후 사르트르는 "우리에게 충분한 정보만 있다면, 백치, 어린아이, 원시인, 혹은 외국인을 이해하는 방식이란 항상 있기 마련"이라고 했다. 이것이야말로 유럽식 휴머니즘적 양심이 지닌 오만함이다. 이 양심은 타자를 상상함으로써 혹은 사르트르 식으로 표현하자면 정보 수집을 통해 타자의 기획을 자기 속으로 삼키고 소화시킴으로써 자아를 더욱 튼튼히 지탱하고 지지해줄 수 있는 지지물로 만든다.

그런 1세계의 오만한 양심에 제한을 가할 수 있는 전략들을 한 번 구상해보자고 스피박은 제의한다.

첫째, 내부식민화. 외부의 식민지가 아니라 1세계 내부에서도 식민화는 진행되고 있다. 불법체류자, 이민자, 난민, 망명자 들은 1세계 내부에서 슬럼을 형성한다. 그런 내부식민화와 외부의 식민지를 구분해야 한다. 메트로폴리스에서는 빈 공간, 지도상으로 존재하지만 비가시화된 비어 있는 공간들이 있다. 거대한 빌딩 사이에 주름처럼 접혀 있는 집창촌, 빈민촌은 존재하지만 이들 공간은 비가시화된다. 이런 공간에 대한 연구가 필요하다.

둘째, 식민주의, 신식민주의, 포스트식민주의를 구분하는 법을 배워야 한다. 일단 18, 19, 20세기 유럽의 식민지 정책이라고 할 수 있는 영토 점령과 같은 군사적 지배가 와해된 이후 등장한 것이 신식민주의다. 이는 경제적·정치적·문화적 지배 작전이다. 이처럼 신식민주의와 그 이후 전 지구적인 자본주의 상황에서 등장한 포스트식민주의를 구분하는 법을 배우는 것이 필요하다.

셋째, 스스로를 표현할 수 있는 재현 체계의 구축이 필요하다. 시민권, 평등권과 같이 미국에 사는 '우리'는 추상적인 거주를 원하지 않을 수 없다. 여기서 유럽 중심적인 오만을 경계하면서도 다른 한편으로 검토되지 않은 토착주의, 전통주의에 대한 경계라는 이중구속을 고려하지 않으면 사르트르 식의 오만을 되풀이할 수도 있다. 그러므로 스피박은 미국에서 인문학을 가르치는 선생들이 무엇을 할 수 있을 것인지 생각해보자면서 남아프리카공화국 출신 백인 작가인 존 쿳시의 작품 『포』를 분석하는 것으로 넘어간다. 서구 자본주의적 개인주의의 원형이라고 하는 대니얼 디포의 『로빈슨 크루소』와 『록사나』를 다시 겹쳐 쓰기 한 쿳시의 『포』에서는 타자가 어떻게 주변부에 머물러 있는 방식으로 형상화되고 있을까? 스피박의

타자로서의 서구

독법을 한번 따라가보자.

존 쿳시의 『포』

독자의 이해를 돕기 위해 필자가 간단히 요약하자면, 이 작품은 4장으로 구성되어 있다. 1장은 화자인 수전 바턴의 "더 이상 노를 저을 수 없었어요"라는 목소리로 이야기가 시작된다. 표류자가 된 그녀는 크루소와 프라이데이가 사는 섬에 난파한다. 딸을 찾아 브라질의 바이아로 떠났던 그녀는 선상 반란으로 죽은 선장의 시신과 함께 크루소의 섬에 표류하게 되고 그와 함께 살게 된다. 크루소는 수전과는 달리 기록하려고 하지 않는다. 하다못해 촛불을 만들 생각이 없냐는 수전의 물음에 그는 고래를 잡아서 초를 만드는 것보다는 어둠에 익숙해지는 것이 낫다고 말한다. 크루소가 자연과 더불어 살려고한다면, 수전은 다시 런던으로 돌아갔을 때 자신의 표류 기록을 팔아보겠다는 야무진 꿈을 가지고 있다. 크루소는 열병에 걸렸지만 섬에서는 쉽게 회복된다. 하지만 그는 또다시 열병에 걸렸고 영국 상선이 때마침 상륙했을 때 수전은 크루소를 싣고 프라이데이와 함께 섬을 떠난다. 선상에서 크루소는 열병을 이기지 못하고 죽는다.

　　2장은 수전이 포에게 보내는 일기 형식이다. 사실 『로빈슨 크루소』에서 여성이 차지하는 공간은 거의 없다. 쿳시는 디포의 다른 소설 『록사나』의 여주인공 수전 록사나를 이 작품에 겹쳐놓는다. 『록사나』에서 수전 록사나는 자신의 섹슈얼리티를 노동력으로 이용해 돈을 모은 여성이다. 잃어버린 딸을 찾겠다고 브라질의 바이아로 갔던 수전 바턴 또한 매춘으로 생계를 유지한 것처럼 보인다. 그런 그녀에게 자기 이름이 수전 바턴이라고 주장하는 소녀가 찾아온다. 소녀는 자신이 수전의 잃어버린 딸이라고 우긴다. 하데스에게 납치된 딸 페르세포네를 찾아서 방황하는 대지의 여신 데메테르의 경우와는 반대로 딸이 어머니를 찾아온 것이다. 수전은 그녀가 자기 딸이 아니라면서 숲으로 데려가 내다버린다. 수전이 표류하기 전 브라질에서 매춘을 했다면, 크루소/포/프라이데이와의 관계에서 그녀가 왜 프라이데이와는 자지 않았는가라는 의문이 들 수도 있다. 자지 않은 것이 아니라 프라이데이가 그녀의 유혹에 전혀 관심을 보이지 않은 것이다. 프라이데이는 그녀에게 성적 매력을 느끼지 못한다. 포는 빚 독촉에 시달리다 잠적한다.

3장의 배경은 런던이다. 수전은 빚 독촉을 피해 잠적한 포를 찾아 나선다. 포가 머물고 있는 방에는 가구라고는 책상과 의자, 침대뿐이다. 빚에 쫓기는 포는 궁핍한 모습이었다. 수전은 그에게 난파당한 여성으로서의 자기 경험을 들려주고 책을 쓰라고 말한다. 포는 그녀의 표류기만으로는 작품이 될 수 없다고 한다. 어머니가 딸을 찾아 나서는 것은 전통이 되므로 그런 삽화는 중간에 들어가야 하고 시-중-종의 플롯을 짜야 한다고 한다. 그곳에서 다시 딸이라고 주장했던 수전 바턴을 만나게 된다. 모성의 모티프를 주장하는 것은 포이고 수전은 자신의 표류기, 자신의 경험만으로 글을 써서 작가가 되고 돈을 벌 수 있을 것인지를 고민한다. 그녀는 포에게 단지 뮤즈가 아니라 그 이상이 되고 싶어 한다. 그녀는 프라이데이에게 언어를 가르치려고 한다. 하지만 프라이데이는 혀가 잘린 상태고 침묵의 언어밖에는 말할 수가 없다. 그의 혀를 자른 사람은 노예 상인일까 아니면 크루소일까? 독자로서는 알 수가 없다. 2장에서는 수전 또한 사실을 알고 싶어 그림을 그려 프라이데이에게 보여준 바 있다. 크루소가 그의 혀를 자르는 모습을 그린 그녀의 그림은 오히려 크루소가 자비롭게 꿇어앉아 프라이데이에게 음식을 먹여주는 자상한 아버지처럼 보이기도 한다. 그렇다면 도대체 그녀가 경험한 소설적 진실은 무엇인가?

4장은 다시 바다 속이다. 익명의 화자인 '나'가 보여주는 장면은 디포의 집이다. '대니얼 디포, 작가'라는 문패가 붙어 있다. 수전(혹은 수전의 딸)은 층계참에 웅크리고 앉아 있다. 방 안을 돌아다니다가 '나'는 누렇게 변색된 종이를 집어 든다. '포 선생님, 더 이상 노를 저을 수 없었어요'라는 글귀가 들어온다. 그렇다면 앞서 수전이 들려주었던 이야기는 세상에 나가 빛을 보지도 못했던 디포의 이야기였던가? 바다 속 모래밭에 가라앉은 프라이데이의 시신이 물살에 흔들린다. 다시 흰 아네모네 꽃들이 물살을 타고 출렁거린다. 마치 처음에 수전이 크루소의 섬에 도착했을 때 물살에 떠 있는 흰 꽃들처럼. 그의 두 눈구멍으로 물고기들이 헤엄치고 그의 입을 벌리자 물살이 왈칵 쏟아져 나온다. "물속에 갇혀, 물로 채워져" 소리가 없는 그곳은 "프라이데이의 고향이었다." "그의 입이 열렸다. 안에서 물줄기가 유유히 흘러나왔다. 숨소리 하나 없이 계속 나왔다. 그의 몸을 통해 흘러나온 물줄기가 내게로 다가왔다. 선실을 지나고 난파된 배의 잔해를 지나 섬의 절벽과 해안까지 씻어 내렸다. 그 물줄기는 북쪽으로, 남쪽으로 지구 양쪽 끝까지 이어졌다. 부드럽고 차가운, 시커멓고 끝이 없는 그 물줄기가 내 눈꺼풀을 때리고 얼굴의 살갗을 때렸다."**64**

마르크스는 『자본론』 1권에서 추상적인 평균노동을 분석하기 위해 대니얼 디포의 『로빈슨 크루소』를 인용한 바 있다. 다시 말해 무인도에 표류한 크루소가 가진 것은 노동력밖에 없었고 그래서 추상적인 평균노동을 계산할 수 있는 인간이 자연 속에 출현하는 하나의 형식으로 간주했다(p. 178)는 것이다. 반면 쿳시의 『포』를 분석하면서 스피박은 『포』가 마르크스가 말한 자본의 방식보다는 **제국**과 **젠더**의 문제에 치중한 것으로, 화폐보다는 시간에 집중한 것으로 읽어낸다. 마르크스에게 사용가치와 교환가치는 모두 외화의 방식이다. 사용가치든 교환가치든 가치의 양화는 노동을 통해 이루어진다. 사용가치 혹은 재화의 가치를 갖는 것은 추상적인 인간 노동의 객관화, 물질화에 달린 문제이기 때문이다. 사용가치와 교환가치의 공모성은 사적인 것이 사회적인 것의 가능성에 의해 측정되고, 사적인 것은 그 내부에 사회적인 것의 가능성을 담고 있음을 보여준다. 반면 쿳시의 로빈슨에게 일반적인 등가물은 화폐보다는 **시간**이다.

하지만 쿳시의 『포』는 노동의 시간화보다는 공간화에 집중한 작품이다. 『포』에서 크루소는 기계적인 시간을 측정하는 자연 속의 규범적 인간으로서는 유용하지 않다.

64 존 쿳시, 『포』, 조규형 옮김, 책세상, 2003, 233쪽.

타자로서의 서구

크루소는 공간을 무한한 미래로 전승시킨다. 그는 땅에서 돌을 골라 밭을 일구지만, 그 밭에 씨를 뿌리지는 않는다. 크루소는 이렇게 말한다. "심는 것은 우리의 몫이 아니야. 심을 것이 없어. 그게 우리의 불행이야." "심는 것은 우리 다음에 씨를 가지고 도착하는 선견지명이 있는 이들이 할 일이지. 나는 오직 그들을 위해 땅을 정리해놓을 뿐이야."[65] 땅에서 토지자본으로의 이행이라는 주제야말로 제국주의의 사명의 주요한 줄기다. 『포』에서 수전 바턴은 크루소에게 섬에서의 일들과 시간을 기록하라고 하지만 그는 단호히 거부한다. 크루소는 상인자본가임에도 그런 일에는 관심이 없다. 바다에 가라앉은 배에서 연장을 가져와서 물건을 만들자는 수전의 제안에도 그는 무관심으로 일관한다. 그는 문명화 과정 전체를 거부한다. 그는 그 섬의 엄숙한 늙은 왕이다. 일몰 무렵 섬의 절벽 위에 고독하게 서 있는 크루소는 그 섬의 주인이자 왕이었다.

쿳시는 크루소가 섬에서 만들어낼 수 있는 자본보다는 젠더와 제국에 초점을 맞추고 있으므로, 여기서 여성 화자인 수전 바턴이라는 인물의 역할은 무엇인가라고 스피박은 묻는다.

수전은 포에게 이야기를 수태시키는 인물인가. 자신이 여성이 되었고 임신했다고 상상하는 슈레버 판사(프로이트가 정신 분석한 편집증 환자)처럼 포는 수전을 통해 자기 이야기의 아버지가 되려고 하는가. 수전은 일지와 수많은 편지와 「여성 표류기」의 저자이고자 했다. 수전은 1장에서 첫 문장을 인용부호로 시작한다. "더 이상 노를 저을 수 없었어요"라고 말한다. 여

65 같은 책, 48쪽.

기서 수전/록사나가 겹쳐지게 된다.

18세기 초반 제국주의 영혼 형성의 권리를 획득하는 남성은 명상에 잠긴 고독한 기독교인일 수 있다(존 리버스처럼). 이에 비해 여성 주변인은 결혼을 통해 주변적인 위치에서 중심으로 들어오게 되는 **예외적인** 기업가형 여성이다. 상인 남성이 번 돈은 귀족 남성이 차지하고 여성은 그 돈을 이용한다. 이 과정에서 여성은 자기 섹슈얼리티를 노동으로 활용한다.

쿳시는 이 기업가적인 여성을 초기 자본주의 부르주아이자 개인주의적 여성이면서, 모성과의 관계에서는 타자 지향적인 윤리적 행위자라기보다는 자기 이익을 추구하는 윤리적 투사물로 본다. 그녀는 섬에서 탈출할 생각이 전혀 없는 크루소를 자기 왕국에 갇힌 고집 센 늙은이로 간주한다. 하지만 섬에서의 결혼과 섹슈얼리티는 역사적·사회적 결정으로부터 자유롭다는 점에서 급진적이다. 진실한 감정 따위는 전혀 필요 없이 오직 사용가치로서 쾌락을 주는 여성이 되기 때문이다. 무인도에서 섹슈얼리티는 교환가치가 없는 사용가치 자체다. 런던으로 돌아온 수전은 자신의 역사 쓰기에서 선택의 자유를 갈망하며, 포에게 시간의 흐름을 꼼꼼히 기록하라고 간청한다. 처음부터 클록 레인Clock Lane에서 살면서 시간을 일반적 등가물(시간의 흐름을 소설로 형상화해 상품으로 만들고자 한다는 점에서)로 사용하고자 하는 수전은 기업적인 자아를 가진 여성이다. 잃어버린 딸을 찾는 어머니의 이야기를 중심으로 서사를 짜고자 하는 포를 그녀는 간단히 비웃고 넘어간다.

타자로서의 서구

텍스트 전체가 꿈인지, 수전이 쓴 소설인지, 실제 표류기인지 전혀 알 수 없는 이런 글쓰기에서 역사적 사실은 소설적 진실에 그 자리를 넘겨준다. 이 텍스트에서 기원으로서의 어머니를 찾는 것은 불가능하다. 수전은 자신의 딸이라고 주장하는 소녀를 에핑 숲으로 데려가서 "너는 아버지에게서 태어났어"라고 말한다. "아버지에게서 태어났다니. 제가 지금 무슨 말을 하는 걸까요? 런던의 잿빛 아침에 이 말이 아직도 제 귓가에 맴도는 채 저는 잠에서 깨어나요." 에핑 숲 자체가 꿈일까? 그 뒤쪽에서 수전은 프라이데이와 브리스틀로 가는 길에 도랑에서 강보에 싸인 채 버려진 아기의 시신을 발견한다. 한 번도 하늘을 본 적이 없는 눈으로 도랑에 버려진 아기. "그렇다면 죽은 아이가 수전이라는 말인가?"라고 익명의 화자는 말한다. 그렇다면 주체로서의 수전은 태어나지 않았다는 말인가?

그렇다면 저자/아버지 됨/모성/자유로운 접근을 허락하지 않는 쿳시를 비난할 것인가? 아니면 그런 자연적인 모성은 없다는 이유로 칭찬할 것인가? 스피박은 여기서 **아포리아**를 설정한다. 이런 중층결정에서의 비결정성/불가능성/아포리아를 어떻게 가르칠 것인가. 사실 결혼 제도 외부에서 노동력으로 사용되는 섹슈얼리티(혹은 성 노동)는 어린아이를 합법적으로 교환할 수 없는 상품으로 생산한다. 소위 결혼 제도 밖에서 생산된 혼외자들은 사생아가 되고, 제도에서 코드화될 수 없는 정서적인 가치를 생산한다. 대리모에게서 이 점은 분명해진다. 대리모는 아이에 대한 모성을 인정 받지 못한다.

수전은 첫날밤의 특권이라는 것이 있다면서 자신이 주도하여 포와 섹스를 하고 나른한 기분으로 그의 옆에 눕는다. 포는 불현듯 바다 괴물 이야기를 꺼낸다. 바다 괴물의 거대한 팔이 프라이데이를 감싸 조용히 바다 아래로 끌어내린 뒤 그가 두 번 다시 떠오르지 않는다면 무엇을 할 수 있겠냐고 수전에게 묻는다.[66] 포에 따르면 모든 이야기에는 이야기의 심장이 있다. 혹은 이야기의 눈이 있다. 프레이데이가 바다 밑 해골이 되어 텅 빈 눈으로 쳐다본다면 프레이데이는 우리에게 그 눈으로 내려가야 하는 임무를 남겨놓은 것이라고 한다.[67] 아니면 프라이데이의 입을 열고 거기에 담긴 내용을 들어야 하는 것도 우리 독자의 몫이다. 그 침묵의 고함을 들어야 하는 것 말이다. 이처럼 포는 프라이데이의 눈(석판에 그린 눈들) 속으로 들어가는 과제를 남긴다. 『템페스트』의 캘리번을 연상시키는 이 구절에서, 그는 프라이데이의 눈으로, 귀로, 입으로 내려가는 과제를 독자에게 맡긴다. 그런가 하면 우리는 죽은 아버지의 이름 아래 수전 바턴의 책 속으로 들어가게 되고 그 책이 미간행인 것을 발견하게 된다. "포 선생님"으로 시작되는 미간행 출판물은 어느새 인용부호가 사라지고, 독자가 주체적으로 읽어내도록 만든다. 이제 우리는 두 번째 난파와 마주치게 된다. 폭풍 속에서 아무도 살아남지 못한다. 수전은 죽었다. 『로빈슨 크루소』는 쓰여지지 않았고 『포』는 폐기된다. 이곳에서 신체는 기호 자체가 된다. 그곳은 프라이데이의 고향이었다.

66 같은 책, 203~206쪽 참조.
67 같은 책, 207쪽 참조.

타자로서의 서구

교육기계 안의 바깥에 자리한 선생으로서 『포』 읽기

쿳시의 『포』를 분석하면서 선생으로서 스피박은 자기 입장을 종종 괄호로 묶는다.

> (애트리지가 인용하는 인터뷰에서 쿳시는 크루소와 크루소의 프라이데이 사이의 인종적 차이를 언급한다. 나는 이 차이를 주목함으로써 비생산적인 결말로 빠져들지 말라고 학생들에게 요구한다.)

왜 이런 괄호가 필요했을까? 자신의 페다고지를 일목요연하게 정리하고, 쿳시의 텍스트를 읽어내는 생산적인 방법을 가르치겠다고까지 밝히면서 왜 이런 괄호가 필요했을까? 문학에 관한 자신의 분석 또한 진리 사실이 아니라 소설적 허구에 불과하다는 해체론적 입장을 드러내는 것일까? 그래서 진리 사실/소설의 경계 넘기를 하고자 한 것일까? 구체적인 페다고지의 수행을 괄호로 묶음으로써 스피박이 노린 효과는 무엇일까? 버지니아 울프의 소설 『등대로』의 2부는 시간의 흐름을 점묘화처럼 묘사한다. 의식의 흐름에 따라 강물이 흘러가듯 자연스럽게. 시간은 자유연상에 따라 자유롭게 흘러가고 그런 시간의 흐름 속에서 일어난 역사적 사실은 괄호로 무심하게 묶인다. [프루 램지는 아이를 낳다 죽었다.] [제임스는 포탄에 맞아 즉사했다.]**68** 하는 식으로. 그

68 Virginia Woolf, "Time Passes," in *To the Lighthouse*, Penquin Modern Classics, 1969, pp. 150~61.

것과 유사하게 스피박은 문학이론 또한 소설이라고 말하고 싶었는지도 모른다. 스피박이 이 장에서 다른 곳에서와는 달리 자신이 제공하고자 하는 사실을 빈번히 괄호로 묶어놓았기에 든 추측이었다.

어쨌든 쿳시의 프라이데이는 길들여진 존재이며 성공적인 식민주체다. 그는 영어를 습득하고 유럽의 이주민이 되기 위해 자신의 다른 자아를 죽인다는 점에서 버사 메이슨과 같이 주변에 머물다 퇴장하는 인물과는 다르다. 말하자면 쿳시의 프라이데이는 수전과 함께 런던으로 이주함으로써 유럽의 진입 장벽을 가로지른 인물이다.

하지만 쿳시의 프라이데이는 혀가 잘려 아무리 언어를 가르쳐도 H밖에 하지 못한다. 음가가 없음을 표기하는 H는 스피박의 말대로라면 '말없는 이들이 남의 발음을 정확히 따라 하려다 실패한 소리'다. 반면 『로빈슨 크루소』에서 프라이데이는 O를 가르치는 것으로 나오는데 그것은 기도를 의미하는 소리였다. 『포』에서 프라이데이에게 글을 가르치려다 실패한 수전은 프라이데이가 "자기의 이름만 간신히 아는 정도인데 자유가 무엇인지 어떻게 알겠어요?"라고 말하며 좌절한다. 칸트가 말하는 '자유'를 이해할 수 없을지는 모르겠지만 쿳시의 프라이데이는 정보를 결코 제공하지 않는 토착민이다. 수전의 설득에도 끝내 자기 이야기를 하지 않는다. 그들은 희생자이기만 한 것이 아니라 또한 행위자이기도 한 것이다. 그래서 스피박은 그에게 정보를 털어놓지 않으면서 주변에 머물러 있는 신기한 보초라는 의미를 부여한다.

스피박은 자기 학생들에게, 픽션뿐만 아니라 논픽션을 통해서,

좋은 뜻으로 '3'세계에 개입하면서 스스로를 주변화하고자 하는 의심스러운 행위자를 수상쩍게 보는 법을 가르치려고 한다. 스피박이 꼽은 그런 사례 중 하나가 논픽션인 『나는 실험용 인형이 아니랍니다: 남아프리카의 분리된 삶』에서 언급한 기독교 고아이자 십대 토착 "반투족" 여성인 릴리 모야의 삶이다. 여기서 스피박은 정작 하고 싶은 말을 또다시 괄호로 묶는다.

> (그녀―릴리 모야―는 도와주려고 애쓰는 20세기 중반의 메트로폴리탄 백인 반反제국주의 여성 활동가와 성공한 흑인 식민 여성 주체 사이에서 좌절한다.)**69**

『포』를 읽으면서 스피박은 자신이 『교육기계 안의 바깥에서』에서 언급한 주변부(혹은 '3'세계)를 발명하는 세 가지 강단 방식을 언급한다. 호미 바바, 압둘 잔모하메드Abdul R. JanMohamed, 가야트리 스피박은 토착민에게 말하지 못하도록 한다는 베니타 패리Benita Parry의 주장에 대해 재반박하는 것이다. "우리 역시 토착민이다"라고 스피박은 주장한다. 다만 포의 프라이데이보다는 훨씬 말을 잘하게 된 것만 다르다. 프라이데이보다 말을 잘하게 된 것은 과거 식민화를 경험했던 나라 출신의 포스트식민 주체들이 소위 제국주의 문화에 접근할 기회가 많고 그런 문화와 소통하는 법과 말을 배웠기 때문이다. 그렇다면 그들은 제국주의 문화의 '도덕적 행운아'라고 말해야 하는가? 그 질문에 아니요, 라

69 Mongane Serote, *To Every Birth Its Blood*, N. Y.: Thunder's Mouth Press, 1989.

고 대답하지만, 그들이 비판하면서도 친숙하게 살아가고 있는 구조에 '아니요'라고 대답하는 것은 불가능하다는 것이다. 그래서 그녀는 교육기계 안의 바깥에서 서성거리고자 한다. 그것이 스피박이 말하는 오염과 협상의 전략일 수도 있다.

그래서 스피박은, 쿳시가 여성 프라이데이를 소설화하지 못한 것을 두고 '정치적 올바름Political Correctness'의 문제를 제기하며 비판하는 동료 페미니스트들을 그다지 신뢰하지 않는다. 비록 쿳시가 수전 바턴처럼 백인 여성을 행위자로, 저자의 비대칭적인 이중적 자아로 재각인했더라도 그 때문에 그를 비판하는 주류 페미니즘보다는 오히려 프라이데이를 침묵하는 목소리로 주변에 남겨둔 쿳시 쪽이 더 설득력 있는 것으로 보고 있다. '주변'과 변방을 옹호하는 포스트식민 페미니즘 논리가 포와 수전 바턴의 동지의식과 공모성 그 이상에 대해 말해줄 것이 과연 있을까, 라는 것이 스피박의 의문이다. 스피박은 자신도 페미니스트이면서 1세계 주류 페미니스트들에게는 이처럼 대단히 공격적인 태도를 보인다. 이 점은 5장에서 다시 언급하고자 한다.

3장 역사:
아카이브의 문학적 재해석과 젠더의 문제들

타자로서의 유럽

스피박은 1982년 에섹스 대학의 '문학사회학 연구회'에서 유럽의 시선으로 본 세계 대신 '타자로서의 유럽'이라는 학술대회를 제안한 적이 있다는 말로 『포스트식민 이성 비판』의 3장을 시작한다. 앞에서 보았다시피 그녀는 철학과 문학뿐만 아니라 역사와 같은 인문학의 핵심 분과학문들이 유럽이 발명한 세계 구성worlding을 정당화하고 이론화하는 데 어떻게 이바지하는지 밝혀왔다. 지금까지는 유럽이 주체가 되어 나머지 세계를 자신의 타자로 '발명'했지만 이제 유럽을 (아시아의) 타자의 위치에 세워야 한다는 것이 그녀의 주장이다. 유럽은 자기 식민지를 타자로 정의함으로써 자신들의 위상을 주권적 주체로 강화해왔다. 그와 동시에 식민지 통치를 원활하게 하기 위해 식민지 시장을 개척하고 행정을 편리하게 할 수 있도록 식민지를 재편할 필요성이 있었다. 그 일환으로 유럽은 식민지 타자들을 유럽의 주권적 주체와 비슷하도록 프로그램해왔다. 따라서 유럽의 제국주의를 비판하다 보면 유럽 또한 발명된 타자의 자리에 놓일 수 있을 것이라는 점에 그녀는 주목한다.

유럽을 타자의 위치에 세우는 한 방식으로 그녀는 역사를 방법론적으로 정신분석하고자 한다. 그것은 역사를 문학으로 읽어내는 것이나 다를 바 없으며 사료와 문서보관소의 권위를 물신화하는 것에서 벗어나려는 의도적인 노력이다. 항상 주권적 주체였던 유럽을 타자의 위치에 세우고, 타자의 입장에서 주체를 분석할 수 있는 한 방식이 정신분석학에서의 전이transference 개념이다. 전이는 분석가analyst와 분석 주체analysand의 위치를 전도시키는 것이기 때문이다. 이에 앞에 유럽의 주권적 주체를 강화하면서 인도와 같은 타자를 발명하는 데 역사(혹은 문서자료주의)가 어떻게 봉사해왔는가에 주목해볼 필요가 있을 것이다.

그런데 이런 과정에서 아이러니컬한 현상은 타자로서의 유럽을 비판하는 데 동원되는 것이 남南의 '3'세계 하위주체 여성이라는 점이다. 전 지구적 금융자본주의화를 도모하기 위해 지속 가능한 발전 속의 여성은 '젠더와 발전'으로 대체되어버리고, 남과 북의 문화 교환과 유통이 가속화되고 있다. '3'세계 하위 여성 주체들은 그런 시장에서 가장 선호되는바, 그것은 초국적 자본을 전 지구화하는 하나의 도구가 되기 때문이라고 스피박은 신랄하게 지적한다. 이 말은 포스트식민 연구가 선호하는 주제들이 초국적 금융자본이 원활하게 유통되는 데 공모하고 있다는 점을 지적한 것이나 다를 바 없다. 포스트식민 연구에 학계 지원금이 몰리는 것도 그 때문이다. 그런 과정을 살펴보기 위해 스피박은 우선 산업자본주의 시대 유럽 지역 외부에서의 여성이 어떤 식으로 행위자/도구로 활용되었는지 살펴보는 것에서부터 논의를 풀어나가고 있다.

역사라는 분과학문은 문서보관소archives에 특별한 권위를 부여해왔다. 해체론 등에 영향을 받았던 도미니크 라카프라Dominick LaCapra와 헤이든 화이트Hayden White 같은 역사학자들은 분과학문인 역사학과 내부에서 문서보관소의 특권화에 의문을 제기한다. 문서보관소에 보존된 사료들이 역사적 사실을 말해준다는 믿음은 문서보관소를 물신화하는 것이다. 헤이든 화이트는 '언어의 매개' 없이 투명한 사료가 객관적으로 존재한다고 믿는 것에 의문을 제기한다. 스피박은 도미니크 라카프라, 헤이든 화이트와 유사한 입장에서 역사를 사료로 접근하는 서구 문서자료주의를 비판하는 해체론적 접근법에 동조한다. 우선적으로 그녀는 "처리되지 못한 역사적 기록"을 읽어내기를 제안한다. 화이트가 다소 조롱하듯이 거론한 "문학이론가들에게야 언어가 세계를 매개하는 도구라는 이론은 새삼스러울 것이 없지만, 문서보관소에 묻혀 사는 역사가들에게는 당혹스럽고 불쾌한 주장일 것이다. 그들은 사실을 여과하여 혹은 자료들을 취사선택하고 모든 사실들을 파악한 뒤 마침내 자기들이 제대로 선별했다고 생각하는 사료를 통해 역사 기술에 봉사한다고 보기 때문이다."**70**

라카프라는 지성사를 다른 시각에서 쓰면서 "과거의 실천과 그 것에 대한 역사적 설명 사이의 관계는 전이적transferential"이라고 보았다. 라카프라가 언급한 전이를 스피박처럼 가져오게 되면 유럽 주권 주체/식민지 타자의 관계가 전도될 수 있다. 말하자면 역사를 정신분석함으로써 서사(이야기)로 만들어내는 데 '3'세계 여성 하위주체가 어떤 역할을 담당하게 되는지를 고찰하고 그 과정에서 유럽이 물신화시켰던 문서보관소의 신격화를 탈신비화하려는 것이 스피박의 목적인 셈이다.

분석 상황에서 분석가와 분석 주체는 비대칭적인 관계다. 정신분석학의 분석가/분석 주체를 비유적으로 역사라는 분과학문 영역으로 전이하게 되면 1세계 역사학계 지식인/'3'세계 문서보관소 하위주체가 될 수 있다. 라카프라 식으로 말하자면 과거의 행위들, 실천들과 그에 대한 역사적 설명 사이의 전이관계가 될 수도 있다. 그렇지만 분석가/분석 주체 사이의 왕복운동으로서 전이가 은폐하는 것은 다름 아닌 치유라는 은유다. 라카프라의 전이 모델에서 치료 공간을 숨기는 것이야말로 전이라는 은유를 방법론적으로 전유하는 것이 적절하지 못한 이유라고 스피박은 지적한다.

그렇다면 적절한 사례를 통해 정신분석학에서 말하는 전이가 무엇인지에 대해 알아보자. 데리다는 자신의 저서 『우편엽서The Post Card』를 한 장의 엽서에서 받은 강렬한 충격을 기록하는 것으로 시작하고 있다.

70 Hayden White, *Tropics of Discourse: Essays in Cultural Criticism*, Baltimore: Johns Hopkins University Press, 1987, pp. 125~26.

　　　　　　　　　　　타자로서의 서구

이 엽서를 본 적이 있는가? 이 엽서의 뒷면에 나타난 이미지를 본 적이 있는가? 나는 어제 보들리언 도서관Bodleian에서 우연히 그 엽서와 마주쳤다. (……) 소크라테스가 플라톤 앞에서 적고 있다니. 나는 언제나 그 사실을 알고 있었다. 그것은 물론 내 면전에서 25세기 동안 현상되기를 기다린 음화처럼 남아 있었다. 이 한 쌍을 보라. 소크라테스가 플라톤에게 등을 돌리고 있고, 플라톤은 자기가 원하는 것이면 뭐든 소크라테스에게 받아 적도록 만들었다. 그러면서도 플라톤은 소크라테스가 불러준 것을 받아 적었을 뿐이라는 구실을 내세웠다. (……) 여러분과 나만의 비밀, 복제의 비밀과 일종의 개인적인 메시지를 즉각 말하고 싶었다.[71]

폴 해밀턴Paul Hamilton에 따르면 데리다의 『우편엽서』는 '사랑의 전이'로 가득 차 있다. 그것은 역사와 정신분석학 사이에 드러난 사랑의 전이이자 철학과 문학의 사랑의 전이이기도 하다. 그것은 또한 히스테리 환자와 분석가의 전이이기도 하며, 스승/제자의 전이이기도 하다. 데리다는 포스트모더니티와 정신분석학이 조우하도록 자신의 그림엽서를 이용한다.

정신분석학은 과거가 우리에게 전달한 메시지(마치 앞에서 언급한 데리다의 우편엽서처럼)는 곧 우리 스스로 쓴 메시지라고 읽어낸다. 다시 말하자면 언제나 현재의 지평 속에서 현재의 우리가 읽어내고 싶은 것을 과거, 전통, 역사라는 핑계로 읽어낸다는 것이다. 이 우편엽서

71 Jacque Derrida, *The Post Card: From Socrates to Freud and Beyond*, Chicago: University of Chicago Press, 1987, pp. 9~12.

에 나타난 플라톤, 혹은 사랑받고자 하는 연인-화자와 유사하게, 우리는 과거라고 일컫는 것의 이면에 도착해 과거가 우리에게 전해주려는 것을 받아 적음으로써 우리가 듣고 싶은 것을 들으면서도 편지가 언제나 목적지에 도달할 것이라고 확신하게 된다. 그렇다면 과거 문학에 대한 우리의 태도는 순환적이다. 다시 말해 우리는 과거가 우리에게 반송한 편지를 다시 쓴다. 하지만 그 과정에 시간이 경과하고 메시지가 변경됨으로써 해독이 힘들게 된다.

폴 드 만은 마르크스주의가 말하는 역사를 악몽으로 간주한다. 마치 제임스 조이스가 역사란 깨어나고 싶은 악몽이라고 했던 것처럼. 마르크스주의는 객관적 진리를 보장하는 것으로 역사를 언급하지만 드 만에게 그런 유물론적 역사는 인간의 실존적 상황, 즉 우연과 필멸할 수밖에 없는 인간의 한계를 외면하는 것이다. 마르크스주의자들에게 그 사실을 직면한다는 것은 자신의 이론 체계 전부가 깨어져나가는 트라우마의 순간이다. 마르크스주의자들은 내면의 성찰과 반성 속에 침잠하는 것이 아니라 인간 실존의 순간으로부터 도피하기 위해 행동에 탐닉하면서(반성적인 사고를 하기 싫어서 행동하는), 행동에 마비되고 중독되어 있는 자들이다. 그러므로 드 만은 해석 방법의 궁극적인 토대로서 역사/물질적 하부 등을 특권화하는 것에 반대한다. 드 만에게 역사적 변화와 실천을 거론하는 급진주의자들radical은 멍청한 악당rascal에 불과하다.[72]

드 만에게 인간의 필멸성mortality을 시간적 역설

[72] Paul de Man, "Literary History and Literary Modernity," in *Blindness and Insight*, N. Y.: University of Minnesota Press, 1983 참조.

타자로서의 서구

속에서 영원성immortality으로 만들어내는 것은 정치가 아니라 **예술**이자 시학(문학)이다. 혁명주의자들은 역사를 변화시킬 수 있다는 사회 변혁을 꿈꾸지만 그것은 역사의 우연성을 무시하는 무지와 순진함에서 비롯된 것일 뿐이라고 드 만은 믿는다. 니체의 **망각** 개념을 차용한 드 만은 역사를 망각하는 것이야말로 문학적 모더니티의 성과라고 여겼다.**73**

　　스피박은 역사에 관한 데리다와 드 만의 해체론적인 접근법을 수용한 측면이 있다. 19세기 유럽의 헤게모니 역사 기술은 문서보관소를 사료의 저장소로 간주했다. 스피박은 바로 문서보관소의 사료 자체가 해석 행위에서 벗어날 수 없다는 맥락에서 헤이든 화이트의 입장에 동조한다. 19세기 유럽이 물신화했던 사료들은 사실 '동인도회사'의 관료 및 군인들이 기록한 것이었다. 그들이 기록해 재현한 것이 곧 인도의 현실로 등치된다는 점을 스피박은 주지시킨다. 라카프라는 역사가들이 이미 언제나 상실된 과거의 현실을 문자 그대로 대체하는 무비판적인 문서자료주의에 빠져 있다고 비판한다. 고문헌에는 언제나 문학적 요소가 들어 있다. 19세기 유럽의 헤게모니적 역사 기술은 문서보관소를 사실fact의 저장고로 지목했다. 하지만 문서보관소와 문학의 경계가 점차 흐려지고 있다. 그래서 문학이론가는 문서보관소에 눈을 돌려야 하고 문학이론이 실재 효과reality effect를 생산하는 허구화 과정에 주목해야 할 필요가 있다. 역사에서 문학을 읽어내는 허구적인 오독이 현재의 지도상에서 '인도'라는

73 폴 드 만의 해체론적 이론에 대해서는 많은 이론가들이 좌파였던 드 만의 변절(나치 시절의 부역)을 들어 자신의 변절을 이론적으로 합리화한 것이 그의 해체론이었다고 비판기도 한다.

고유명사를 만들어내는 과정에 그녀는 주목한다.

헤이든 화이트, 도미니크 라카프라와 같은 역사가들은 문학과 철학에서 일어난 이론적 경향으로부터 배워야 한다고 주장한다. 스피박에게 문학과 문서보관소는 서로 공모하는 관계다. 스피박은 문서보관소를 역사적 사실의 보물창고라기보다는 오히려 문학 텍스트의 저장소로 읽어내고자 한다. 하여 그녀는 동인도회사의 문서를 역사적 고증을 위한 자료로 읽어내기보다는 문학 텍스트처럼 읽어낸다. 그녀는 분과학문으로서 역사학이 주장하는 것처럼 역사적 지식을 토대로 엄격하게 고증할 수 있는 훈련을 따로 쌓지 않았다. 그럼에도 '동인도회사'의 문서들을 뒤져서 영국이 어떻게 인도를 발명하고 그런 식민화의 욕망이 어떻게 인도통치법으로 만들어지고 그 과정에서 젠더가 어떻게 동원되었는가를 읽어낸다. 제국의 욕망에 따라서 영국은 세상을 새롭게 구획하고 지도화하게 된다는 것이다.

스피박은 정신분석학이 자본주의의 위기를 관리하는 일반적 등가물을 생산한다고 했던 들뢰즈의 비판을 진지하게 고려하면서, 동인도회사의 문서보관소에서 만난 라니Rani와의 관계에서 자신도 전이적인 관계를 설정해보고자 한다. 라니에 관한 문서가 많은 것도 아니고 유령 같은 그녀의 과거를 현재의 시점에서 무대화할 수 있는 극장도 거의 없으니, 라니의 망령에 홀려서 치유 담론을 잊더라도 용서해달라고 스피박은 간청한다. 그렇다고 자신이 사르트르가 2장에서 말한 것처럼, 충분한 정보만 있으면 백치, 어린이, 원시인, 외국인을 이해할 수 있는 방법은 얼마든지 있다는 제국주의적인 오만을

타자로서의 서구

감행하겠다는 것은 아니라는 자기 성찰까지 전제한다. 라니를 분석하는 장에서 스피박은 그녀에 대한 애정을 숨김없이 드러냄으로써 역사를 문학으로 읽어내는 감수성을 보여주고 있다. 그러면서도 라니에 관한 정보가 충분하다면 라니를 더 잘 해석하고 이해할 수 있을 것처럼 굴지 않겠다고 말한다.

그렇다면 시르무르Sirmoor의 라니는 누구인가? 시르무르는 펀자브 지역, 네팔, 동부의 시킴, 오늘날의 우타르프라데시 사이의 히말라야 산맥 고원 숲 지대에 세워졌던 작은 왕국이다. 시르무르 왕국은 펀자브의 시크교, 네팔의 구르카, 무굴의 황제, 델리의 파탄 왕에 둘러싸인 채 이들 주변 왕국 사이에서 군사 정치적으로 불안한 균형을 유지하며 왕조를 이어갔다. 산악 지대 왕국의 왕들은 다른 왕국과 권력을 겨루지도 않았고 특정 왕국을 대표로 섬기지도 않았다. 그런데 영국의 데이비드 오크터러니David Ochterlony 장군이 동인도회사의 총독에게 보낸 편지로 인해 이 히말라야 산악 국가들의 존재가 서구인의 눈에 드러나게 되었다.

더 구체적으로 살펴보다면 지오프리 버치Geoffrey Birch 대위의 편지를 먼저 언급해야 한다. 26세에 총독의 부대리인이 된 버치 대위가 보낸 편지는 5백 마일을 여행하게 된다. 델리에서 보낸 그의 편지는 갠지스 평야를 가로지르며 총 5백 마일을 지나 캘커타에 있는 총독비서에게 전해진다. 그동안 버치는 히말라야 고산 지대를 여행하면서 토착민들을 자기 식으로 기술해나간다. 그에게 토착민들의 영토는 백지이며 그 위에 자신이 그리고 싶은 세계지도를 그리고 토착민들에게 외국의 주인을 섬기도록 했다고 스피박은 비판한다.

버치는 말을 타고 인도의 산악 지대를 달리면서 자신을 마치 영국의 대표인 양 내세웠다. 그리하여 버치가 보고한 소문은 정보가 되고 사실이 되었다. 히말라야 산악 지대에서 유럽인은 토착민들에게는 주인으로, 대문자 주권 주체가 된다. 이 낯선 자가 재현한 것이 진리가치가 되고 그가 기록한 것이 주인 없는 땅의 진정한 역사로 확립되어갔다. 말하자면 제국의 일개 대위가 주관적으로 기록한 것이 주인 없는(?) 땅의 역사가 된 셈이다.

그의 편지는 '각인되지' 않은 대지 위에 하나의 세계를 구획해냈다. 마치 하이데거의 『예술작품의 기원』에서 예술이 작업work을 통해 세계를 만드는 것처럼 말이다. 이와 같은 지도 작성법에서 일어나는 변화는 반 고흐와 같은 화가뿐만 아니라 지오프리 버치와 같은 미미한 인물들도 행위자로 만들어준다. 이 지도 작성법과 같은 테크닉이야말로 문명화 사명으로 이해되는 테크닉이다. 그것은 토착민으로 하여금 스스로를 타자로 보게끔 만드는 힘을 가지고 있다.

두 번째는, 데이비드 오크터러니 장군이 총독비서인 존 애덤에게 쓴 편지이다. 이 편지는 기밀문서에 해당한다. 장군은 버치와는 달리 신사계급 출신이고 히말라야 산악 지대인들을 혐오했다. 그에게 산악 지대인들은 루소처럼 고상한 야만인이 아니었다. 그는 『제인 에어』에 등장하는 존 리버스처럼 "고원 지대 사람들은 세련되거나 고상한 것이 아니라 야비하고 겁 많고 불성실하고 게으른 존재들"이며 틈나는 대로 속이려 들 뿐 아니라 미신적이라고 보았다. 그는 산악 지대 왕국의 영토를 빼앗고는, 불평불만은 있겠지만 그렇다고 세수입이 줄어들지는 않을 것이라고 보았다. '동인도회사'의 관심이 무역권과 시장 장악이라는 점을 고려한다면 산악 지대 왕국들의 왕정복고는 그들의 권리임에도 오크터러니는 매독에 걸린 타락하고 부패한 왕에게 그런 권력이 있다고 볼 정도로 그들에게 연민을 느끼지는 못했다.

세 번째는, '동인도회사'의 연락이사회가 인도 총독인 모이라 경에게 보낸 편지에서 어떤 내용이 삭제되었는가를 살펴보는 것이다. 영국에 있는 동인도회사 연락이사회가 작성한 문건 중에서 동인도회사 수뇌부가 삭제한 내용은, 인도 총독으로서 모이라 경이 저지른 실책에 관해 문책하는 내용이었다. 유럽인들이 인도에 남아 있으면서 인도 토착 권력들에게 과학 지식과 군사 기술을 넘겨준다면 문제가 커진다. 따라서 과학 지식과 군사 기술을 넘겨주더라도 반드시 동인도회사 소속 장교들을 통해서 전달해야 한다는 것이 이사회의 정책이었다(p. 215). 이사회는 한편으로 기독교 교화정책을 펴고 다른 한편으로는 군사적 우위를 점하겠다는 욕망을 노골적으로 드러내고 있었다. 스피박은 여기서 무엇보다 식민 주체로서 주인/피식민 토착민 사이에 주인과 노예의 관계가 재현되는 것에 집중한다. 주인은 과학과 지식의 주체다. 여기서 과학은 군사 기술을 말하는 것이고 그것은 사심으로 가득 찬 과학이다. 동인도회사의 상층부 또한 이해관계를 달리하는 이질적인 욕망으로 가득 차 있었다. 런던에 있는 이사회가 법안에 수정을 가한 것은 한편으로는 인도 총독을 견제하기 위해서이고, 다른 한편으로는 권력의 최상층에서 일어나는 권력 다툼의 결과이다. 식민화가 단선적이고 균등하게 전개되는 것이 아니라 그 안에서 변형되고 중층결정되는 것임을 보여준다고 스피박은 지적한다.

동인도회사의 이사회가 총독에게 보낸 편지는 식민주의적인 욕망을 노골적으로 드러내고 있는데 이 편지의 일부는 삭제되거나 수정된 채로 총독에게 전달되었다. 토착민들을 고용해 그들이 과학적 지식을 터득하게 되면 나쁜 마음을 먹게 되니 그들을 고용하지 말라는 지시는 직접적인 명령을 하달하는 편지로 바뀌게 된다. 명령에 군말 없이 따르라는 것이다. 주인은 아는 주체로서 과학과 지식의 주체이다. 문제의 과학은 '사심 없는' 지식으로서의 과학이 아니라 사심 가득한 과학이다. 영국의 지배권력층의 입장에서는 과학기술이 식민지로 이전되면 식민지 민족주의자들에게 자민족을 발전시킬 수 있는 발판을 제공해주고 이후에는 식민통치에 반발하는 계기를 마련해준다는 것이었다. 이처럼 사심 가득한 과학은 인식, 지식, 정보의 주체로서 주인과 무지한 토착민 사이의 차이를 자연적인 현상으로 만들어낸다.

거칠게 요약하자면, 식민주의 기획은 편집-분열증적 초자아인 유럽인 주인의 이미지를 재생산하면서 욕망과 법을 반드시 일치시키는 형태로 전개된다는 것이다. 즉 너희(토착민 타자)가 우리(유럽인)의 이름으로 다스린다면 우리의 욕망이 곧 너희의 법이다. 따라서 아직 법으로 확정되기 전일지라도 우리의 욕망에 복종해야 한다

타자로서의 서구

(p. 312)는 것이다. 말하자면, 이런 과정을 거쳐 서구의 식민 주체들의 욕망은 피식민 주체에게 당연하고 자연스러운 법으로 받아들여지게 되었다.

스피박은 낯선 유럽인이 정보의 주권적 주체가 되고(버치 대위의 경우), 토착민의 권리는 강제적인 책무가 되며(오크터러니 장군), 그들의 욕망이 법(동인도회사)이 되어버리는 과정이 마치 역사적 사실로 행세하는 과정에 주목한다. 식민 주체의 욕망에 따라 배치된 텍스트가 마치 산악 지대 왕국들의 "진정한" 역사인 것처럼 만들어지는 과정에, 역사가들 또한 그런 역사화에 공모하고 있다는 것이 스피박의 비판이다. 이 모든 과정은 프로이트의 꿈 텍스트가 치환과 응축이라는 중층결정 과정을 거치는 것처럼 중층결정되어 있다.

오늘날 동인도회사로 알려진 회사는 동인도에서 무역을 하던 그야말로 '연합상인' 회사였다. 처음에는 상업을 목적으로 인도에 설립된 회사였는데 나중에는 영토까지 욕심을 내는 정부기관 역할을 대행하게 되었다. 동인도회사야말로 가장 초기 형태의 초국적 회사였으며 오늘날의 다국적 기업의 초기 형태라고 볼 수 있다. 여기서 초국적이라는 의미는 국가 위에 회사가 있었다는 의미다. 인도의 국가 형성에 초점을 맞춰본다면 역사 교과서에 등장하는 사실과는 전혀 다른 이야기들이 가능해진다. 교과서식으로 말하자면 대영제국에 의해서 인도는 하나의 국가 자격을 갖추게 되었다. 하지만 그런 공식 서사와 현실은 다르다.

인도는 대영제국에 의해 만들어진 것이 아니라 사실은 (동인도)

회사에 의해 만들어진 것이다. 인도 정부는 회사의 정부였고 인도 군대는 회사의 군대였다. 말하자면 인도는 회사가 지도를 작성한 나라였다. 인도라는 국가 형성은 대영제국의 식민화에 의해 국가 자격을 갖춘 것이 아니었다. 회사의 **제국**과 회사의 **국가** 사이에는 틈새가 있었고 최종심급에서는 경제라는 것이 노골적으로 가시화되었다. 인도가 제국의 소유물이 된 것은 19세기 후반에 이르러서였다. 특정한 역사적 국면에서 정치(국가)와 경제(동인도회사) 사이의 갈등은 매우 분명해졌다. 동인도회사는 임시변통으로 정치 영역을 확립한 유사類似국가적 실체였다. 그러므로 이런 식민주의를 오직 하나의 균열로, 하나의 모순으로 파악하는 것은 중층결정을 결정론으로 바꾸는 것이나 다를 바 없다. 제국과 동인도회사, 인도 총독, 동인도회사에 파견된 영국군 등이 고산 지대 왕국을 둘러싸고 벌인 일을 하나의 주요 모순으로 설명하는 것 자체가 설득력을 갖지 못한다. 이런 와중에 고산 지대 여왕인 라니와 왕국의 오래된 관습이라고 할 수 있는 사티를 둘러싸고 여러 세력들이 충돌하는 젠더 정치적 장에 스피박은 주목한다.

사티: 역설적인 여성의 주체 구성의 장?

시르무르 왕국의 **라니**가 지식의 대상으로 구성된 것은 '동인도회사'의 상업적/영토적 이해관계로 인해 라니가 문서보관소에 출현했기 때문이다. 인도, 네팔에 둘러싸인 산악 지대는 힌두교 추장들이 다스리는 부족국가들로 이뤄져 있었다. 시르무르의 라자(여성형은 라니)인 카람 프라카쉬Karam Prakash는 영국인들에 의해 폐위되었다. 표면상의 이유는 그의 야만성과 방탕함 때문이었다. 야만적이고 방탕하다는 것이 그를 폐위시킬 명분은 될 수 없었다. 고산 지대의 왕들은 흔히 야만적이고 방탕했다. 그를 폐위시킬 유일한 명분은 그가 혐오스러운 전염병인 매독에 걸렸다는 것이었다. 카람 프라카쉬 왕 대신 그의 어린 아들이 왕위를 계승하게 된다. 말하자면 여왕인 라니의 섭정 아래 왕국은 영국의 식민 지배에 들어가게 된 것이다. 이로 인해 동인도회사는 네팔과 맞닿은 국경 지대를 확보하고 험준한 산악 지대 너머에 있는 나라들과 상업적 왕래를 시작하게 된다. 라니가 문서보관소에 등장하게 된 주된 이유는 바로 그 때문이었다.

이 라니와 사티[74]의 관계를 살펴보자. 라니는 무너져가는 궁으로 침입한 낯선 백인 남성의 보호를 받았다. 방탕한 왕은 폐위되었고 아들은 아직 어렸다. 후세대의 통속적인 상상력을 발휘해본다면 젊은 백인 남성과 여왕과의 낭만적인 사랑을 떠올릴 수도 있을 것이다. 제국과 피식민국가의 지배/피지배 관계를 사랑이라는 은유로 해석하는 것보다 더 경제적인 해석은 없을 것이다. 제국의 대위와 피식민국가의 여왕이 사랑에 빠진다는 상상력은 제국의 식민화 전략을 낭만화하는 전략 중 하나일 것이다. 〈히로시마 내 사랑〉과는 달리, 어쨌거나 스피박은 두 사람이 사랑에 빠졌다는 증거를 찾기는 어렵다고 말한다. 지오프리 버치 대위는 라니가 남편과 일심동

74 사티는 산스크리트어로 과부를 뜻하는데, 인도에서는 힌두교의 전통에 따라 과부가 죽은 남편을 화장하는 장작더미에 올라가서 스스로 목숨을 끊는 희생제의 관습이 오랫동안 행해졌다.

체이므로 불에 타 죽겠다고 선언하자, 그녀를 만류하면서 그녀의 모성을 자극했다고 기록한다. 그리고 버치 대위는 이번에는 델리의 총독대리에게 편지를 보내면서 감정에 호소하는 식으로 쓰고 있다.

> 라니는 남편에게 정말로 헌신적인 것처럼 보입니다. 얼마 전 그녀와 함께 의논을 하면서 다음과 같은 대화를 나눈 적이 있습니다. 귀하가 이 대화로 라니의 헌신성을 잘 파악할 수 있을는지는 모르겠습니다만, "자신의 목숨과 라자의 목숨은 하나"라고 주장하더군요. 이에 따라 저는 라자가 죽을 때 그녀도 함께 타죽겠다는 의도를 내비친 것으로 결론을 지었고, 그래서 "지금 그런 생각일랑 버리고 아들을 사랑하는 일에만 전념하면서 아들을 위해 살아야 한다"고 말했습니다.**75**

이처럼 대위는 "지금 그런 생각일랑 버리고 아들을 사랑하는 일에만 전념하면서 아들을 위해서 살아야 한다"고 여왕을 설득했다(p. 234). 그녀는 전형적으로 가부장제/제국주의 사이에 포박된다. 스피박은 여기서 봉건사회에 근대가 들어오면서 자신의 아들을 위한 대리인으로서 의미를 갖게 되는 여성의 곤경을 논한다.

　『리그베다』에 언급된 과부 희생제의에서부터 시작해 스피박은 여성 의식, 여성 존재, 여성의 덕목, 여성의 욕망이 구성되는 대항 서사를 통해 과부 희생이 **여성의 주체 구성**을 어떻게 조작하고 있는지에 주목

75 「통제부 모음집, 1819-1820」, 「벵골기밀협조문서」. 버치가 총독대리 멧칼프에게 보내는 편지 사본은 멧칼프가 총독비서 존 애덤에게 보내는 편지(1816년 3월 5일자)에 실려 있음. 스피박의 원래 주이다.

　　　　　　　　　　　타자로서의 서구

한다. 사티에서 여성의 몸은 이데올로기의 전쟁터가 된다. 『리그베다』와 같은 힌두 경전은 자살을 엄격히 금한다. 이때 사티는 자살을 뜻하는 것이 아니다. 스피박이 말했다시피 과부의 자기희생 관습은 신성한 행위로서 예외적으로 인정받았다. 그렇다면 여성이 목숨을 끊어도 될 만큼 신성한 자리는 어디인가? 스피박 식으로 표현하자면 "여성이 자신의 고유한 자아의 파괴를 통해 자살이라는 명칭을 폐기하기에 적합한 장소는 죽은 배우자의 화장용 장작더미 위이다." 그래서 라니가 사티를 하겠다고 선포하자, 버치 대위는 그녀의 모성을 자극하면서 만류한다. 사티라는 관습을 놓고 벌인 이데올로기 전쟁에서 영국은 사티가 여성을 살육하는 것으로 규정 지음으로써 여성을 살육의 대상으로 구성한다. 그리하여 영국의 백인 남성은 이런 살해의 현장에서 인도 남성으로부터 인도 여성을 구출하는 교양 있는 civil 신사가 된다.

가부장적인 주체 구성과 제국주의적인 대상 구성 사이에서 여성은 삭제되어버린다. 사티를 통해 스피박은 여성의 행위성이 어떻게 구성되는가에 일단 주목한다. 힌두교 가부장 담론은 사티를 인정하지만 강제적인 것은 아니다. 그런데도 죽겠다고 결심하는 것은 그녀 자신의 욕망을 나타내는 예외적인 기표로 이해될 수 있다는 것이다. 그래서 과부 희생이 폐지되기 이전에는, 여성의 자유로운 선택에 의해서 스스로 희생을 결정한 경우에도 영국의 하급경찰들은 사티 금지의 적법성을 알리기 위해 힘썼다. 이 과정에서 여성 주체가 강제가 아니라 자유의지로 선택했다는 사실은 사라지고 남는 것은 힌두교 제의로서의 사티와 영국인들이 말하는 금지가 있을 뿐이었다. 여성의 몸을 둘러싸고 제국주의/가부장제, 봉건전통/근대, 휴머니즘적인 기독교/야만적인 힌두교, 신사인 영국/잔인한 인도 등, 제국, 국가, 인종, 민족, 종교, 젠더가 충돌하는 장에서 여성이 행위 주체가 될 가능성(자율적인 결단)은 처음부터 봉쇄되어버린다.

영국은 인도의 석학들과 성직자들에게 자문을 구하고 사티를 폐지하는 법률을 정하고자 한다. 사티가 금지되자 사티를 인정하는 야만적인 힌두인 대 휴머니즘적인 영국과 입장을 같이하면서 사티에 분노하는 고상한 힌두인으로 인종 분할이 되었다. 야만적인 힌두인/고상한(계몽된) 힌두인, 혹은 보수적인 민족주의자/진보적인 민족주의자, 휴머니즘적인 영국인의 경합장 속에서 라니는 자신의 자유로운 선택, 즉 자유의지로 자살을 선택할 수 없게 되었다. 그녀는 다만 아들을 위해 살도록 요구받을 뿐이었다. 라니에게는 남편을 따르는 것보다는 백성과 뒤에 남은 아들을 돌보는 것이 으뜸가는 의무임이 강조되었다. 여기서 으뜸가는 의무는 사실 제국과 이해관계를 같이해야 한다는 것이었다. 남편과 아내의 이해관계를 분리시키고 여성에게 부과한 신용(경제력)은 가부장제와 결탁한 자본뿐만 아니라 자본 대 가부장제라는 문화적 개입으로 중층결정된다(벵골은 다른 곳과는 달리 남편 사후에 아내가 재산을 상속받게 되어 있었다. 이것이 사티를 강요하게 된 배경일 수도 있다고 한다). 오늘날 라니는 민족주의의 전통에 한 자리를 차지하게 된다. 라니 자신보다는 아들의 어머니로 기념되면서 그녀는 또다시 역사에서 삭제된다. 제국주의는 자신의 법을 합

　　　　　　　　　　　　타자로서의 서구

법화하기 위해 여성을 자유롭게 해주면서 동시에 여성을 이용했다.

　제국주의자들은 사티를 이도교적인 제의 혹은 미신적인 범죄로 재구성했다. 소위 근대적 관점의 인권 차원에서 그것은 범죄가 된다. 반면 토착식민 엘리트들은 여성들의 자기희생을 민족주의적인 전통으로 낭만화했다.[76] 타고르는 자신의 시에서 애국적인 벵골 할머니들을 찬미한다.

　스피박은 라니의 궁전을 다섯 번 방문하는 도중에 산악 지대 하위 여성 주체로 살아가는 여성들과 마주친다. 염소를 치는 여자들. 그들은 라니를 기억조차 하지 못한다. 그들은 저항하는 도시 프롤레타리아 여성들과도 다르다. 그들은 자기가 사는 곳이 한때는 영국의 수중에 들어갔다가 나중에는 인도라는 국민국가nation-state로 넘어가는 역사의 소용돌이에 휘말렸던 여성들과는 동떨어진 시대를 살고 있는 하위 여성 주체들이었다. 그들은 자신의 운명을 규범으로 받아들이는 시골의 하위 여성 주체이자 페미니즘의 실제 구성원들이다. 생태주의자들이 미화하는 여성들이지만, 그들은 사실 지역적·국가적·국제적 자본이 가로지르는 **초과 착취**의 대상이다. 또한 초과 착취라는 자본의 논리 속에 처한 이들에게서 위기와 저항의 가능성을 읽을 수 있더라도 그들에게서 자본의 논리에 기초를 둔 '3'세계 여성의 저항을 읽어내는 것은 과도한 해석이다. 그것은 여성들 사이의 차이를 은폐하고 뭉뚱그려 하나로 말하는 것이다. 그것이야말로

76 야만적이고 전근대적인 봉건 악습 중에서 사티와 유사한 이데올로기 전쟁을 치른 것이 중국의 전족纏足이라고 도로시 고는 밝히고 있다. 전족은 가부장제 이데올로기가 강제한 것만이 아니라 여성 스스로 선택한 것이기도 하다는 것이다. Dorothy Go, *Cinderella's Sisters: A Revisionist History of Footbinding*, California: University of California Press, 2007 참조.

'3'세계 노동계급 여성들의 통일된 투쟁을 낭만화하는 것과 마찬가지다. 스피박은 이들을 보면서 제국주의의 "도덕적 행운"이라는 역설 덕분에 "자신이 페미니스트가 되었다"(p. 243)고 말한다.

칸트의 숭고 담론을 연상케 하는 히말라야 산맥의 구릉지대에 위치한 라니의 궁전을 스피박은 여러 번 찾아갔지만 그녀의 기념관에서조차 라니의 흔적을 찾을 수는 없었다고 전한다. 다만 대안적 기록으로 성직자들이 기록해두었던 사망 기록에서 라니의 흔적을 찾을 수 있었다. 시르무르 왕가의 성직자들은 하드와르에 있었다. 그들이 기록해놓은 두루마리에 따르면 라니는 1837년에 죽었는데 사티에 의해서가 아니라 자연사였다고 한다.

역사의 장에서 마지막으로 스피박은 자신의 몸으로 글을 썼던 한 인물에 초점을 맞춘다. 그녀는 온몸으로 글을 씀으로써 죽음을 통해 무언가를 말하려고 했던 것처럼 보인다. 라니가 자본의 식민화를 위해 강요된 대리자/도구/목격자 역할을 했다면, 이 근대 여성은 반식민주의 남성 행위자들과 합류하려고 애썼다. 그녀는 인도가 식민지가 된 지 백 년도 더 지나 캘커타에서 태어났으므로, 민족주의자들의 열정을 충분히 이해할 수 있었다. 하지만 이 여성은 죽음이라는 극단적인 방법을 통해 결정적인 존재가 되려고 했지만 결정될 수 없는 여성의 공간 속에서 자신을 잃어버리고 만다. 그녀는 말했지만 다른 여자들은 그녀의 말을 듣지 않았고 지금도 듣지 않고 있다. 그녀가 부바네스와리 바두리다.

푸코와 들뢰즈: 주권 주체의 불/가능성

부바네스와리 바두리를 언급하기에 앞서 스피박은 서구 주체를 보편적인 주권 주체로 보존하려고 했던 이론을 에두른다. 겉으로 보기에는 주권적인 주체를 강도 높게 비판한 것으로 유명한 두 명의 이론가인 푸코와 들뢰즈를 그녀는 겨냥한다(p. 247). 스피박이 보기에 푸코와 들뢰즈, 탁월한 두 이론가의 이론적 핵심은 주권 주체에 대한 비판이다. 두 이론가는 주체를 열심히 비판하면서도 결국은 하나의 주체의 자리, 즉 서구 주체에게 자리를 열어주고 있다는 것이다. 권력/욕망/이해관계interest의 관점에서 볼 때, 주체 비판 자체가 오히려 주체를 보존하려고 하기 때문이다. 두 사람에게는 익명적 혁명 주체로서 마오주의자들과 노동자들이 존재한다. 68혁명에서 좌절을 겪은 프랑스 지식인들에게 대안처럼 보였던 것이 마오주의자들이었다. 그들에게 마오주의자는 어떤 실체를 가진 것이라기보다 상투적인 해결책처럼 받아들여졌다. 한때 마르크스주의자들의 상투적인 만병통치약이 변증법이었다면, 68혁명의 좌절 이후 프랑스 좌파 지식인들의 만병통치약이 마오주의였다. 마오주의자는 당대 프랑스의 지적 분위기 때문에 언급된 사적 특수성일 따름이고 어디에도 실체가 없다. 그렇기 때문에 집단 주체로서 마오주의자들은 '아시아'를 마치 동질적인 하나로 투명하게 만들어버린다는 것이 스피박의 지적이다.[77]

들뢰즈는 노동자 투쟁을 언급하지만 그것 또한

77 이런 지적은 지젝에게도 해당할 것이다. 『처음은 비극으로, 다음은 희극으로』에서 지젝은 이제 아시아적 공산주의를 언급한다.

문제적이다. 그는 권력을 폭파시키는 욕망을 언급하면서 그런 혁명은 노동자 투쟁 없이는 불가능하다(p. 249)는 식으로 결론짓는다. 그런 결론은 아무런 실체 없는 수사적인 언급일 뿐이다. 그것은 구체적인 상황 속에서의 노동자 투쟁을 부인하는 것이나 다를 바 없다. 노동자 투쟁 없이는 혁명은 불가능하다고 할 때, 들뢰즈는 어디의, 어떤 노동자를 염두에 두고 있는 것일까? 도무지 알 수가 없다. 이것은 국제적 노동분업이라는 환경을 완전히 무시한 것이며 전 지구적 자본주의에 대한 아무런 대응이 되지 못한다. 국제적 노동분업 환경으로 인해 초래되는 현상들, 국민국가의 경계를 넘나드는 이민과 실업의 문제, 노동계급의 잉여가치 실현 및 소비주의 안에서 휴머니즘의 점차적인 축출 현상, 자유무역협정FTA으로 인한 '3'세계 농민들의 몰락, 자본주의적 기업농 등 다양하고 복잡한 제반 현상들을 깡그리 무시하고 막연하게 언급된 집단적 주체로서의 노동자 혁명이라는 것이 어떻게 대안이 될 수 있겠는가. 이것이야말로 수많은 포스트 이론들의 문제점이라고 스피박은 강도 높게 지적한다.

들뢰즈의 경우 노동자 투쟁과의 연결고리는 욕망과의 관계에 있다. 『앙티오이디푸스』에서 욕망은 이름 붙일 수 없는 흐름이며 그 잔여가 주체다. 이 저서에서 들뢰즈는 플라톤, 라캉이 말한 결여로서의 욕망을 비판한다. 그들에게 욕망은 결여가 아니라 그 자체가 생산이다. 욕망은 '기관 없는 신체'를 흘러 다니는 강도[78]다. 기관 없는 신체는 신체의 기관들이 하나의 기관으로 고정

78 칸트에게 물질세계의 감성적 소여와 지적 개념 사이에는 이원론적인 간극이 있었다. 이 양자 사이를 매개하는 것으로 상상력의 도식이 필요하게 된다. 하지만 들뢰즈에게 감성적인 것, 물질적인 것은 이미 정신적인 것이다. 물질은 이미 물질 이

　　　　　　　　타자로서의 서구

된 기능을 하지 않는다는 의미다. 입은 먹는 것으로만 기능하면 고정된 기관이 되겠지만 입이 다른 것과 끊임없이 접속하면 욕망에 따라 다르게 기능하게 된다. 이처럼 입, 항문, 눈 등은 어떻게 접속하고 이접적 종합을 하는가에 따라 욕망하는 기계가 되고 하나의 흐름이 되고 강도가 된다. 다양한 욕망이 서식하는 곳, 욕망의 강도와 리비도의 흐름에 따라서 다양한 욕망기계가 되는 것, 그것이 기관 없는 신체다. 기관 없는 신체는 기관이 없어서 텅 빈 신체라는 의미가 아니라, 욕망하는 기계에 의해서 다양한 기관이 생산되는 것을 의미한다. 이렇게 본다면 인간은 만물의 척도도 아니고, 유적 존재도 아니다. 욕망하는 기계로서 인간은 대지의 신체와 접속되고 심지어 별들이나 동물과도 연결된다.[79] 주체는 욕망의 흐름의 일시 정지 상태이자, 욕망의 흐름의 찌꺼기가 일시적으로 응결되어 만들어진 것이다. 그러므로 들뢰즈에게 욕망은 욕망의 대상이 결여된 것이 아니라 오히려 주체가 결여된 것이다. 고정된 주체를 결여한 것이 바로 욕망이다. 기계의 기계처럼 욕망은 기계이고 욕망의 대상 또한 연결된 하나의 기계다. 따라서 이 제작 과정에서 제품이 만들어지면서 남겨진 잔여분이 유목적인 주체로 넘겨진다고 스피박은 말한다.

그럼에도 불구하고 『앙티오이디푸스』에서 욕망하는 주체는 일반적인 이데올로기적 주체와 많이 닮아 있다는 것이 스피박의 지적이다. 그것은 노동하는 주체라기보다는 법적인 주체, 말하자면 강력한 여권

상의 것, 개념 이상의 물질이다. 이와 같은 감성이나 물질의 운동을 들뢰즈는 강도 intensity라고 일컫는다.
79 들뢰즈/가타리, 『앙티오이디푸스』, 최명관 옮김, 민음사, 2000, 1장 「욕망하는 생산」 참조.

과 강력한 경화hard currency를 사용하면서 어떤 공항이든지 자유롭게 빠져나갈 수 있는 법적으로 정당한 주체다. 그런 주체는 스피박이 말하는 유엔 페미니스트와 흡사하다. 유엔 상주기관원aparachik처럼 활동하는 페미니스트는 각자 개인으로서는 존경할 만하다. 하지만 전 지구적으로 볼 때 그녀들이 하는 일은 섬뜩하다는 것이다. 스피박이 말하는 '초국적 독해 능력'을 갖고 있지 않으면, 우리는 개인적으로 올바른 행동이 전 지구적인 관점에서도 올바른 일은 아닐 수 있다는 점을 간파하기 힘들다. 예를 들어 유엔에서 한 페미니스트가 아동의 인권을 보호하기 위해 노동시장에서 아동의 고용을 금지해야 한다고 발언하게 되면, 1세계는 아동 인권을 빌미로 경제제재 조치를 단행하게 된다. 그 결과 유엔 페미니스트는 자신이 보호하겠다고 나선 아프가니스탄 아이들을 거리로 내몰게 된다. 혹은 부르카가 아프가니스탄 여성의 인권을 침해한다고 주장하는 페미니스트들은 결국 미국의 아프간 침공을 정당화해주었다. 억압받는 아프간 여성들을 해방시키는 '정의의 전쟁'이라는 이름으로. 스피박이 유엔 페미니즘이라고 비판한 1세계 페미니즘 혹은 '3'세계의 '토착 정보원'을 대변하는 페미니즘이 얼마나 끔찍한 짓을 저지르고 있는지는 4장에서 좀 더 상세히 설명될 것이다.

푸코의 작업은 주체를 구성하는 이데올로기로 볼 수 없음에도 불구하고 경험적 주체가 은밀하게 작동하지 않는 것은 아니라고 스피박은 말한다. 푸코는 알튀세가 「이데올로기와 이데올로기적인 국가장치들」에서 피할 수 없었던 주체 개념을 가정하고 있음이 분명하다는 것이다. 게다가 푸코는 개인과 주체를 자주 혼동한다. 푸코는 '개인의 죽음'을 선언한다는 점에서 해체론자들과 동일선상에 서 있다. 부르주아 휴머니즘이 말하는 개인은 세계 인식의 주인이고 역사를 만들어나가는 행위자이다. 그것은 세계 인식의 토대를 생각하는 개인(코기토)에게 찾았다. 세계 인식의 토대로서 개인의 죽음을 선언한 것이 후기구조주의자들, 해체론자들이었다. 그들에 따르면 개인은 세계에 의미를 부여하는 존재가 아니라 오히려 기존의 상징 질서에 편입됨으로써 주체임을 보증받는 것이다. 알튀세에게 개인은 기존 상징 질서의 호명interpellation에 응할 때 주체가 된다. 이렇게 본다면 실존적인 개인은 상징 질서에 편입될 때 주체로 탄생하는 셈이 된다. 그런데 푸코의 경우 실존적 개인과 상징 질서의 호명, 즉 이데올로기에 의해 구성된 주체를 구분하지 않는다. 개인과 주체를 거의 구분하지 않고 있음에도 불구하고 푸코의 논리에서는 개인의 죽음으로 생긴 빈자리를 권력에 의해 만들어진 자아가 차지한다는 것이 스피박의 주장이다. 말하자면 개인의 죽음으로 생긴 빈자리를 어느새 서구의 주체가 차지하게 된다는 것이다. 이것이야말로 앞문으로 내보낸 주체를 은근슬쩍 뒷문으로 받아들이는 것이 아니고 무엇이겠는가.

생산관계를 재생산하는 이데올로기를 부인해버린 푸코는 피억압자들에게 아무런 의문 없이 주체의 역할을 맡긴다. 하위주체가 과연 말할 수 있는가를 고민해왔던 스피박으로서는 푸코와 들뢰즈 같은 지식인들이 의문의 여지없이 피억압자들은 말할 수 있을 뿐만 아니라 그들이 모든 것을 알고 있다고 주장하는 것에 경악한다. 두 사람에 따르면 대중들은 자신의 욕망을 완벽하게 잘 알고 있다. 대중들은 파시즘에 속아 넘어간 것이 아니라 특정한 순간 실제로 파시즘을 욕망했다. 그러므로 대중은 지식인들보다 훨씬 더 잘 알고 있다(p. 255)고 주장함으로써 푸코 또한 하위주체들을 전면에 내세우고 그들의 등 뒤에서 복화술적으로 말하는 좌파 지식인들의 상투적인 모습과 다를 바 없다고 스피박은 신랄하게 비판한다(p. 254).

여기서부터 스피박은 「하위주체는 말할 수 있는가?」의 논의를 반복하고 있다. 들뢰즈가 이론실천 또한 실천이므로 누구를 대변하거나 재현하는 것이 아니라 행동만이 있다고 말한 의미는 이론 생산이 곧 실천이자 행동이라는 뜻이다. 이론가는 피억압 집단을 대표하는 것이 아니다. 누구를 위해 말하고 대표하는 것이 아니라 그 자체로 생산이자 행동이 된다. 스피박은 바로 이 지점을 문제시한다. 스피박에 따르면 정치에서처럼 누군가를 위해 말하는 대표와 예술과 철학에서의 재현(묘사)은 함께 가는 것이다.

영어 단어 representation에는 '누군가를 위하여' 대신하는 대표와 다시 제시re-presentation한다는 '재현'의 의미가 동시에 들어 있다. 그런데 이론이야말로 '행동'이기 때문에, 이론가는 피억압자들을 재현(대표)하는 것이 아니다. 이럴 때 주체는 대표하는 의식(양심, 프랑스어에서는 의식과 양심이 같은 단어다)으로 간주될 수 없다. 다른 한편 들뢰즈는 "말하고 행동하는 사람은 언제나 다중이기 때문에, 이론화하는 지식인이나 당이나 노조는 말하고 투쟁하는 사람들을 대표

타자로서의 서구

할 수 없다"(p. 257)고 말한다. 앞서 보다시피 노동자들의 투쟁 없이 혁명은 불가능하다고 들뢰즈는 말한 바 있다. 그렇다면 행동하고 투쟁하는 노동자들과는 달리 지식인들은 행동하고 말하기 때문에 그들을 대표할 수 없다는 것인가? 노동자들이 이데올로기적인 주체로 구성되는 것이 아니라면 그들의 의식을 변혁시키고자 하는 적극적인 이론실천은 필요 없는 것이 되어버린다. 이렇게 되면 또다시 노동자는 특권적인 주체로 복귀하게 된다. 앞에서 노동자들은 자신의 욕망을 잘 알 수 있을 뿐만 아니라 정치적, 경제적으로 자기 이해관계에 충실하고, 그 모든 것들을 잘 표현할 줄 아는 것으로 간주했던 만큼, 좌파 지식인들은 사실 하위주체라는 차폐물 뒤에 숨어서 복화술적으로 말함으로써 자신들을 투명한 존재로 **재현**하는 것이라고 스피박은 역설한다.

　이 점은 마르크스가 『루이 보나파르트 브뤼메르 18일』에서 말한 그 유명한 구절을 다시 인용하도록 만든다. 마르크스에 따르면 계급은 본능적인 것이 아니다. 계급의식은 가족을 모델로 하는 공동체 감정이 아니라 국민적 연결과 정치적 조직에 속하는 공동체 감정과 더불어 존재하는 것이다. 가족은 자연 자체는 아니지만 자연적 교환, 즉 사용가치의 장소를 확보하는 것이므로 그것은 사회적 교류로서의 거래 혹은 교환가치에 속하는 것이 아니다. 이 상품화 영역이 잉여가치의 생산을 유도하는 교환 장소를 확보해주는 것이다. 이것은 가족공동체의 이해관계에서 분리되어 다른 계급과 적대를 형성하는 경제적 실존의 조건 아래에서만 계급으로 형성되는 것이다. 계급 형성은 인위적이고 경제적인 것이며 거기서 경제적 행위와 이해관계는 체계적이고 이질적이기 때문에 몰개성적인 것이다. 말하자면 자신의 계급적인 이해관계와 욕망이 일치하는 통합적인 주체의 창출은 사실 불가능한지도 모른다. 경제적인 주체와 정치적인 주체가 서로 연속적이지도 일관된 것도 아니기 때문에 마르크스는 계급 의식화를 주장했던 것이다. 그럼에도 계급의식의 차이가 있다. 프롤레타리아의 계급 입장에 도달하기 위해서 프롤레타리아트의 계급 본능은 교육을 통한 의식 각성을 필요로 할 뿐이지만, 중산층 지식인들의 계급 본능은 혁명적인 전회를 필요로 한다고 마르크스는 말했다(p. 255). 그래서 의식화되지 않은 있는 그대로의 기술적descriptive인 계급 입장은 변혁적인 계급의식으로 전환되어야 한다. 자기 계급의 이해관계와 불연속적인 측면이 있기 때문이다. 마르크스가 소작농들은 자신들의 이해관계와는 적대적인 사람을 대표자로 뽑고 그들이 위로부터 비와 햇빛을 보내주는 절대적인 권력으로 나타나는 것처럼 간주한다고 했을 때, 이때 대표가 곧 재현, 즉 묘사는 아니다.

스피박에 따르면 이런 문제점은 페미니즘에도 그대로 해당된다. 페미니즘이 모든 쟁점을 젠더로만 몰아가게 되면, 페미니즘의 젠더 정치는 전 지구적 금융화를 곧장 지원하는 아이러니에 처할 수 있기 때문이다. 신용을 담보로 한 미끼에 걸려든 시골 여성들의 삶이 개선될 수 있도록 유엔은 행동 계획을 통해 그녀들을 포맷하게 된다. 그렇다면 이들 여성들은 스스로 잘 알고 대표하고 말할 수 있으며 행동할 수 있는가? 유엔이 포맷한 지속 발전 가능성 속의 젠더가 자신에게 최선임을 알고 행동하는가? 그렇다고 말하면서 그들을 대변하는 것이야말로 유엔 페미니스트들이 하는 짓 아닌가?

마르크스는 가족을 자연현상으로 취급했지만 사실 가족은 하나의 특정한 계급 구성체에 속한다. 마르크스가 가족을 하나의 자연현상으로 다룬 것 자체가 남성주의적인 관점에서 비롯된 것이다. 가족이 담당하는 역할은 역사적으로 사회구성체마다 너무나 이질적이어서 가족, 여성 등을 동질적이고 단일체적인 집단으로 보는 것은 문제 해결에 아무런 도움이 되지 못한다. 루이 보나파르트 시절 소작농들은 자신들의 이해관계를 스스로 대변할 능력이 없었으므로 유일한 고유명사인 아버지의 이름을 원했다. 기적이 일어나 나폴레옹이라는 이름을 가진 사람이 자신들의 영광을 회복시켜줄 것이라는 믿음을 생산한 것 자체가 역사적 전통에서 비롯된 것이었다. 마르크스에 따르면 나폴레옹 법전은 부계의 신분을 조사하는 것을 금지시켰다. 그로 인해 이들에게는 혈연의 아버지가 아니라 나폴레옹 법전이 상징적인 아버지의 법으로 기능하게 되었다. 형성 과정 중이었던 소작농 계급은 생물학적인 부계 대신에 공적이고 역사적인 아버지의 법을 준수함으로써 자연적 아버지의 신분질서에서 벗어나 계급적인 공동체 개념에 소속되었고, 그것이 혈통의 아버지로부터 떨어져 나와 계급의식을 형성하는 계기가 되었다.

푸코와 들뢰즈에게서 보다시피 프랑스 지식인들이, 유럽의 타자라는 익명의 주체 속에 거주할 만한 권력과 욕망을 상기하는 것은 불가능하다. 그들의 주체 비판마저도 유럽의 주체 구성을 지지/비판하는 방식으로 유럽의 타자 생산의 회로에 포획되기 때문이다. 지식인들은 타자를 끊임없이 자아의 그림자로 구성하려는 인식적인 폭력과 공모하기 쉽다. 이런 인식론적인 폭력을 보다 노골적으로 드러낸 토머스 매콜리Thomas Babington Macaulay의 「인도 교육에 관한 초고」(1835)를 살펴보자.

> 우리가 통치하는 수백만의 사람들과 우리 사이에 통역을 할 계급을 형성하도록 우리는 현재 최선을 다해야 한다. 혈통이나 피부색으로는 인도인이면서도 취향, 견해, 도덕, 지성의 측면에서는 영국적인 사람들을 양성해야 한다. 우리는 그 계층 사람들에게 인도의 지역 방언들을 세련되게 만들고 서구 전문어로부터 빌려온 과학 용어로 그 방언들을 풍부하게 만드는 일을 맡겨야 한다.[80]

식민 주체의 교육은 서구의 법으로 그들을 생산하게 되고, 고급문화/토착 전통 사이의 불편한 간극을 벌려놓는다. 식민지의 권위자들은 프랑스 지식인들에게는 타자의 문화를 통역하고 번역하는 최상의 원전이자 번역자가 된다. 인도 엘리트의 특정한 구성원들은 타자의 목소리에 관심을 갖는 1세계 지식인들의 토착 정보원이다. 이런 토착 엘리트들과 맞서기 위해 인도에서 만들어진 것이 '하위주체연구회'이다. 토착 엘리트에 맞설 수 있는 것이 라나지트 구

80 Thomas Babington Macaulay, "Minute on Indian Education," in *Selected Writtings*, John Clive and Thomas Pinney, eds., Chicago: University of Chicago Press, 1972, p. 249.

타자로서의 서구

하가 말하는 민중의 정치다. 스피박은 그런 단일적인 민중과 그들의 자율적인 목소리 운운하는 주장을 그다지 신뢰하지 않으면서도 지원하기는 한다. 라나지트 구하는 민중을 주인과 노예의 변증법으로 읽어내고자 한다. 인도 지역의 토착 집단들은 위계질서상 열등한 사회계층이면서도 자신들의 사회적 존재에 합당한 이해관계에 따르지 않고 지배 집단의 이익을 위해 행동했다. 그것은 마르크스의 『루이 보나파르트 브뤼메르 18일』에서의 소작농들의 태도와 유사하다. 구하는 들뢰즈처럼 그들을 리비도적인 존재로 해석하기보다 마르크스처럼 사회적 존재의 관점에서 이해관계를 거론한다. 구하는 하위주체는 어떤 의식을 갖고 말할 수 있는가를 고민함으로써 민중의 의식에 접근할 수 있을 것이라고 보았다.

식민지의 상층 지식인이 아니라 인식론적 폭력이 그려내는 주변부 문맹인 농부, 선주민, 도시 프롤레타리아 중에서 최하층 여성들이 과연 들뢰즈가 앞서 말한 것처럼 잘 말할 수 있을까? 최종심급으로서 하위 여성 주체는 조직화된 도시 노동자들과도 다르다. 그람시는 마르크스가 『루이 보나파르트 브뤼메르 18일』에서 논의한 계급 입장/계급의식 사이의 괴리를 확장시킨다. 그것은 산악 지대 여성들과 어떻게 만날 것인가를 고민한 스피박의 문제의식과 유사하다. 스피박은 산악 지대의 하위 여성 주체가 아니라 인도의 메트로폴리스에 살았던 중산층 처녀를 언급한다. 그녀는 반식민주의 투쟁 내부에 나타난 민족주의적 현상이라고 말할 수 있다는 것이다.

흔히 지구적 제휴 정치를 말하지만 제휴의 정치는 북에 자리 잡은 남의 디아스포라들 사이에서 드러나는 관심사이다. 또한 개발도 상국의 국제적 페미니즘에 관심을 갖는 지배적인 사회 그룹 여성들 사이에서도 그럴듯하게 주장되고 있는 것이 제휴의 정치다. 푸코가 주장하는 여성, 죄수, 용병, 환자, 동성애자 들 사이의 제휴 가능성으로부터 가장 동떨어져 있는 사람들이 도시 내부의 하위주체들이다. 하지만 그것은 병원, 정신병동, 감옥, 학교와 같은 공간이 보다 더 광범위한 제국주의적인 서사를 읽어내지 못하도록 하는 베일의 알레고리처럼 보인다. 푸코는 잘 모르기 때문에 그것에 대해 완벽하게 설명할 수 없다고 변명할지 모르지만, 오히려 제국주의 비평가의 인가된 무지를 드러내는 듯한 그 잘 모른다는 말로는 비판에서 면제될 수 없다는 것이 스피박의 주장이다.

들뢰즈와 푸코는 제국주의적인 인식론적 폭력이나 국제적 노동 분업을 무시하지만 프랑스에서 살면서 어떻게 '3'세계 문제를 언급하지 않을 수 있다는 것인가, 라고 스피박은 의문을 제기한다. 과거 프랑스의 식민지였던 아프리카 국가 출신의 이주노동자들이 프랑스에 값싼 노동력을 제공해주는 최하층을 구성하고 있기 때문이다. 노동자들이 아니라 이주 여성 노동자들의 착취를 거론하지 않고 리비도적 투자로서의 욕망의 주체를 거론할 수는 없다. 가장 힘들면서 빛나지 않은 일자리가 이민 노동자의 몫이라는 점을 인정하게 된다면, 이민과 관련된 법규가 그들의 눈에 보이게 될 것이라고 스피박은 조롱하듯 말한다. 2008년 프랑스 의회는 이민자들의 유전자 검사를 허용한다는 인종 차별적인 신이민법을 통과시킨 바 있다. 그리고 지역에 따라서 불법체류자들을 고발하지 않고 묵인하거나 체류시켜 주는 사람 또한 범죄자가 되기도 한다. 이런 현실을 은폐한 채, 관대하고 시혜적인 태도를 취하는 것은 1세계 입장에서 타자로서의 '3'세계를 전유하고 재기입하는 것이다.

이와는 대조적으로 데리다는 적어도 지식 생산에서 자민족중심주의를 인정한다. 데리다는 『그라마톨로지』에서 17세기 유럽에서 "유럽 의식의 위기를 나타내는 징후"를 형성하는 글쓰기의 역사적 과정에 작동하는 세 가지 편견을 신학적 편견, 중국적 편견, 상형문자적 편견(이집트 식 편견)이라고 주장한다. 첫 번째, 신학적 편견은 히브리어나 그리스가 신의 언어였다는 편견이다. 두 번째 편견은, 중국어는 철학하는 언어의 완벽한 청사진이지만 그것은 어디까지나 청사진일 뿐, 진정한 철학적 글쓰기는 역사와는 무관한 것이라고 주장하면서 중국어를 폐기시키는 방식이다. 세 번째 편견은, 이집트 문자는 너무 숭고해서 해독될 수 없다고 주장하는 것이다. 두 번째, 세 번째 편견(중국어는 합리적, 이집트어는 신비적)은 첫 번째 편견을 지지하는 데 공모한다. 이와 같은 상형문자적인 편견은 서구의 자민족중심주의를 위한 스펙터클한 효과를 발휘하는 것으로 동원된다. 데리다는 유럽 과학에 스며든 자민족중심주의를 유럽 의식의 일반적 위기를 가리키는 징후로 읽어낸다.

데리다는 『세계시민주의와 용서에 관하여On Cosmopolitanism and Forgiveness』에서 프랑스는 다른 유럽 국가들과는 달리 혁명 이후부터 정치적 난민들에게 문호를 개방해왔지만 결코 호의에서 그런 것이 아니었음을 밝힌다. 18세기 중반 이후 줄곧 출산율이 떨어져 경제적인 이유 때문에 프랑스는 이민자들에게 대체로 자유주의적인 태도를 취하게 되었다. 경기가 좋고 노동자가 필요할 때면, 정치적인 동기와 경제적인 동기를 그다지 구별하지 않는 법이다. 특히 1960년대의 상황이 그랬다. 1960년대는 경제적인 붐으로 인해 이주노동자들이 반드시 필요한 시기였다고 한다. 하지만 경제가 힘들어지면 정치적 난민과 경제적 이민을 확연하게 분리한다. 정치적 난민과 경제적 이민을 구분하려는 것이 정치가들의 수사법이다. 정치가들은 이민을 통제하겠다고들 한다. 이민 통제는 이민으로 인한 경제적인 혜택을 전혀 기대할 수 없는 사람들만 이민자로 인정하겠다는 뜻이다. 이 조건의 부조리는 분명하다. 순수하게 정치적인 난민이 어느 정도 경제적인 혜택을 동반하지 않고 새로운 정착지에서 환영받았다고 말할 수 있는가? 일자리도 있어야 한다. 받아주는 나라의 시혜에만 의존할 수는 없다. 새로운 언어 환경에서 일과 창조적인 활동을 통해 주인과 손님이 서로를 도울 수 있어야 한다. 데리다에 따르면 경제적 이민과 정치적 난민의 구분은 추상적일 뿐만 아니라 위선적이다. 왜냐하면 그런 구분은 사실상 정치적 수용을 인정하는 것을 불가능하게 만들기 때문이다. 프랑스에서 거론하는 난민 지위는 가난한 나라 출신들에게는 적용될 수가 없는 엄격한 것이다.[81]

이렇게 탈중심적인 주체이론까지 결국은 주권적인 주체의 복원이라고 비판한 마당에 스피박이 어떻게 하위 여성 주체를 거론할 수 있으며 하위 여성 주체

[81] Jaques Derrida, *On Cosmopolitanism and Forgiveness*, New York: Routledg, 2001.

타자로서의 서구

가 말할 수 있다고 말할 수 있을까? 그것이 스피박이 처한 딜레마다.

부바네스와리 바두리와 희생제의로서의 사티

주체와 관련하여 사티의 문제로 되돌아가보자. 남편의 죽음을 애도하기 위해 불타는 장작더미 위에 몸을 던지는 것이 가능한가? 여기서 스피박은 사라 코프만Sarah Kofman의 이론을 에둘러 설명하고자 한다. 코프만은 여성을 속죄양으로 만드는 프로이트의 모호한 이론은 애초의 욕망에 대한 반동형성이라고 주장한다.[82] 그렇다면 이 애초의 욕망은 무엇인가? 그것은 정신분석학의 이론적 토대를 형성해주었던 히스테리 여성에게 일단 목소리를 부여하고 그녀를 히스테리 주체로 변형시키려는 욕망이다. 아버지가 자신을 유혹하려고 했다는 딸의 주장은 히스테리 여성의 환상으로 뒤집힌다. 아버지가 딸을 유혹하려고 한 것이 아니라 딸이 아버지를 유혹한 것으로 치환되어버린다. 그렇게 하여 아버지에게 면죄부가 주어진다. 애초의 욕망을 '딸의 유혹'으로 치환시켜버린 남성 제국주의자들의 이데올로기 구성체는 '3'세계 여성을 단일한 집단으로 구축한다. 말하자면 일단 '3'세계 여성들에게 목소리를 부여(하위 여성 주체로서)하는데, 그것은 남성 제국주의자들이 자신들을 유혹했다고 주장하기 위해서이다. 여성으로서 하위 여성 주체가 말할 수 있는가라는 질문과 마주하면서 그들에게 역사 속의 목소리를 부여하려는 제국주의자 남성

82 Sarah Kofman, *The Enigma of Woman: Woman in Freud's Writings*, tr., Catherine Porter, Ithaca: Cornell University Press, 1985.

들의 노력은 프로이트 담론이 겪은 위험에 이중으로 노출된다. "백인 남자가 황색 남자에게서 황색 여자를 구해주고 있다"는 문장을 살펴보면, '한 아이가 매를 맞고 있어요'에서의 주체 구성 과정과 별반 다르지 않다[83]고 스피박은 말한다. 여기서 백인 남성의 욕망은 '3'세계 여성들을 집단적인 히스테리 주체로 만들어줌으로써 그녀들 스스로가 그들을 유혹한 것이므로 자신들에게 책임이 없다고 주장하려는 것이다. 이런 전형적인 드라마가 제국의 남성과 피식민지 여성이 사랑에 빠지는 설정이다. 딸이 아버지를 유혹하듯, 피식민지 여성 스스로 제국의 남성을 유혹한 것이므로 제국의 남성은 책임질 일이 없다는 뻔뻔한 드라마에서 은유로 동원한 여성은 결국에는 삭제되어버린다.

스피박은 1892년 영국이 과부 희생을 폐지한 사건 이면에 작동되었던 술책을 파헤치고자 한다. 말하자면 백인종 남성이 황인종 남성에게서 황인종 여성을 구해주었다는 휴머니즘 담론의 정치경제학에 집중한다. 스피박은 여기서도 프로이트가 말한 주체 형성의 전이와 역전이 과정을 빌려오려는 것이 아니라 방법론적인 오어법으로 차용한다. 말하자면 제국주의적인 시선 아래 여성 주체의 탄생과 프로이트의 유사성을 유비적으로 차용하고 있다. 그녀는 제국주의적인 정치경제학의 이데올로기적인 가면무도회와 억압의 역사를 설명하기 위해 프로이트의 전략과 마르

83 프로이트는 주체 형성 과정의 유연성에 관해 언급하면서 '한 아이가 매를 맞고 있어요'를 분석한다. 이 입장은 아이가 자신을 분열시켜 욕망을 극대화한 것이다. 첫 번째 단계는 사디즘적인 단계로 형제에 대한 경쟁심을 보여준다. '우리 아버지는 내가 미워하는 아이를 때린다'가 그것이다. 두 번째 단계는 마조히즘적이고 억압된 단계다. '나는 아버지에게 매 맞고 있어요'가 그것이다. 세 번째 단계는 주체가 관객이 되는 무대를 구성한다. '한 아이가 매를 맞고 있어요'이다. 프로이트의 주체 형성 과정은 환상에 의해서 주체의 위치가 전이되는바, 백인 남성의 유혹은 3세계 여성들인 딸의 유혹으로 치환된다.

타자로서의 서구

크스주의의 서사를 강제로 연결시키고 설득력을 부여하고자 한다.

앞에서 설명했듯이 힌두 과부는 죽은 남편을 화장하는 장작더미 위에 올라가서 자신을 희생시킨다. 이것이 사티로서의 과부 희생이다. 이 제의는 보편적인 것도 특정 신분에 고정된 것도 아니었다. 영국인들이 이 제의를 폐지함으로써 황인종 남성에게서 황인종 여성을 구해준 것은 백인종 남성의 휴머니즘적인 사례로 간주되었다. 19세기 영국 선교사들부터 20세기 백인 페미니스트에 이르기까지 이 관점 이외의 다른 해석은 나오지 않았다. 다른 한편 그와는 정반대로 '여성이 죽고 싶어 했다'는 논리가 있다. 이 두 가지 목소리 이외에 여성 목소리-의식을 증언하는 진술을 만나본 적이 없다고 스피박은 지적한다.

이 지점에서 여성을 보호하는 사회가 좋은 사회다, 라는 이데올로기가 형성된다. 힌두의 제의는 범죄로 구성된다. 여기서 인식소는 참과 거짓의 분리가 아니라 과학과 비과학의 분리를 가능케 하는 장치다. 서로 대립되는 제의/범죄, 미신에 의한 제의/법과학에 의한 범죄를 분리시킨다. 봉건제에서 자본주의로의 이행이 식민화에 의해 강제되었으므로 토착 민족주의자들에게 사티는 오히려 민족의 전통을 상징하는 기표가 된다. 좋은 사회를 확립하는 자로서 제국주의의 이미지는 여성을 같은 종족으로부터 수호하는 입장에 서게 된다. 언제나 그랬던 것처럼 여성에게 주체로서의 자유로운 선택 권한을 부여하는 가부장제의 위장전술은 면밀하게 검토할 필요가 있다. 사티 제의에서 여성은 자본의 이해관계가 깔려 있는 정상화

normalization와 피식민 남성의 억압적인 시기심envy 사이에 사로잡혀 있다. 사티를 희생으로 보는 피해자 담론화와 전통문화적인 희생제의라는 영웅적인 행위 사이에 여성의 몸은 가로놓이게 된다.

　일반적인 종교의 경전으로 볼 때 자살은 비난받는 행위지만 예외가 있다면 깨달음의 장소에 도달하는 것, 즉 힌두교에서 각성과 자기 진리에 이르는 방법으로서의 자살은 허용된다. 하지만 여성에게는 깨달음의 장소가 아니라 특정한 장소에서 수행될 때만 그 자기 파괴적 희생이 용납될 뿐이다. 그리하여 죽은 남편이 불타는 장작더미가 신성한 장소라고 '환유적으로' 지정된다. 여성 주체는 자살이라는 비난과 타락이라는 효과를 없애면서도 선택 행위라는 찬사까지 받는다. 이것은 성차화된 주체를 이데올로기적으로 잔인하게 생산한 것이다. 여성 주체의 죽음은 과부 행실의 일반 법칙을 초과하는 자기 욕망의 예외적인 기표로 이해할 수 있다. 애시스 낸시Ashis Nancy는 벵골에서 사티가 만연한 것은 산아제한에서부터 공동체의 여성 혐오까지 여러 가지 요인이 두루 작용했기 때문이라고 주장한다. 벵골 지역에서는 남편이 죽으면 과부에게 재산이 상속되었기 때문이다. 영국인들이 불쌍한 인도 여자들이 살해당하고 희생당하는 곳이라고 지적했던 바로 그 벵골에서는 죽은 남편의 재산과 권리는 아들이 없는 경우 뒤에 남은 아내에게 돌아간다. 그래서 유족들은 남편에 대한 아내의 사랑과 헌신을 보이라는 구실로 과부를 없애려고 했다는 것이다.

　하지만 자비롭고도 계몽된 남성들은 이 문제에서 여성의 자유

로운 선택에 동조해왔다. 그들은 성차화된 하위 여성 주체의 선택을
받아들인다. 사티 관습을 정당화한 것이 아니라 그것을 수행한 여성
들의 예외적인 용기를 찬양하고 존경을 표시할 뿐이다. 그들은 사티
를 인도의 잔인한 풍습이라고 비난하는 것은 왜곡이라고 주장한다.
이런 가부장적인 존경심의 표현은 과부 희생제의의 논리와 일치한
다. 영국인들은 사티를 둘러싼 이데올로기 전쟁을 통해 이교도의 제
의를 범죄로 재코드화했다. 그 와중에 여성의 자유로운 의지에 관한
담론은 완전히 소멸되어버린다. 반면 식민 토착 엘리트의 입장은 여
성들의 순수함, 강함, 자기희생을 민족주의적인 것이자 애국적인 것
으로 낭만화한다. 타고르는 사티를 감행한 벵골 할머니를 애국주의
자라고 칭송한다. 아난다 쿠마라스와미Ananda Kentish Coomaraswamy[84]
는 사티를 신체와 영혼의 완벽한 통일을 보여주는 최후의 증거라고
찬양한다.

반면 스피박은 사티가 여성의 선택일 수도 있다는 점이 삭제되
어버렸다는 점에 주목한다. 모든 군인들이 마지못해 죽는 것은 아
닌 것처럼, 여성 자살특공대가 있는 것과 마찬가지로 자기 선택으
로 죽음을 택할 수도 있었다는 것이다. 본토 영국인
들은 사티를 묵과해주도록 했다. 인도인들의 관습을
존중해준다는 취지에서 그랬지만 나중에는 범죄로
규정하면서 야만적인 악습을 실행하는 힌두인, 관대
하고 고상한 힌두인으로 대별하게 만들었다. 이것은
자살을 죄악시한 것이라기보다는 예외로 보고 등급

84 인도의 선구적인 철
학자이자 역사가. 인도 예술
철학자로서 고대 인도 문화
를 서구에 알린 대표적인 이
론가이다. 인도 예술에 대한
서구인들의 이해는 주로 쿠
마라스와미를 통해 이루어
졌다고 해도 과언이 아니다.

을 매긴 대안적인 이데올로기였다.

　마지막으로 부바네스와리 바두리의 자살과 관련해 스피박은 하위 여성 주체는 말할 수 없다고 선언한 바 있다. 부바네스와리 바두리는 인도의 민족해방투쟁 결사조직의 일원이었다. 십대였던 그녀는 자살을 했고, 그로 인해 반식민 저항투쟁에 가담했다는 사실은 지워졌다. 그녀의 행위는 사티 자살로 위장되었고 그 이후에는 불륜으로 인한 임신으로 자살했다는 소문이 돌았다. 그녀는 가문의 수치로 여겨지게 되었다. 그녀가 월경 중에 자살했으므로 임신했다는 것은 헛소문이었다. 전통적으로 『리그베다』와 같은 힌두 경전은 자살을 엄격히 금했다. 그것도 여성이 월경 중에 자살한다는 것은 있을 수 없는 수치였다. 그녀는 민족주의자들에게도 외면 받을 수밖에 없었다. 이런 의미에서 스피박은 하위 여성 주체는 말할 수 없다고 주장한다. 이때 말할 수 없다는 것은 하위 여성 주체가 행위자가 못 된다는 것이 아니라, 그들이 죽을힘을 다해 말을 해도 그들의 말은 정치적으로 전유되어버리고 그들의 목소리는 침묵으로 사라진다는 의미다.

　스피박은 부바네스와리 바두리의 자살을 다시 쓰고자 한다. 그래서 벵골 여성 철학자에게 바두리에 관해서 묻자, 하필 왜 그 여성인가라는 반응(건전하게 잘살았던 바두리의 언니들에게는 왜 관심이 없는가)을 보였다. 그리고 미국에서 살고 있는 그녀의 조카들은 그녀가 불륜을 저질렀을 것 같다고 말했다. 사실 바두리는 하위 여성 주체가 아니라 중산층이었다. 부바네스와리는 자신의 육체를 여성/

글쓰기 텍스트로 만들어서 말하기를 시도했다. 스피박은 자신이 하위 여성 주체는 말할 수 없다고 한 것은 50년이 지나도 그녀의 시도가 실패했다는 실망감에서 비롯된 것이라고 말한다. 문제는 해방된 여성 주체라고 해야 할 바두리의 손녀 세대들이 그녀를 더욱 침묵하게 만든다는 데 있다. 혹은 존 쿳시의 『포』에 등장하는 수전 바턴의 증손녀뻘들인 자유주의 다문화주의 메트로폴리탄 학계의 여성들이 그렇게 만들고 있다는 것은 아이러니가 아닐 수 없다.

부바네스와리의 언니의 딸의 딸의 딸은 미국에서 살며 초국적 기업의 중역으로 승진했다. 인도인 디아스포라들이 미국에서 자리를 잡을 수 있는 것은 이들이 새롭게 부상 중인 남아시아 시장에서 기업을 위해 중요한 역할을 수행할 수 있기 때문이다. 부바네스와리는 제국의 억압으로부터 민족해방을 위해 자결했다. 그런데 그녀의 고손녀뻘인 여성들은 바로 그 제국을 위해 일한다. 이 얼마나 역사적 아이러니인가 하고 스피박은 통탄한다. 부바네스와리의 후손인 젊은 여성들이 오늘날 다문화주의에 충실하면서 자연분만을 믿고 요가와 명상을 하고 생태적 환경을 위해 면제품만 사용하고 환경의 웰빙을 위해 채식을 하고 공정무역 제품의 커피를 마신다고 하여 뭐가 그리 놀랍겠는가? 그녀들은 그런 행위에서 정치적 올바름을 찾는다. 그것이 1세계 생태주의 페미니스트들이 보여주는 취향이고 태도이지 않겠냐는 것이 스피박의 회의적인 시선이다.

4장　　　문화:
포스트식민 시대의
다문화주의와
전 지구성

포스트모던 시대에 이르러 '문화'를 어떻게 읽어낼 것인가? 한동안 지역학, 에스닉 연구, 포스트식민 문화 연구, 하위주체 연구 등이 1세계 학계로부터 연구지원금을 타는 데 유리한 주제라고 할 만큼 성업이었던 것은 1세계의 이해관계와 무관하지 않다고 스피박은 말한다. 신자유주의 시대에 이르러 세계 질서 자체가 보수로 회귀하는 경향이 있고, 급진적 이론은 실천과 분리되면서 강단이론으로 화석화되고 있다. 강단에 포획된 문화 연구는 전 지구적 금융자본주의에 위협적이기보다 1세계 자본시장을 위한 토착 정보원을 발굴하는 장으로 기능한다. 미국 대학에 문화학과가 등장한 것 자체가 신자유주의 시대 상부구조의 효과였다는 점은 대체로 간과되고 있다. 그 결

타자로서의 서구

과 문화 연구는 1960년대의 급진성을 상실하고 신자유주의 시대 소비문화의 흐름과 공모하고 있으며, 다양한 문화적 공존을 의미하는 다문화주의는 다국적 자본주의의 이상적인 형태가 되고 있다는 것이다.

거칠게 말하자면 포스트모던 시대 문화 연구는 자본시장을 위한 하나의 전략으로 전면에 배치된다. 1장에서 보았다시피 칸트의 이성이 소위 '야만인들'의 영혼을 발명하는 데 공모했다면, 포스트식민 시대 문화 담론은 국가, 계급, 인종, 젠더를 삭제하는 데 공모한다. 그렇다면 자민족문화중심주의에서 벗어나 성찰적인 관점을 유지하려는 1세계 지식인들의 포스트식민 문화 연구가 자신들이 연구 대상으로 삼는 '3'세계 (여성) 노동자들의 초과 착취 현실을 은폐하는 데 어떻게 일조한다는 것인가?

스피박은 초국적 독해 능력transnational literacy으로 전 지구적 차원에서 진행되고 있는 사태들에 주목함으로써 자본, 계급, 민족, 젠더가 문화 속에서 어떻게 서로 얽혀 있는지 설명해내고자 한다. 이 장을 시작하면서 포스트모던 시대를 문화 논리로 설명해낸 프레드릭 제임슨을 제일 먼저 경유하는 것도 그런 의도와 무관하지 않다. 포스트모던 시대 다양한 문화가 다국적 자본시장에 포획되어 있다고 주장한다는 점에서 스피박 자신의 유물론적인 접근법과 제임슨의 입장은 그다지 동떨어져 있는 것은 아니다. 하지만 포스트식민 시대로 규정하는 것과 포스트모던 시대로 규정하는 것이 정치적 차이를 보이는 것만큼 스피박과 제임슨은 서로 이론적 입지점을 달리한다.

그렇다면 스피박이 제임슨의 문화 논리를 어떻게 비판하고 있는지부터 먼저 살펴보자.

프레드릭 제임슨의 탈중심적 주체와 수상쩍은 변증법

스피박은 이제는 고전의 위치를 차지한 프레드릭 제임슨의 『포스트모더니즘 혹은 후기자본주의의 문화 논리』가 포스트모던 시대에 이르러 주체의 입장을 삭제하려는 욕망에서 기인한 것이라고 주장하면서 『포스트식민 이성 비판』의 4장을 시작한다. 스피박의 비판처럼 유물론자인 제임슨이 주체를 완전히 삭제했는지는 의문이다. 제임슨에게는 부르주아 개별 주체가 아닌, 비록 막연하고 모호하지만 집단적인 주체 개념이 남아 있기 때문이다. 앞서 보았다시피 제임슨은 역사란 필연에서 자유의 영역으로 나아가는 유토피아적인 서사라고 간주한다. 그렇다면 그런 이야기를 만들어나가는 집단적인 주체가 전제되어야 한다. 그런 주체가 없다면 역사를 변혁시키고 책임질 수 있는 세력이 사라지는 것이고 그렇다면 프레드릭 제임슨을 마르크스주의자라고 할 만한 것이 남아 있지 않을 것이기 때문이다.

    탈중심적 주체는 해체론을 수용한 미국의 아카데미 지식인들이 한때 유행시킨 주제였다. 인간의 종말, 주체의 죽음을 선언하는 것이 한동안 이론적 급진성을 담보해주는 것처럼 보였다. 인간의 죽음을 선언하는 반反인간주의는 서구 부르주아 주체가 곧 보편 주체로 등치되어온 것에 대한 서구 지식인들의 자기반성이기도 했다는 것이다. 이들에 따르면 주체는 세계에 의미를 부여하는 존재가 아니라 기존의 상징 질서에 의해서 오히려 구성되는 존재다. 구조주의 어휘로 말하자면 주체의 정체성은 기표의 효과에 지나지 않는다. 상부구조(법, 신화, 신념, 이데올로기, 문화)와 같은 기표 체계는 경제적 하부의 반영이 아니라 그 자체로 재/생산이다. 구조주의적인 혁명은 기존의 상부/하부 패러다임을 해체하여 세계의 질서를 언어 질서로 번역해놓았다는 점에서 찾을 수 있다.

상징 질서로서의 사회 자체가 기표의 효과에 다름 아니라는 주장을 수용한 인문학은 대단히 급진적인 것처럼 보인다. 세계에 의미를 부여하고 역사를 변혁하는 행위자로서 주체가 파산선고를 받게 되면서 서구 보편 주체의 나르시시즘은 무너진다. 주체는 문장에서의 주어와 같은 역할로 축소되고 주체의 일관된 정체성은 허구가 된다. 포스트모던 시대에 이르러 고정된 정체성에서 자유로워진 주체는 소비문화 속에서 자기 정체성을 끊임없이 재창조하게 된다. 견고한 자기 정체성이 없다는 것은 주체에게 불안을 야기하고, 그런 불안으로 인해 문화적 취향으로 자기 정체성을 추구하려고 한다. 그 결과 주체는 끊임없이 상실한 자신의 기원을 채워줄 수 있는 대상에서 대상으로 미끄러져 나간다. 이처럼 고정된 정체성이 없다는 점에서 유목적 주체를 주장하는 1세계의 인문학자들이야말로 유목적 주체다.

전 지구화된 포스트모던 시대의 일상은 시간보다는 지정학적인 공간에 의해 지배되고 이질적인 문화적 충동은 공간적으로 확산된다. 그러므로 제임슨은 다양한 영역들 사이에 초래하는 틈새를 읽어내려면 전 지구촌을 가로지르는 인식적 지도 그리기가 필요하다고 주장한다. 다양한 문화적 충동의 전반적인 의미를 포착하지 못한다면, 그런 문화적 충동은 이질성, 임의적인 차이, 효율성을 알 수 없는 일군의 힘들에 의해 서로 공존하고 병치되는 것으로밖에 볼 수 없기 (p. 314) 때문이다. 그래서 표피적인 다양한 문화의 공존, 다양한 차이를 넘어서 인식의 지도 그리기가 필요하다는 것이 제임슨의 주장이다.[85]

그럼에도 그는 지배문화의 권력 분석에 치중하느라, 부상 중인 이질적이고 다양한 문화적 충동에 그다지 긍정적이지 않다고 스피박은 비판한다(p. 314). 레이먼드 윌리엄스Raymond Williams에 따르면 잔여적인 문화, 부상하는 문화, 지배적인 문화는 동시적이다. 여러 가지 형태로 부상하는 문화가 급진적인 저항의 위치를 차지할 수도 있고, 잔존 문화가 안간힘을 다해 보수적인 저항적 위치를 차지하려고 할 수도 있다. 부상 중인 문화라고 하여 급진적 저항성을 가진 것만도 아니므로 대안적인 문화와 대립적인 문화를 꼼꼼하게 분석해야 한다고 윌리엄스는 자신의 저서 『이념과 문학Marxism and Literature』에서 역설한 바 있다.

제임슨은 마르크스주의와 해체론을 대질시키면서 지배적 문화로서 포스트모더니즘을 분석한다. 스피박은 그가 해체론적인 입장에서 마르크스주의를 중화시킨다고 신랄하게 비판한다. 고전적인 마르크

85 프레드릭 제임슨, 『지정학적 미학』, 조성훈 옮김, 현대미학사, 2007. 이러한 인식적인 지도 그리기의 주체로서 프레드릭 제임슨은 '편집증적' 알레고리 주체를 주장하기도 한다. 1장 참조.
86 프레드릭 제임슨은 『지정학적 미학』에서 총체성을 하나의 알레고리로 읽어내면서 총체성의 주장 자체를 편집증적인 지식에서 비롯된 음모로 간주함으로써 음모로서의 총체성을 주장하기에 이른다.

타자로서의 서구

스주의는 역사의 궁극적 발전 법칙이라는 가치 지향적인 텔로스를 상정하는 도덕주의지만, 역사는 텔로스를 향해 진화하는 것이 아니므로 역사에 대한 변증법적인 관점이 필요하다는 것이 제임슨의 주장이다. 스피박은 이 지점에서 제임슨의 두 번째 모순이 드러난다고 지적한다. 제임슨은 "우리의 현재를 역사적인 시간으로 생각하는 것이야말로 진정으로 변증법적인 시도"라고 주장하지만, **계급** 분석을 **권력** 분석으로 이동시킴으로써 변증법적인 총체적 사유 또한 성찰하지 않을 수 없게 된다[86]는 것이다. 하지만 스피박이 보기에 제임슨의 변증법은 대립적인 것의 지양과 통합이라기보다는 "불편한 것들을 타자에게 투사하여 배제하고 편리한 것들을 자기 것으로 수용"하는 입장과 다르지 않다. 게다가 제임슨은 소박하리만큼 단순한 역사적·문화적 삼분법을 마르크스주의 생산양식 이론과 대비시킨다. 리얼리즘이 초기 자본주의의 특권적인 예술 형식이었다면, 모더니즘은 제국주의와 독점자본주의, 포스트모더니즘은 다국적 자본주의의 문화 형식이라는 것인데, 이런 접근 방식은 변증법적이라기보다는 유비적인 상동성homology 찾기에 가깝다는 것이 스피박의

생산양식	예술 문화양식	사례
19세기 산업자본주의	리얼리즘	반 고흐 〈농부의 신발〉
20세기 후기자본주의	모더니즘	
21세기 다국적 자본주의	포스트모더니즘	앤디 워홀 〈다이아몬드먼지가묻은구두〉

비판이다.

제임슨에 따르면 리얼리즘의 유토피아적 충동이 총체적인 현실화라면, 포스트모더니즘의 유토피아적인 충동은 파편화, 탈현실화다. 포스트모더니즘의 문화적 충동은 탈현실적인 행복감euphoria에 의존한다. 제임슨은 문화적 생산이 경제적 생산에 완전히 통합되어버린 다국적 자본주의의 소비시장에서 오히려 문화 변혁과 문화의 상대적 자율성이 가능할 수 있다는 이른바 역설적인 가능성을 열어둔다. 프랑크푸르트학파가 문화산업을 비판하면서 예술이 완전히 자본에 종속됨으로써 예술의 자율성과 혁명성은 더 이상 찾을 수 없다고 보았다면, 동일한 논리로 제임슨은 정반대의 결론을 이끌어낸다는 것이 스피박의 지적이다.

제임슨은 미학 형식과 생산양식 사이의 단계론을 영감에 찬 확신처럼 주장하는데 과연 그런가? 그것이 스피박의 반문이다. 반 고흐가 그린 농부의 낡은 구두가 비참한 농촌 현실을 있는 그대로 보여주는 리얼리즘 형식이라면, 앤디 워홀이 유화물감으로 그린 다이아몬드처럼 반짝거리는 구두는 유토피아적 유포리아를 생산하는 포스트모던 미학 형식이다. 그러므로 반 고흐의 〈농부의 신발〉이 리얼리즘이자, 초기자본주의 생산양식과 부응하는 것이라면, 앤디 워홀의 〈다이아몬드 먼지가 묻은 구두〉는 포스트모더니즘의 산물이며 다국적 자본주의 생산양식을 재현한 것이다. 워홀의 작품은 시각의 파편화와 상품 페티시를 통해 탈현실화 속에서 행복감을 가져다준다. 워홀의 구두는 상품물신화를 통해 장식적이고 유쾌한 흥분

타자로서의 서구

을 제공해준다는 점에서 다국적 자본주의 형태에 상응하는 미학 형식이라면, 반 고흐의 구두는 고단하고 비참한 농부의 현실을 사실적으로 보여준다는 의미에서 산업자본주의 시대에 상응하는 리얼리즘 미학 형식이라는 것이다. 하지만 생산양식과 미학적 양식은 서로 비대칭적이며 불균등하게 발전한다는 점을 마르크스 스스로 인정한 바 있다. 미학과 생산양식의 일대일 대응은 소박할 뿐만 아니라 설득력도 없다는 것이 스피박의 비판이다. 그럼에도 제임슨은 예술 형식 일반에서 유토피아적인 충동을 읽어내고자 하는 동시에 포스트모더니즘 미학에서 **균열**을 읽어내고자 한다. 제임슨은 하이데거에게서 이런 균열 이론을 가지고 온다. 제임슨에 따르면 하이데거는 자신의 진지한 철학과는 양립할 수 없는 땅Earth과 세계 사이에 틈새와 균열의 개념을 도입했다.**87**

제임슨은 포스트모더니즘의 정치성을 균열에서 찾고자 하지만, 스피박은 그런 균열의 정치성이 과연 무엇인지 반문한다. 무엇에 균열을 내겠다는 것인가? 그것은 정치적 균열인가? 아니면 모더니즘 미학의 전도된 반복 형식인가? 제임슨은 포스트모더니즘 속에서 소멸되고 있는 미국적인 주체를 증명하기보다는 포스트모던한 공간에서의 주체의 현존에 매달린다. 그런 점에서 포스트모던 미학은 균열과 틈새의 정치성이 아니라 모던 담론의 반복에 불과하다고 스피박은 비판한다. 그녀에 따르면, 제임슨은 해체론의 정치성을 망각하고 반복에서 차이를, 차이에서 균열을 보는 것으로 나아간다.

87 Fredric Jameson, *Postmodernism or the Cultural Logic of Late Capitalism*, Duke University Press, 2003.

"자본주의를 긍정하는 동시에 부정적으로 사유해야 한다"는 자신의 세련된 주장과는 달리, 제임슨은 다국적 자본이 다국가적으로 미치는 영향을 은폐한 채 다국적 자본주의를 "마술적으로 불러낸다"(p. 330)는 것이다. 그는 분열증적인 파편화를 다국적 자본주의의 미학 형식으로 채택한다. 그런 전형적인 사례가 제임슨의 밥 페럴먼 Bob Perelman의 시 분석이다(p. 331). 독자의 이해를 돕기 위해 미국 대학교 교재에도 등장하는 밥 페럴먼의 「중국China」이라는 시의 일부를 인용해본다.

중국

우리는 태양으로부터 세 번째 세계에 살고 있다. 넘버 쓰리. 아무도 우리에게 무엇을 하라고 말해주지 않는다.

우리에게 셈하는 법을 가르쳐준 사람들은 무척 친절했다.

언제나 떠나야 할 시간이다.

비가 내리면, 당신은 우산을 가지고 있거나 그렇지 않거나 둘 중 하나다.

바람이 당신의 모자를 벗긴다.

태양은 또다시 떠오른다.

(중략)

이봐, 알아맞혀봐? 뭘? 난 말하는 법을 배웠어. 대단한데.

머리가 온전치 못한 사람은 눈물을 흘렸다.

그의 머리가 떨어진다면, 인형이 뭘 할 수 있었을까? 아무것도 없다.

잠이나 자라.

당신은 반바지가 잘 어울려. 그리고 깃발 또한 멋져.

모든 사람들이 폭발을 즐겼다.

잠에서 깨어날 시간이다.

하지만 꿈에 익숙해지는 것이 나을 것이다.[88]

88 시 원문은 제임슨의 앞의 책에서 재인용한다. We live on the third world form the sun. Number three. Nobody/ tell us what to do./ The people who taught us to count were being very kind./ It's always time to leave./ If it rains, you either have your umbrella or you don't./ The wind blows your hat off./ The sun rises also./ I'd rather the stars didn't describe us to each other; I'd rather we do it for ourselves./ Run in front of your shadow./ A sister who points to the sky at least once a decade is a good sister./ The landscape is moterized./ The train takes you where it goes./ Bridges among water./ Folks straggling along vast stretches of concrete, heading into the plane./ Don't forget what your hat and

이 시는 도대체 무엇을 말하고자 하는 것일까? 전후좌우 맥락이 없기 때문에 이해하기 힘들다. 중국이라는 제목과 이 내용이 어떻게 연결된다는 것일까? 시행마다 마침표가 찍혀 있고 시행과 시행 사이가 완전히 단절되어 있다는 점에서 이 시는 분명히 분열증적이고 파편화되어 있다. 시적 화자인 '나'는 관광객의 가벼운 마음으로 여행하면서 중국을 묘사하고 있는 것일까? 깃발은 중국 오성홍기이고, 폭발은 혁명을 에둘러 말하는 것일까? 제임슨이 밝혀놓았다시피 이 시가 실제 중국이 아니라 차이나타운을 산책하다가 우연히 마주친 사진첩을 보고 시적 화자가 상상한 중국이라는 것을 알았다고 하여, 이 시를 제임슨처럼 하나의 알레고리로 읽어낼 수 있었을까? 제임슨은 '만약에 이 시가 기이하고도 은밀한 방식으로 정치적인 시라고 한다면', 이라는 단서를 붙인 다음, 이 시의 첫 행을 읽고서 중국이 새로운 사회적인 실험을 통해 미국과 소련이라는 양대 슈퍼파워 사이에서 예기치 않게 제3인자로 부상한 것으로 해석한다.[89] 그야말로 제임슨의 알레고리적인 독법의 임의성이 빛을 발하는 순간이다. 이때 제임슨이 말하는 알레고리적 충동은 불균등하고 불연속적인 것들이 노정하는 틈새를 채워 총체성을 부여하려는 개인들의 힘겨운 노력이다. 중국은 오랫동안 제국주의와 봉건제에 예속되었다가 역사의 새로운 주체로 세계사에 부상하게 된다. 새로운 집단성을 통해 부상함으로써 역사상 거의 처음으로 중국 인민들이 자신을 위해 스스로 말할 수 있게 되었다는 것이다.[90] 이 시가 보여주는 정신분열증적인 이접離接 혹은 정신분열적인 글쓰기는 놀랍고 즐거운 강도를 보여준다. 따라서 이 시는 기존의 불안과 소외라는 오래된 정동affect을 행복감으로 대체해놓았다는 것이다.

중국 인민들은 이제 물질적 풍요를 누리고 자유롭게 말하는 법도 배웠다. 혁명을 즐기고 오성홍기 아래서 환호했지만 이제는 꿈에서 깨어날 시간이다. 그럼에도 꿈을 꾸고 있는 게 나을지도 모른다고 시적 화자는 말한다. 현실이 아니라 꿈속으로 도피하여 그곳에 머물러 있는 것이 유토피아일 것이고 그것이 제임

shoes will look like when you are nowhere to be found./ Even the words floating in air make blue shadows./ If it tastes good we eat it./ The leaves are falling. Point things out./ Pick up the right things./ Hey guess what? What? I've learned how to talk. Great./ The person whose head was incomplete burst into tears./ As it fell, what could the doll do? Nothing./ Go to sleep./ You look great in shorts. And the flag looks great too./ Everyone enjoyed the explosion./ Time to wake up./But better get used to dreams. (p. 29)

89 소련연방은 이미 해체되고 없고 중국이 2인자가 되었지만, 제임슨이 이 글을 쓸 때만 하더라도 소련연방이 있었기에 중국이 세계사에서 3인자로 부상한 것으로 읽어내고 있다. 제임슨이 자기 저서의 제목이기도 하고 논문 제목이기도 한 「포스트모더니즘 혹은 후기 자본주의의 문화 논리」를 《뉴 레프트 리뷰》에 발표한 것은 1984년이었다.

90 Fredric Jameson, 앞의 책, p. 29.

슨이 말하는 행복감일 것이다.

하지만 제임슨이 보기에 페럴먼의 시에서 보여준 차이나타운은 중국이 아니며 부재하는 중국에 대한 하나의 알레고리로 작동한다. 앞에서 언급했다시피 제임슨은 다국적 자본주의를 전략적으로 환기함으로써 자신을 마르크스주의의 도덕주의와 차별화한 바 있다. 이 시의 내용은 시인 페럴먼이 차이나타운을 배회하다가 사진첩을 발견하고 그것을 통해 중국을 상상하는 것이다. 이 시를 분석하면서 제임슨은 시적 화자가 차이나타운과 중국을 동일시하는 것에서 지시 대상이 없는 하나의 알레고리를 읽어낸다. 원본의 아우라를 특권화할 수 없으므로, 그것을 마음대로 인용할 수 있는 것이 포스트모던 미학의 특징이다. 여기서 페럴먼이 지시 대상으로 삼은 중국은 미국의 특정한 공간에 있는 디아스포라 지역이라는 점을 감추고 있다. 페럴먼은 자신이 처한 위치에서 중국을 미국적인 관용어법으로 번역해냄으로써 자신의 시가 미국인들의 정서에 알맞게 수용되도록 한다.

여기서 스피박은 주체만 탈중심화시키면 그것이 정치적인 것이고 지배문화에 틈새를 낼 수 있는가, 라고 의문을 제기한다. 차이나타운을 배회하는 탈중심화된 주체가 지배문화에 어떻게 틈새를 낼 수 있는가? 책임지는 이성accountable reason이 없다면 어떻게 되는가? 제임슨은 새롭게 부상하는 문화로서 포스트모던의 유토피아적인 경험의 정치성을 강조한다. 하지만 책임지는 행위 주체, 세계를 변혁시키려는 마르크스주의의 도덕주의적 정치성을 망각하게 되면 어떤 것도 책임질 필요가 없어져버린다. 포스트모던 사회에서 탈중심화된 주체의 책임은 사라지고 없어도 개별 주체가 예술과 건축에 나타난 알레고리를 읽어내는 법만 배운다면 세계체제 속에서 처한 자신의 위치를 알게 되는 것인가? 그렇게 되면 인식적인 지도 그리기가 가능해지는가?

탈중심화된 주체에 관한 논의들

포스트모더니즘이 보여주는 균열의 욕망과 반복 수행 사이의 모순은 보나벤처 호텔에 대한 제임슨의 탁월한 분석에서 잘 드러난다. 그에 따르면 이 호텔은 현대 문화의 자기-지시성을 변증법적으로 강화한 것이자 현대 문화의 알레고리다.

보나벤처 호텔은 모더니즘 건축이 보여주었던 엘리트적인 엄격함, 초연한 거리와는 달리 포스트모더니즘의 수사가 보여주는 대중적인 언어로 각인되어 있다. 본격 모더니즘의 걸작품과 기념비적인 건물들이 주변 상업지역의 기호체계와는 완전히 다른 이상적인 언어로 재현된 것과 달리, 포스트모던 건축물로서 이 호텔은 '라스베이거스에서 배운 어휘'를 사용한다. 이 호텔의 경우 호텔과 나머지 도시를 엄격하게 구분하는 입구가 하나가 아니다. 이 호텔에는 입구가 세 군데나 있다. 오래된 모더니즘 건물의 고압적인 자세와는 달리 도시의 축소판이어서 안과 바깥의 구분이 불분명하다. 대중들이 자유롭게 드나들 수 있는 공간이 된다. 호텔 입구는 도시의 나머지 부분들과 연결되는 접합선으로 기능한다. 이러한 맥락에서 이 호텔은 타락한 도시 구조로부터 자신을 분리시키는 모더니즘적인 것이 아니라, 타락한 도시 구조를 있는 그대로 전시하는 포스트모더니즘 건축물의 알레고리라는 것이 제임슨의 분석이다. 로스앤젤레스에 있는 이 호텔은 모더니즘 건축 공간의 사회적 프로젝트(근대적인 계몽, 품위, 합리적 공간)와는 달리, 문화적 소비 취향의 사적 공간이 됨으로써 공적으로 소통하는 것 같으면서도 분절되고 차별화되는 공간이라는 것이다.

제임슨은 포스트이론에 비판적인 여타 마르크스주의자들과는 다르게, 포스트모던한 것에서 균열의 정치를 읽어내고자 한다. 앞에서 보다시피 그가 말하는 균열의 정치는 모던한 것에 '표피적인' 틈새나마 내는 것을 뜻한다. 비록 그것이 피상적이라고 할지라도 그런 틈새가 포스트모던의 유포리아 정치성이라는 것이다. 이에 반해 스피박은 제임슨이 말하는 균열의 정치는 반복의 문화와 다르지 않다고 비판한다. 제임슨은 포스트모더니즘을 균열로 보기 위해 해체적인 전략을 동원한다. 해체론을 차용한 그는 마르크스주의자들의 반反포스트모더니즘에 대한 도덕주의를 벗겨낸다. 마르크스주의자들은 주로 계급에 바탕을 둔 도덕적 정당화에 기초하여 포스트모더니즘을 비판했다. 제임슨은 그런 엄숙한 도덕주의에서 벗어나기 위해 철학소philosopheme를 서사소narateme로 전환해버린다고 스피박은 비판한다. 말하자면 논리적인 철학을 허구적인 이야기로 만들어버린다는 것이다. 제임슨과 같은 마르크스주의자를 비판할 때 스피박은 자신을 전위적인 해체론자의 입장에 위치시키고 있음을 알 수 있다.

사실 철학소와 서사소의 관계를 부각시킨 철학자는 자크 데리다이다. 데리다에 따르면 탈중심화된 주체는 주체의 기원(원본)이 부재하는 가운데 작동하는 구조의 반복에서 형성된다. 글쓰기/말하기의 이항대립에서 말하기는 말하는 주체의 현존이 보여주는 직접성, 현존성으로 인해 글쓰기에 비해 우월한 것처럼 주장되어왔다. 그것이 서구 주체철학에 드러난 현존의 형이상학이다. 하지만 부재하는 구조의 필연성 없이는 어떤 코드도 작동하지 못한다. 그러므로 주체의 자기 현존에 바탕을 두고 말하기에 특권을 부여하는 것은 이론적으로 불가능하다는 것이 데리다의 주장이다. 기원이 아니라 반복 구조가 있을 뿐이다. 데리다는 그것을 흔적trace이라고 말한다. 시작과 기원처럼 보이는 것은 사실 글쓰기와 같은 문자소적 구조를 가지고 있을 따름이다. 그렇다고 이 문자소적 구조가 부재의 현존이라고 말할 수는 없다는 것이다. 이것이 스피박이 말하는 해체론적 실천의 이중구속이다.

제임슨에게 주체는 이미 언제나 탈중심화가 아니라 중심화되어 있다는 것이 스피박의 지적이다. 이 중심화는 미결정적인 경계들에 의해 드러나는 효과의 구조이자, 이런 경계가 주체를 결정하는 프레임으로 작동한다. 그러므로 해체론은, 한때는 중심화된 주체가 있었는데 해체주의적 정치로 읽어내면 탈중심화된다는 식의 논의가 아니다. 오히려 시간성 속에서 순차적으로 중심화된 주체에서 탈중심화된 주체로 이행된다는 식의 선형적인liner 대립 구조를 해체하려는 것이 해체론의 핵심이다. 해체론의 입장에서 보자면 주체의 중핵에는 이미 언제나 차이로서의 타자가 들어와 있는 셈이다. 주체는 완벽하게 짜인 정체성을 가지는 것이 아니라 혼란스럽고 탈구된out of joint 이질성으로 구성되어 있다는 것이다. 따라서 제임슨처럼 읽어내는 것 자체가 비평가 자신의 **이해관계**가 괄호 속에 개입되어 나타난 것이라고 스피박은 지적하고 있는 셈이다.

그렇다면 제임슨의 이해관계는 무엇인가? 포스트모더니즘을 새로운 경험으로 보고 마르크스주의의 도덕주의를 비판하면서 아무것에도 책임지지 않으려는 것이라고 스피박은 신랄하게 비판한다. 제임슨의 주장대로라면 포스트모던 사회에서 탈중심화된 주체는 예술가이다. 혹은 예술을 이해하는 비평가다. 개인 주체가 예술과 건축에 나타난 포스트모던한 것의 알레고리를 읽어내는 법을 배운다면 세계체제 속에서 자신의 위치를 알고 정치화될 수 있을까?

제임슨이 편집증적인 사회 실천, 분열증적인 미학 실천, 인식적인 정치 실천을 각각 칸트의 실천이성 비판, 판단력 비판, 순수이성 비판에 조응시킨다고 해서 칸트의 숭고에서 벗어나 있는 것은 아니다. 제임슨의 문제는 칸트와 마찬가지로—이해할 수 없지만 합리적인 의지를 가지고 있다고 보는 점에서—포스트모던 시대의 테크놀로지에 의존한 숭고를 인식의 합리성으로 대체해버림으로써 마르크스주의의 입장을 구출하고자 한다. 우리는 루카치의 그 유명한 선언을 기억하고 있다(역사의 객관적 진리는 마르크스주의자만이 알 수 있다는). 제임슨 역시 상처투성이 역사라고 하더라도 그런 역사적 서사의 최종 저자(집단적 주체)는 있어야 한다고 보았다. 그것은 탈중심화가 아니라 궁극적으로 주체의 현존을 믿는 것이다. 제임슨은 마르크스주의 내부에 있는 모순을 **변증법적인 역사철학**이라는 말로 전부 해결해버리고 넘어간다. 이때 변증법이란 사유 내부에 있는 긍정/부정의 인식적 지도 그리기다. 하지만 스피박이 보기에 이것은 변증법적이라기보다 아포리아와 다르지 않다.

역사에 대한 제임슨의 관점은 사르트르를 반복한 것처럼 보인다. 두 사람에게 "역사란 필연에서 자유로 나아가는 집단적인 기억 혹은 이야기"다. 『자본론』 3권에서 마르크스는 맹목적인 힘인 자연에 의해 지배되는 대신, 합리적인 방식으로 자연에 대한 인간의 신진대사를 다스리는 것을 설파했다(p. 327). 마르크스에게서 역사 발전은 오히려 필연에서 자유로 나아가는 선형적liner인 발전이 아니라 기원전/텔로스 이후 사이에서의 차이와 지연으로 드러난다. 필연의 영역 혹은 물질적 생산은 원인arche/목적telos의 내부에서 억제된다. 이에 반해 제임슨은 이런 이론을 극히 단순화시킨다는 것이 스피박의 비판이다. 따라서 자본주의의 긍정성과 부정성을 동시에 읽어내려는 독법인 제임슨의 변증법적 읽기와 이런 주장은 서로 충돌한다. 결국 국가자본주의의 절대적 정당화가 발전(생산양식의 발전 단계)의 절대적 정당화로 둔갑해버린다. 그 결과 마술적으로 튀어나온 다국적 자본주의에서 기본적인 미학은 분열증, 파편화, 혹은 정신분열증적인 행복감으로 읽히게 된다. 이 글에서 스피박은 제임슨이 현란한 이론을 동원해 마르크스주의를 구출하려고 하지만 사실 그는 소박하기 그지없는 기계적 마르크스주의자에 머물러 있다고 은근히 비꼬고 있는 셈이다.

마르크스는 공장 노동자들이 자신들을 착취 당하는 자본주의의 희생자라기보다는 생산의 행위자로 생각하도록 만들려고 애썼다. 그에게 노동자들은 역사를 변화시킬 수 있는 집단적인 주체였지 자본가에게 기생하는 존재가 아니었다. 그런데 신자유주의 시대로 일컬어지는 오늘날 1세계 자본가는 직업을 창출하는 자들이고 복지는 공짜 선물이고 노동자는 자본의 시혜에 의존하는 사람들이 되었다. 노동자는 체계적으로 복지를 박탈 당한다. 노동자들은 권리로서 노동권을 보장받는 존재가 아니라 자본가의 시혜와 관용에 의존하는 존재로 또다시 추락하고 있다. 게다가 보수화 경향 속에서 정치를 문화나 취향으로 변질시킨 엘리트 포스트식민주의는 인종적 하층계급을 위해서 말하는 것처럼 보이지만, 사실은 자신들과 그들을 차별화하려는 것이나 다름없다고 스피박은 지적한다.

롤랑 바르트의 고백적 주체와 일본의 발명

페럴먼이 중국을 발명했다면, 롤랑 바르트Roland Barthes는 일본을 발명했다. 바르트의 『기호의 제국』은 학술적인 저서가 아니라 일종의 여행기다. 조너선 컬러Jonathan Culler가 이 책에 대해서 "일본의 일상 생활의 기호와 그 윤리적 함의에 대한 감상을 여행자의 시각으로 기록한 주석"이라고 언급했던 것처럼, 바르트는 이 책을 통해 구조주의적인 관점에 입각해서 일본 문화를 기호체계로 해석해보고자 했던 것이다. 바르트의 글이 사심 없이 일본을 기호로 재현하려고 했다지만 과연 그럴까? 이런 의문에서부터 스피박은 이번에는 포스트식민주의 관점에서 롤랑 바르트를 비판하고자 한다.

롤랑 바르트는 『기호의 제국』에서 '고백하는 주체'를 위해 일본을 발명하고자 한다. 그가 1970년대의 일본을 선택한 것은 18세기 뉴홀랜드인들이 서구 주체의 프레임으로 선택된 것이나 마찬가지로 결코 우연은 아닐 것이다. 그것은 스피박의 말처럼 '유럽이라는 상상계 속에 갇힌 나르키수스가 헤겔적인 궤적에서 탈출해 일본이라는 환영幻影 속에서 오이디푸스적인 주체의 자리를 복원하려는 기획'이기 때문이다. 서구의 상상 속에서 저 멀리la-bas 고립된 섬으로 존재하는 일본을 통해 그런 욕망을 충족시킬 수 있을 것으로 보고 바르트는 일종의 학문적 자서전격인 이 에세이의 첫머리를 다음과 같이 시작한다.

"내가 허구적인 어떤 나라를 상상한다면, 나는 그 나라에 지어낸 이름을 부여할 수 있다. (……) 나는 또한 [저 멀리la-bas]**91** 그곳에서 몇 가지 특징을 분리시켜 (……) 내가 일본이라고 부를 하나의 체계를 의도적으로 만들어낼 수 있다"**92**고 하면서도 바르트는 "나에게 동양은 그 자체로서는 무관심의 대상이다. 다만 동양은 일종의 특질들만을 제공하여 내가 그 특질들을 조작해서 서구의 특질과는 전혀 다르고 들어

91 이 구절은 보들레르의 시 「항해에의 초대」 중 "나의 아이여, 나의 누이여/ 저 멀리 그곳으로 함께 살러 가서"에서 따온 것이다. 바르트는 이 구절을 『기호의 제국』의 1장의 제목으로 삼고 있다. 스피박은 바르트가 이 구절을 인용한 의도는 일본이라는 지정학적으로 차별된 곳을 배경으로 삼아 고백적인 (서구) 주체인 '나'를 재확립하기 위한 것이라고 지적한다.

92 롤랑 바르트, 『기호의 제국』, 김주환·한은경 옮김, 산책자, 2008, 11쪽.

93 같은 책, 11~12쪽 참조.

182   타자로서의 서구

보지도 못한 상징체계의 개념을 즐기게 해줄 따름이다. 우리는 동양에 대해 다른 상징이나 다른 형이상학, 다른 지혜를 말할 수 없으며, 오로지 차이점이나 변화의 가능성, 적절한 상징체계의 혁명적 가능성에 대해 말할 수 있다"[93]고 주장한다.

1장에서 보았다시피 서구 지식인들의 상상 속에서 일본은 아시아적 생산양식과는 저 멀리 다른 곳에 위치하는 신비스러운 나라이

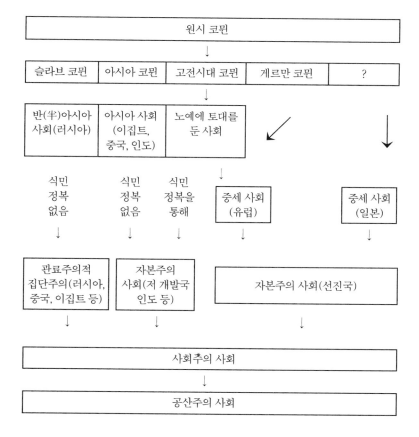

다. 아래 도표에서 보다시피 일본은 여러 다른 아시아들, 즉 인도, 이집트, 중국과는 달리 기원을 알 수 없는 곳에서 이미 봉건사회부터 시작하고 있다. 일본은 아시아 여러 나라들과는 달리 제2차 세계대전 전까지는 식민의 경험이 없었다. 게다가 마르크스 식으로 말하자면 이미 봉건사회에 진입해 있었으므로 자본주의로의 이행이 순조롭게 진행될 수 있었던 나라였다(p. 343).

하지만 바르트는 자신의 상상 속에서 일본을 발명하고자 한 것이지 현실의 일본을 지표로 삼아서 일본의 역사를 정확하게 묘사하는 것은 자신의 관심 밖임을 처음부터 밝힌다. 그런 의미에서 타자를 제대로 이해하는 것처럼 생색을 내는 지식인들보다는 솔직한 편이다. 여기서 스피박이 주목하는 것은 서구 지식인들이 발명해온 아시아다. '저 멀리la-bas' 있는 일본은 17, 18세기 서구의 호기심과 경외의 대상이었던 중국도 아니고 중동 국가도 아니다. 일본은 마르크스가 말한 아시아적 생산양식에 해당되지도 않는다. 일본은 아시아의 여느 국가와 다르다. 미국의 점령을 통해 만들어진 일본은 서구에게는 아시아요, 아시아인들에게는 서구에 포함되는 나라다. 서구인들의 상상 속에서 일본은 기호의 제국이었다.

바르트에게 '일본은 자유로운 기호의 놀이가 일어나는 기호학적인 게이샤집'이었다. 어떤 측면에서 보자면 정화열이 지적했다시피 바르트는 서구의 자아도취증이라는 장벽을 극복하고자 했을 수도 있다.[94] 스피박 식으로 말하자면 바로 이런 식의 메타주석이 문제적이라는 것이다. 허구의 일본을 자기가 발명하겠다는 오만한 선언이 바르트의 『기호의 제국』이라는 것을 간과했다는 점에서 정화열의 메타주석은 바르트의 논리를 반복재생산한 것인지도 모른다. 스피박이 비난하는 것은, 1세계 백인 남성 지식인으로서 '나'는 내가 원하는 것을 투명하게 설명할 수 있고, 역사적으로 구성, 재구성하는 것이 가능하다고 주장하는 오이디푸스적인 주체의 입장이라는 점이다. 일견 솔직하고 겸손한 듯 보이지만 바르트는 서구의 나르시시즘적인 남성 주체에서 전혀 벗어나지 못했다.

그렇다면 로버트 모리스Robert Morris의 경우는 어떤지 한번 살펴보자. 왜냐하면 실천하는 예술가로서 그는 바르트와 같은 오만함이 없기 때문이다. 모리스의 작품은 제임슨의 포스트모더니즘 이론과 잘 부합한다. 모리스와 제임슨은 이제 문화적 지배소를 모더니즘/포스트모더니즘과 같은 시간적 범주가 아니라 공간적인 범주에서 찾기 때문이다. 모리스의 미니멀리즘이 가장 잘 구현되는 공간은 페루의 나스카 미학이다.

94 정화열, 「일본을 텍스트화하는 즐거움: 바르트의 『기호의 제국』에 대한 메타주석」, 『기호의 제국』에 실린 해설 중 178쪽 참조.

로버트 모리스의 미니멀리즘

스피박이 1990년대에 유행했던 미니멀리즘을 분석하는 방식 또한 이와 유사하다. 미국, 유럽의 경기가 후퇴했던 1970년대 중반 로버트 모리스의 글은 프레드릭 제임슨의 포스트모더니즘과 기적처럼 맞아떨어진다는 것이다. 1970년대 지배적인 문화는 시간이 아니라 공간으로 이동하게 된다. 모리스는 공간으로서 자연을 인간의 디자인으로 돌린다.

문화에다 자연을 새기는 탁월한 방식이 건축과 복장이다. 그중에서 복장은 시장의 유행에 따라 끊임없이 변하면서도 구속받는다. 오늘날 급진적인 정치적 실천을 위해서라도 미니멀리즘, 포스트모더니즘과 같은 문화적 기표와 경향 정도는 알고 있어야 한다. 이런 문화적 유행의 하나인 미니멀리즘과 생태적 패션이 결합해 페미니즘이 어떻게 '정치적으로 올바른' 고급 소비 취향으로 만들어지는가에 스피박은 주목한다.

포스트모던 미학으로서의 미니멀리즘이 가진 이해관계는 전 지구적 자본주의에서 어떻게 작동하고 있는가. 제임슨은 유포리아 상태에 빠진 주체의 죽음 혹은 탈중심화된 포스트모더니즘 시대에 이르러 공간의 중요성을 주장한 바 있다. 모리스는 자기 육체에 부응하고 지각하는 자아의 내면적인 공간을 해방시키려고 한다. 내면에서 외부적인 공간으로 나오는 해방적인 예술을 추구하게 됨으로써 공간 자체가 의미를 지니게 된다. 모리스는 페루의 석조건축과 미니멀리즘을 '양심적으로' 논하면서 흔히 서구 남성 주체들이 그런 것처럼 오만하게 잘난 척하지는 않는다. 그렇다고 전혀 사심이 없는 것은 아니라고 스피박은 지적한다.

모리스는 페루의 안데스 산맥에 있는 나스카인들의 석조건물을 미니멀리즘과 연결시키면서 이렇게 말하고 있다.

사막에 그려진 선들은 주변을 둘러싸고 있는 시에라의 힘찬 공간
과 저지대 평원을 연결해주는 영혼의 관개망이었을 것으로 **추측
해볼 수 있다.** (……) 나스카인들은 영험한 힘이 실려 있는 산봉우
리들 중 하나를 향해 긴 선을 남기면서 수정 같은 고산 지대들을
밟고 지나갔다고 상상할 수도 있다. 무슨 **의도가 담겨 있든지** 간
에, 그런 형태들은 오늘날 우리가 보고 있는 특정한 예술과 **형태학
적으로** 관련이 있다. 나스카인들의 목적은 이미 사라졌다고 할지
라도, 그럼에도 불구하고 우리 시대의 맥락에 유익한 부조浮彫가
될 수 있다. **95**

바르트가 환상과 실재라는 이항대립에 서 있었다면, 모리스는 의도
와 형식의 이항대립에 기초해 있다. 그런데 모리스의 의도와 형식
은 겉보기에는 아무런 사심 없는 미학적인 판단처럼 보인다. 하지만
이 의도와 형식이라는 이분법 또한 그 나름의 사심이 작동하고 있
다. '우리 서구인' 대 '나스카인'에서 그들은 형식을 가지고 있고 '우
리 서구인'들은 형식과 의도 모두를 가지고 있다. 누가 뭐래도 '나스
카인들의 미니멀한 선에 담긴 심층적인 의미'를 읽어낼 수 있는 것
은 의도하는 주체, 데카르트적인 주체의 보는 방식에 의해 가능해진
다. 이렇게 하여 페루의 예술은 무역사적으로 모리스의 예술적인 관
점으로 전유된다. 모리스에 따르면 자유세계의 예술
이야말로 페루의 험난한 정치사(아옌데의 실패한 칠레
식 사회주의, 외국기업의 국유화 등)를 초월해 스페인

95 Robert Morris,
"Aligned with Nazca,"
Artforum 14.7, Oct. 1975,
pp. 39.

식민화 이전, 칠레의 근대사 이전의 낙원에서 보여준 인간성의 핵심을 가장 잘 읽어낼 수 있다는 것이다.

모리스는 「프롤로그-다이어리Prologue-Diary」에서 그런 낙원의 인간성의 핵심에 도달하는 방식으로 강력한 남근 중심적 이미지를 사용한다고 스피박은 비판한다. "에로틱한 도자기, 발기한 양 튀어나온 해골같이 생긴 주전자들"이라는 구절에 이어 모리스는 실제 여성을 묘사한다. "아보카도 껍질을 벗기느라 생긴 손의 자국, (……) 헤레라Herrera 여성 미라, 완벽한 치아"를 보면서 피와 아보카도로 끈적거리는 손을 연상한다. 마지막으로 "발기한 듯 주둥이가 튀어나온 물주전자들, 사막에 스며들어가기, 관개 수로의 긴 선들과 도랑들, 반짝이는 갈색 소년들의 벗은 몸, 사타구니에 있는 시간의 자국"은 마치 현재의 '나'가 수천 년 전 예술가의 사타구니를 파고드는 것처럼 읽힌다. 미니멀리즘 예술 형식을 통해 나스카인들의 내면 풍경의 심층까지 발견하도록 허용해준 것은 역사와 정치를 가로지르는 남성 유대의 가능성에서 비롯된 것이다(pp. 350~51). 현재의 '나'의 시선은 수천 년 전의 갈색 소년의 벗은 몸과 만날 수 있기 때문이다. 그 와중에 아보카도를 벗기다 미라로 남은 여성들의 자궁은 천공되고 삭제되어버린다고 스피박은 모리스의 남근중심주의적인 상상력을 비판한다.

모리스의 미니멀리즘은 칸트 식 숭고의 역전된 형태는 아닐까? 모리스는 페루의 신비스러운 시에라 지형을 보면서 미니멀리즘 이론의 유사성을 발견한다. 나스카의 선들이 형식을 가졌다 할지라도 그것을 읽어낼 수 있는 의도를 가진 주체는 데카르트적인 유럽적 주체이다. 이렇게 하여 탈중심화된 주체는 나스카인들의 예술 형식을 읽어내어 미니멀리즘으로 연결시킨다는 점에서 의도적인 주체로 또다시 전유되고 복원된다.

레이 가와쿠보와 소비 취향으로서의 패션

롤랑 바르트의 『기호의 제국』을 언급하면서 스피박은 일본계 패션 디자이너인 레이 가와쿠보Rei Kawakubo를 병치시킨다. 말하자면 식민지 공간에서 지정학적으로 타자라는 것 자체가 하나의 특권이 될 수 있는 것이야말로 신식민주의의 아이러니라는 점에 스피박은 주목한다.

《빌리지 보이스》에 실린 레이 가와쿠보의 인터뷰 기사를 보면서 스피박은 초국가적 다문화 부르주아 여성이 어떻게 에스닉한 향수를 뉴욕 시장에서 가장 인기 있는 상품으로 만들어내는지를 분석한다.《빌리지 보이스》에 따르면 레이 가와쿠보의 "미니멀리즘 미학에는 포스트모던한 면이라고는 없다." 뉴욕에서 포스트모던한 복장이 유행할 무렵 그녀는 미니멀리즘을 가지고 엘리트 문화, 하층문화를 구별 짓는다. 미니멀리즘은 뉴욕 시장에서 소위 명품화라는 차별 전략으로 동원된다.《빌리지 보이스》가 자문한 것처럼 그녀는 페미니스트인가? 뉴욕 시장에서 성공한 여성 CEO라는 것만으로 독립적인 페미니스트라고 우긴다면 할 말이 없을지도 모른다. 이민 사회에서 주류문화로 계급 상승을 하기 위한 모든 합법적·불법적인 노력이 마치 저항의 문화로 통하는 것처럼 말이다. 이렇게 본다면 스피박이 주장하다시피 "문화의 진리란 문화를 합법화하는 설명들을 생산해내기 위한 싸움터"가 되는 셈이다.

레이 가와쿠보라는 탁월한 일본계 여성은 1941년 원자폭탄이 떨어졌던 일본에서 태어났으면서도 자신은 일본 전통이나 관습(혹은 계급)에 구애받지 않고 자유를 구가하는 것이 소망이라고 했다. 이것이야말로 제국주의가 필요로 하는 상투적인 대답이다. 다국적 자본주의 시대의 부르주아 개인 주체의 성공담은 한 국가의 편협한 문화에 폐쇄되지 않는 초국적인 감수성으로 미화된다. 일본적인 것을 뛰어넘어 보편적인 주체가 됨으로써 정체성의 결여가 또 다른 정체성으로의 무한 변신을 가능하게 하기 때문이다.

다케우치 요시미竹內好의 『근대의 초극』에 따르면 일본의 아포리아는 아시아에서 제국주의의 맹주가 되기 위해서는 가장 서구적인 나라로 자국을 재현해야 했고, 서구 제국주의자들에게는 아시아를 대표하는 가장 아시아적인 나라로 자국을 재현해야 했다는 점이다. 그렇다면 레이 가와쿠보의 발언은 다케우치 요시미의 예언을 성취시키지 못한 셈이다. 사실 일본적인 주체는 서구 나르시시즘의 거울 이미지로서, 헤겔적 궤적으로부터 탈출하도록 도와줄 스펙터클(거울)의 제공자로서의 타자로 발명되었다. 그래서 스피박은 롤랑 바르트가 『기호의 제국』을 통해 일본을 발명한 것처럼 그 책에 나오는 일본인 두상 옆에 가와쿠보의 카탈로그에 찍힌 얼굴과 의상들을 병치하면 어떻게 될까, 라고 궁금해한다.

바르트, 모리스 같은 남성의 글쓰기와 달리 레이 가와쿠보와 같은 여성 개인주의자들은 다문화 시대에 어떤 주체가 될 수 있을까? 레이 가와쿠보는 방글라데시의 여성 노동자에게서 직물을 가져오지 않을까? 친환경, 생태주의적이고, 에스닉한 티셔츠는 명품이 되어 뉴욕 패션 매장에서 팔려나간다. 1986년 크리스마스 할인매장에서 그녀의 티셔츠는 가장 싼 제품이 195달러였다. 레이 가와쿠보와 같은 부르주아 여성 개인주의자들은 종종 타자 여성들(방글라데시, 인도네시아에서 최종심급화된 여성들)을 증발시킨다.

이처럼 다문화주의에서 문화는 푸코의 권력에 상응한다. 그래도 다문화주의는 메트로폴리스 시민사회의 합리적 구조들이 지닌 한계를 미약하나마 비판하는 힘을 지닌다. 에스닉에 대한 조언 킬라이노호모쿠Joann Kealiinohomoku의 글을 보면 그 점이 드러난다(p. 353). 에스닉한 춤이라고 했을 때, 이 형용사인 에스닉ethnic은 '야만적인' '별 볼일 없는' 혹은 '이국적인' '그들의' 춤 문화를 지칭하는 서구 학자들의 어휘인 셈이다. 푸코가 권력이라는 단어를 사용하듯 다문화주의자들은 관대한 구미 자유주의적인 관점에서 타자의 문화를 지칭하는 용어로 에스닉이라는 단어를 사용한다.

리처드 로티Richard Rorty는 모든 문화를 서구의 언어로 번역하려는 보편적 제스처를 사용하는 대신 서구 문화가 차라리 자민족중심주의를 드러내는 편이 보편주의 수사를 개선하는 데 도움이 될 것이라고 말한다. 로티에 따르면 "계몽주의 기획은 객관적으로 보편타

당한 것이 아니라 역사적으로 정의될 수 있는 하나의 집단(자문화)이 소중하게 여기는 가치로 받아들여질 때 전적으로 수호될 수 있다"고 솔직하게 자문화 중심 이해관계를 드러낸다. 여기서 다문화주의자와 서구 계몽주의적인 문화 사이에 전선이 형성되는 셈이라고 스피박은 지적한다. 다문화주의자들의 문화 정의가 교과서적인 문화 정의로 포착될 수 없다면, 로티의 계몽주의 또한 그와 마찬가지라는 것이다. 여기서 스피박은 다문화주의와 로티의 상대주의, 두 가지 관점 모두와 싸우는 지점에 서야 한다고 말한다. 문화를 계몽적인 이성으로 설명하려는 기획뿐만 아니라 우아한 이국성으로 해석하려는 전략 모두를 볼 수 있어야 한다는 것이다. 물론 이 양자를 다 볼 수 있는 장치가 스피박이 말하는 초국적 독해 능력일 것이다.

레이 가와쿠보의 미니멀리즘은 다문화 시대의 타자로서 '3'세계 여성의 자취를 은폐하는 데 동원된다. 레이 가와쿠보와 같이 다원주의 사회에서 개별화된 여성은 타자 여성들을 지워버린다(뉴요커로 살고 있는 디아스포라 바두리의 후손들처럼). 그녀의 명품 옷을 사 입는 여성들은 미술관과 오페라 하우스를 드나들면서 문화를 소비하고, 공정무역, 공정여행을 고려하고, 스타벅스 커피를 마시며, 아프리카에서 커피콩을 따는 아동들의 착취를 우려한다. 여기에 아동노동 착취를 문제 삼는 1세계 반제국주의 활동가들이 빠져드는 아포리아에 이르기까지, 포스트식민 시대에는 하나의 해결책이라는 것 자체가 불가능한지도 모른다. 그들은 제임슨의 민족적 알레고리를 이해하는 인식적 지도 그리기가 가능한 사람들이다. 하지만 그들의 세계 인식이 타자화된 주체들의 삶을 얼마나 변화시킬 수 있을 것인지는 여전히 미지수다. 말하자면 다문화 활동가들의 활동 대상은 전 지구화 속에서 국가를 넘어서는 국제적 시민사회가 아니라 결국 메트로폴리스 시민사회다. 사스키아 사센Saskia Sassen의 구분처럼 상층회로를 따라 유목하는 여성들과 생존회로를 따라 떠도는 여성들의 차이를 여성이라는 이름으로 함께 묶을 수 있을까? 마라구아에서 커피콩을 따는 케냐 여성들과 커피빈에서 커피를 마시며 노트북으로 커피 생산 회사 주식에 투자하는 뉴요커 백인 여성과 벵골 아동 노동 착취를 철폐하라고 외치는 활동가 여성들, 이들 사이의 차이를 어떻게 할 것인가? 그런 차이가 있다고 말하는 것 이외에 달리 무엇을 할 수 있을까?

여기서 스피박은 어쩔 수 없는 마르크스주의자의 입장에서 말을 하고자 한다(특히 문화정치학과 관련하여). 구소련 해체 이후 민영화, 사유화는 경제적 구조의 재편에서 핵심 동력이 되고 있다. 포스트식민 시대를 맞아 발전 중인 국가들이 이와 같은 신자유주의 세계 경제체계에서 벗어나는 것은 불가능하게 되었다. 신자유주의적 세계경제체계는 지속 가능한 개발이라는 이름으로 경제적으로 취약한 '3'세계의 관세와 무역장벽을 철폐하고 있다. 이런 상황에 맞춰 새로운 디아스포라들은 이미 발전된 땅에 발전 중인 이민들의 씨앗을 산종시키고 있다. 1세계에서 문화 연구를 하는 지식인들, 예를 들어 중국계 미국인 페미니스트, 한국계 미국인 페미니스트, 아프가니스탄계 미국인 등은 이른바 모국의 여성들의 곤경과 착취(위안부, 불법체류자, 성매매 여성, 정치범 등)를 분석함으로써 자기 또한 지적인 착취자의 입장에 설 수도 있다. 그리고 1세계는 국제적 자본의 흐름을 원활히 하기 위해 지역 문화 연구라는 이름으로 이들 연구를 지원해주고 있다. 포스트식민 시대 문화 연구가 이처럼 인기를 누리게 된 것은 1세계의 정치경제적 이해관계와 맥락을 같이하는 부분이 있기 때문이다.

엘리트 포스트식민주의는 인종적 하층계급의 이름으로 말하는 것만큼이나 그들로부터 자신을 구별하려는 것처럼 보인다. 그중에서 지역학은 탈식민화의 수호자로서 미국의 자기 재현을 지원하는 역할을 해왔다. 1970년대 들어 거대한 증권시장이 컴퓨터화되고 국민국가nation-state에 기초를 둔 일국자본주의가 와해되고 나서야, 지역학의 등장을 통해 자비로운 '3'세계주의적인 문화 연구 충동이 미국 학계를 감염시키기 시작했다. 지식 생산을 통해 위기관리 능력을 발휘하고 있는 포스트식민 문화 연구 충동은 토착 정보원으로 변신한 식민 주체 속에서 둥지를 틀었다.

포스트식민 정보원은, 탈식민화된 국가 내부에서 억압받는 사회적 소수자들에게는 연구자로서 이외에는 할 말이 거의 없지만, 메트로폴리스에서는 다른 소수 인종들처럼 소수자가 된다. 칼파나 바르단Kalpana Bardhan이 지적하다시피 "여성들은 이해관계와 필요를 공유하는 하나의 집단을 거의 구성하지 못한다. 여성들 또한 남성들만큼 계층 분화되어 있다. (……) 이런 맥락에서 젠더정치학은 계급정치학을 대신할 수 없게 된다."

타자로서의 서구

이 지점에서 스피박은 유엔 보편주의 페미니즘이 자본의 이해관계에 따라 궁핍한 여성들을 하나의 집단으로 만들어낸다는 점에서 포스트식민 여성 주체의 공모성을 비판한다. 유엔 보편주의적 페미니즘은 자신들의 목적을 위해 개도국의 하위주체들을 발명해낸다. 젠더화된 포스트식민 주체는 자본과 공생관계라기보다는 공모관계를 이루고 있다. 이처럼 전 지구화 사회에서 안이한 도덕주의가 무슨 짓을 하고 있는지를(방글라데시 아동 노동 등) 끊임없이 경계하는 것 이외에 우리에게 어떤 대안이 있을까? 우정은 있을까? 아리스토텔레스가 주장하다시피, 우리에게 친구는 있을까? 혹은 친구라고 한다면 몇 명이나 될까? 친구의 존재는 함께 나누고 지각하는 것인데, 이때 인간에게서 함께한다는 것은 가축의 경우처럼 목초지를 함께 나눈다는 뜻이 아니라 함께 같은 몫을 나누는 것이다. 그런 맥락에서 우리에게 과연 친구가 있을까, 라고 스피박은 묻고 있다.

마셜 매클루언과 장 프랑수아 리오타르

전 지구화 시대에는 보수 우익의 민족주의뿐만 아니라 좌파의 대항 민족주의 또한 위험하다. 전 지구화 시대에는 국가 자체가 자본에 발목 잡혀 있기 때문이다. 일찌감치 '지구촌'을 논한 마셜 매클루언 Marshall McLuhan은 1960년대 과학주의에 바탕을 둔 하층계급 다문화주의의 역습이 과연 무엇일까에 대한 통찰을 제시한 반면, 장 프랑수아 리오타르는 근대 과학철학자들의 과학 패러다임을 비판하는 입장이었다. 스피박에 따르면 겉보기와는 달리 두 사람의 공통점은 전자 테크놀로지의 진보에 대한 믿음이었다. 이들은 포스트포디즘적 자본주의와 전 지구적 텔레커뮤니케이션을 정당화한다.

매클루언의 주장은 서구가 지금까지는 좌뇌에 의존했지만 전자 테크놀로지의 발전 덕분에 점차 우뇌의 활동에 의존해가고 있다는 것이다. 이를 증명하는 것이 합리주의적 모델을 통해 과학적인 발견의 역사를 다시 쓰는 것이다. '3'세계가 점차 좌뇌에 의존하는 방향으로 진행하고 있다면서 매클루언은 새로운 테크놀로지가 인구 증가에서 자기 형제를 지켜주게 될 것이라고 말한다. 따라서 생태학은 백인 남성의 짐을 거리의 남성의 어깨에 부려놓을 수 있게 될 것으로 전망했다. 말하자면 매클루언은 서구가 새로운 세상이 되면 '3' 세계는 서구의 과거를 자신들의 어깨에 짊어져야 한다는 것이다. 이것은 새로운 제국주의 문명화 사명을 정당화해주는 칸트 식 논리의 반복에 지나지 않는다.

반면 장 프랑수아 리오타르는 우뇌, 좌뇌와 같은 허황된 소리를 하지는 않는다. 『포스트모던의 조건The Postmodern Condition』에서 그는 포스트모던 사회의 특징을 총체성이 사라진 시대로 규정한다. 근대 사회를 지배했던 이성, 역사, 총체성, 보편성, 해방, 혁명 같은 거대담론은 폭파되어 파편화되었다. 포스트모던 사회에서는 거대담론이 비운 자리를 유동적이고 이질적이며 지역적인local 언어게임이 채우게 된다. 위르겐 하버마스가 합리적 소통이론으로 사회적 합의에 도달할 수 있다고 보았다면, 리오타르는 다양하고 이질적인 언어게임으로 정치적, 사회적, 지적인 **합법화**legitimization에 이른다고 보았다.

리오타르가 말하는 포스트모던 사회, 혹은 전자적 사회의 특징은 정보가 지배하는 사회다. 전자적 정보에 누가 접근 가능하고 어떤 정보를 지식으로 합법화할 것인가가 관건인 시대다(위키리크스에서 보다시피). 이처럼 생산/조절/분배의 기능이 테크놀로지와 기계에 맡겨져 있다면, 그것에 저장된 정보이용권, 정보접근권을 누가 차지할 것인가? 그런 지식/권력의 헤게모니를 장악하고 그것을 합법화하는 데 동원되는 것은 (정치가 아니라) 언어게임이라는 것이 리오타르의 주장이다. 리오타르에 따르면 정치, 사회, 철학, 윤리, 문화 자체가 사실은 언어게임에 의해서 생산되는 것이기 때문이다.

리오타르에 따르면 텔컷 파슨스Talcott Parsons의 사회기능 서사, 마르크스주의의 계급투쟁에 바탕한 사회정의 서사, 자본주의적인 발전 서사 등은 포스트모던 사회를 설명할 수 없다. 인간은 계급, 인종, 젠더를 막론하고 여러 종류의 메시지(정보)가 통과하고 소통하는 결절점nodal point에 불과하다. 언어게임에서 총체적 지식을 가진 주체는 없다. 이들을 묶어줄 수 있는 보편적인 메타언어도 없다. 지식은 화용적, 다원적, 효율적인 언어게임에 의해서 창조된다. 언어게임에서 변화를 가능하게 해주는 새로운 수move로 인정되느냐 여부는 게임 참가자의 합의에 달려 있다. 이처럼 포스트모던 사회는 언어적 실천과 상호 의사소통을 통해서 사회적 합법화에 이르게 된다.

그러므로 리오타르에게 정당성은 텔로스나 총체성을 향해 나아가는 합목적적인 서사에 바탕한 것이 아니다. 스피박이 지적했다시피, 서구의 위대한 서사시들, 즉 아리스토텔레스가 말한 시작-중간-결말의 완결된 이야기 구조를 가진 『일리아드』, 『오디세이』 등은 종말을 맞이했다.

그런데 리오타르의 언어게임이론 모델은 놀랍게도 미국의 인디언 토착 에스닉 집단인 카시나후아 족의 서사시다. 이들 서사는 베네딕트 앤더슨Benedict R. Anderson이 『상상의 공동체』에서 지적했다시피, 유럽의 서사시 전통에 빚진 바가 없는 전혀 다른 구전서사 전통이다. 카시나후아 족 이야기꾼들의 이야기에는 언제나 청자가 전제되어 있다. '……에 대한 이야기가 있다. 나는 언제나 그 이야기를 들어왔는데 이번에는 내가 여러분에게 그 이야기를 하겠다'로 시작하여 '……에 대한 이야기는 여기서 끝난다. 여러분에게 이 이야기를 해준 사람은 ……이다. 그리고 이 이야기를 들었으므로 여러분 또한 이야기꾼이 되어 이 이야기를 전하게 될 것이다'로 끝낸다. 리오타르는 전자적인 정보충동에 지배되는 사회에서 역설적으로 이런 구전적인 서사시를 새로운 언어게임이론으로 제시한다. 리오타르에게 이 선주민 하위주체의 서사시는 전 지구화에 대항하는 혁명적 극장이다. 이것이 리오타르가 말하는 포스트모던 시대의 문화정치학이다.

리오타르와 매클루언은 지식은 모든 사람들이 공유할 수 있고 그래야 한다고 주장한다. 그로 인해 혜택을 누리는 여성들은 전자지배 사회에서 자유로운 전자통신을 분배함으로써 세계무역기구의 평평하고 평등한 운동장으로 나아가는 중이다. 그들이 염두에 두고

　　　　　　　　　　　　　　타자로서의 서구

있는 여성은 아마도 전 지구적 지식 로고인 유세이드USAID: United States Agency for International Development의 옷을 걸치고 휴대전화로 전화하는 아프리카계 여성이지 않을까, 라고 스피박은 비아냥거린다.

유엔 학술대회의 비정부기구NGO 포럼은 자금을 지원하는 나라들에게 철저히 예속되어 있다. 그들이 발표하는 내용 역시 유엔이 제시하는 범주대로 조직된다. 개발과 발전이라는 위대한 서사의 자금을 지원하고 협조 체계를 만드는 대리인이 '세계은행World Bank'이다. '세계은행'을 통한 전 지구적 발전의 이데올로기는 인종차별주의적인 온정주의다. 그들의 일반적 경제는 자본집약적 투자이며 그것의 광범위한 정치학은 하위주체의 저항을 침묵시키는 것이다. 심지어 하위주체의 저항의 언어마저 그들의 것으로 전유한다.

전 지구화 시대 새로운 디아스포라 지식인들이 종사하는 분야가 문화 연구, 자유주의적 다문화주의, 수출에 기반을 둔 외국 자본의 원조 아래 진행되는 포스트포디즘적·초국적 자본주의 자유무역 등이다. 사실 문화 연구는 초국적 독해 능력(전문적인 지식이 아니라)을 배우려 하지 않는다. 자신은 결코 대가를 치르거나 책임질 일이 없는 안전한 거리에서 포스트식민 정치학을 언급하면서, 자기 발밑을 허무는 일이 발생할까 봐 두려워하기 때문이라고 스피박은 비판한다. 에스닉 기업가들은 초국적 주체들을 위해 스폰서 역할을 자처하지만, 결국 자기 나라 여성들의 초과 착취 노동을 팔아먹는 자들이다. 자본가, 지식인들뿐만 아니라 예술가들도 이런 비판에서 벗어날 수 없다. 백인의 인종차별주의뿐만 아니라 민족국가 내부의 성차별주의에 많은 예술가들은 눈을 감는다. 그럴 만한 명분도 있다. 성차별주의와 같은 그런 편협한 정치성에 자기 예술이 구속되는 것을 견딜 수 없다고 그들은 자신의 무책임을 합리화하고 합법화한다. 성공적인 포주 노릇을 하려면 국가를 초월하는 통문화에 이바지해야 한다는 것이 그들의 변명이다.

런던의 이스트 엔드에는 방글라데시 출신의 비숙련 여성 재택 노동자들이 가내노동을 하고 있다. 수출에 기반을 둔 방글라데시 의류사업장에도 수천 명의 비숙련 여성 노동자들이 일한다. 이주와 발전을 분리시켜서 생각하게 되면 이주 여성과 자국민 하층 여성은 서로 경쟁관계가 되어버린다. 포주 기업가에게는 방글라데시 여성 노동자가 더욱 구미에 맞을 것이다. 런던 이주 여성들보다 방글라데시 하층 여성 노동력이 더 저렴하기 때문이다. 이처럼 여성을 초과 착취하는 데 에스닉화를 동원하려면 국가를 넘어서는 통문화주의가 당연히 필요하게 된다는 것이 스피박이 반복적으로 지적하고 있는 것이다.

국제적 인구 통제 정책에서 남南의 여성들은 무책임한 여성들로 매도된다. 과도한 인구 때문에 가난하게 살 수밖에 없다는 논리를 들어 가난을 그들 여성의 탓으로 돌리기 일쑤다. 남의 폭발적인 인구 증가는 남의 여성들이 생기는 대로 아이를 낳기 때문이라는 것이다. 이처럼 인구 증가와 가난에 대한 책임을 남南의 가장 가난한 여성들에게 지움으로써 북北의 과소비는 완전히 은폐되어버린다. 이것이 전 지구화의 두 얼굴이자 구소련의 해체 이후 진행된 전 지구화라는 게임의 얼굴이기도 하다. 여기에 자본주의/1세계 페미니즘이 공모하는 지점이 있다. 마치 1세계 자본주의 국가의 여성들이 '3'세계 여성 하위주체를 구해주는 것처럼 그려진다. 지속 발전 가능한 여성들은 미국 원조의 부가항목이며 환경 및 발전 단체의 여성들은 북이 통제하는 NGO 단체 소속이다. 어머니가, 자매가 서로를 지원해주는 것 역시 하위 여성 주체들을 침묵시키는 한 방법이다.

초국적 독해 능력

스피박은 자신이 비판해 마지않았던 여러 포스트 이론들이 어떻게 전 지구적 자본주의와 공모하는지를 볼 수 있으려면 초국적 독해 능력에 대한 훈련이 필요하다고 끊임없이 주장해왔다. 『누가 민족국가를 노래하는가?*Who Sings the Nation-State?: Language, Politics, Belonging*』에서 보면, 그녀에게 핵심적 범주는 계급, 젠더, 인종보다는 자본이다. 자본의 욕망이 민족국가의 경계를 가로질러 전 지구적으로 흘러 다니는 상황이므로 일국 자본주의 안에서 젠더, 인종, 계급 문제에만 매몰되어 있으면 어쩔 수 없이 전 지구적 자본주의와 자신도 모르게 공모할 수도 있다. 자매애라는 이름으로 여성을 후원하고 돕겠다고 나서는 선의를 가진 유엔 페미니즘, 포스트 페미니스트들이 부지불식간에 '3'세계 하위 여성 주체들의 등골을 빼먹는 포주 노릇을 하게 된다는 것이 스피박의 신랄한 비판이다.

미국 원조에 기대고 있는 '환경 및 발전 단체'는 남의 행동가들과 북이 통제하는 NGO 단체들로 구성된다. 지속 가능한 개발 속의 하위주체 여성들은 어머니처럼 감싸는 백인 여성들의 자매애의 지원을 받는다. 그런데 과연 그럴까? '3'세계 하위 여성 주체를 '위한다'는 명목으로 자신을 스스로 토착 정보원의 위치에 세우고 있는 유엔 페미니즘이야말로 1세계 자본가와 마찬가지로 최종심급화된 여성들의 등에 올라탈 수도 있다. 초국적 독해 능력이 없으면 NGO 활동이라는 이름으로 자신이 무슨 짓을 하고 있는지도 모른 채, 그런 우를 범할 수 있다는 것이다.

초국적 독해 능력을 가진 디아스포라 학자들은 여성들이 누구를 위해 어떤 이해관계 속에서 작업하느냐를 질문해야 한다. 그 한 사례로『재산인 몸: 페미니즘의 재수정』에서 로절린드 폴락 페체스키R. P. Petchesky는 방글라데시 여성 활동가인 파리다 아크터P. Akhter를 몇 줄 인용하고는 은근슬쩍 캐롤 페이트먼Carole Pateman으로 넘어감으로써 아크터를 침묵시키고 그녀를 자신의 방식으로 전유해버린다고 스피박은 비판한다.

이런 상황에서 초국가적 독해 능력을 넓혀갈 수 있는가? 호주 선주민들은 '자신들의 언어의 상실'을 애통해했다. 여기서 언어라는 은유는 삶의 시간화에 따른 이야기를 짜낼 수 있는 능력을 뜻한다. 레슬리 마몬 실코Leslie Marmon Silko는, 아메리카 원주민들에게 이야기는 힘이었는데, 유럽인들이 식민화 과정을 통해 그들의 이야기를 빼앗아버렸다고 통탄한다. 그와 마찬가지로 운디드니Wounded Knee 대량학살 후 수Sioux 인디언 부족의 추장인 시팅 불의 오두막은 1982년 시카고

전시장으로 옮겨졌다. 지배 집단이 자신들의 극장을 상연한 셈이다. 역사적으로 식민화되었던 집단은 언어마저 상실하게 된다. 지배 집단은 피지배 집단이 가지고 있던 이야기와 언어를 파괴하는 짓을 일삼아왔기 때문이다. 유럽 식민주의자들과 식민화된 원주민 사이에 버팔로 빌 코디Buffalo Bill Cody가 있다. 그는 미국 군인이고 버팔로 사냥꾼이자 쇼맨이었다. 버팔로 빌이라는 별명은 그가 18개월 동안 들소를 4천286마리나 사냥했기 때문에 얻은 것이다. 그는 〈와일드 웨스트 쇼Wild West Show〉로 세계적으로 유명해지게 되었다. 그는 운디드니 학살에 가담한 사람들에게 전쟁으로 인한 상처를 보여주고 그들의 자유를 얻어냈던 인물이다. 그는 요즘 식으로 말하자면 다문화 디아스포라의 선조인 셈이었다. 그는 가난한 유럽 이민들을 자유롭게 해주려고 했다. 하지만 그들을 자유롭게 해준 것은 바로 추상적인 대문자 자본이라는 역설에 처하게 된다.

하위 여성 주체 집단의 극장에서는 그렇다면 어떤 연극이 상연될 수 있는가? 이 무대에서는 어떤 배우/활동가actor들이 활약하는가. 토착 정보원으로서 젠더화된 하위 여성 주체들에게는 고상한 야만인으로서의 언어가 없다. 1996년 '알렉산더 S. 오나시스 그리스 센터'는 〈침묵의 틈새〉를 공연했다. 브라운 대학에서 학위를 받은 학자이자 극작가인 크리스티나 람브리니디스Christina Lambrinidis는 그리스계, 터키계로 구성된 아홉 명의 기독교인, 두 명의 이슬람교도들에게 자신들의 신체에 관해 말하도록 했다. 그리고 창작 워크숍에서 "이슬람, 기독교, 집시, 아르메니아, 러시아 폰트 참극" 퍼포먼

스를 진행했다. 스피박은 이 공연이 디아스포라의 정치적 올바름을 위한 성공적인 증언처럼 받아들여져서 마음이 불편했다고 말한다.

스피박은 전 지구화 시대 지속 가능한 개발 중인 여성들이 "젠더와 발전"이라는 새로운 구호로 짜인다는 복합적인 상황에 주목한다. 그녀는 새로운 미술관 개관식에 맞춰 인도 전통의상인 사리를 입었다. 그런데 그 사리는 프렌치커넥션 사가 방글라데시에서 만든 제품이었다. 그와는 대조적으로 방글라데시에서 만들어진 인도 복장 사리는 프라이바르타나 위버 집단이 생산한 아주 정교하게 짜인 수제품이었다. 수작업으로 전통 사리를 만드는 이들은 예술가가 됨으로써 자신들이 처한 정치적 모순을 은폐하게 된다고 스피박은 지적한다. 그녀들에게 예술품을 만든다는 자부심을 부여해주고 있지만 그들이 만드는 작품을 누가 걸치고 입는가를 한 번 생각해보라는 것이다. 에스닉 복장을 걸치는 것이 정치적인 올바름과 취향을 소비하는 것이 되어 1세계 부르주아 여성들의 나르시시즘을 만족시키는 것 외에 그들의 예술 노동에 달리 무슨 의미가 있겠는가!

여기에 덧붙여 스피박은 아동 노동과 아동 거래에 관해서 서구의 안이한 정치적 선의의 제스처가 도덕적 제국주의의 잔인한 아이러니로 드러나는 것에도 주목한다. 툭하면 아동 인권 착취에 항의하기 위해 불매운동을 벌이는 도덕주의가 무슨 짓을 하고 있는지를 잘 보라는 것이다. 아동 노동을 통한 덤핑 수출에 항의하기 위해, '3'세계가 아동 노동을 고용하니 그들의 제품을 보이콧하라고 북의 경영자들은 말한다. 북의 노동을 위해 민족주의와 인종차별주의가 이용된 셈이다. '세계은행'이나 다른 국제적인 기구들은 아동 노동을 착취하는 남의 의류공장들의 행태를 비난하고 그들의 제품을 구입하지 않도록 선동한다. 그러면 선의의 자유주의자들은 공정한 무역을 하고 공정한 거래를 하면 되지 않겠느냐고 생각한다. 하지만 세계은행이야말로 이런 아동 노동의 착취를 막을 수 있는 노동조합 결성을 막는 장벽이다. 신자유주의 시대의 고용유연화를 위해 관세장벽을 없애고 노동조합의 설립을 아예 막아버리는 것이 이런 세계적인 기구들이 벌이는 횡포다. 이들 세계적인 기구들이 의도하는 바는 사실 '3'세계 여성과 아동들의 초과 착취 노동에 바탕을 둔 덤핑 수출이 1세계 하층 성인 노동자들의 직장을 위험에 빠뜨리지 않도록 보호하려는 것이다. 벽돌을 찍어내는 방글라데시 소녀, 담배잎을 말고 있는 인도의 아이들, 카펫을 짜는 파키스탄의 아이들, 성매매를 하는 미얀마 남자아이들을 찍은 다큐멘터리들 또한 그런 사례에 속한다. 온정주의적이고 시혜적인 자유주의적 인본주의자들뿐만 아니라 1세계 노동운동 활동가들 또한, 자신들이 불매운동을 전개하며 내세운 바로 그 명분의 희생양이 되어버리는 아이들의 상황에 주목해야 할 것이다. 그들의 안이한 도덕주의가 어떤 결과를 초래하고 있는가를 성찰해야 한다고 스피박은 말한다.

서구의 의류 불매운동으로 일자리를 잃어버린 '3'세계 여자아이들은 24시간 집안일을 하거나 아니면 창녀가 되었을 것이다. 혹은 굶어 죽었을 수도 있다. 그러자 국제노동기구ILO는 '3'세계 아이들을 보호하기 위해, 아이들의 부모에게 아이들을 학교에 보내면 지원해주겠다고 제안했다. 그런데 그 사회에서는 아동들이 받는 교육이 아무 짝에도 쓸모가 없다는 것이 문제였다. 아동들이 직장에 다닌다는 출근증을 보여주어야 입학이 허용되므로 출근카드가 없는 아동은 그마나 아무런 보상금도 받지 못하고 입학도 거부당한다. 아동 노동 착취를 금하는 미국 '하킨 법안'이 보여준 의로운 분노와는 너무나 동떨어진 시혜적인 자비심이 어떤 결과를 초래하는지 주목하지 않을 수 없다.

5장 페미니즘 내부에서의 논쟁들

5장은 『포스트식민 이성 비판』에 국한하지 않고 스피박이 자신의 전체 저서에서 끊임없이 제기해온 포스트페미니즘 비판에 대해 살펴볼 생각이다.

스피박의 이론이 난삽하게 보이는 이유 중 하나는 메타비판이 되어버리기 때문이다. 1세계 페미니즘이 주로 **젠더**, 섹슈얼리티를 중심으로 하는 반면, 그녀는 최종심급으로서의 '3'세계 여성 하위주체에 집중하려면 젠더 하나만으로는 분석이 불가능하다고 보는 만큼 전 지구적 **자본**을 더욱 강조한다. 전 지구적 자본의 관점에서 초국적 독해 능력을 강조하는 입장이므로 여타의 페미니즘 또한 그녀의 신랄한 공격에서 벗어나지 못한다. 그런 맥락에서 페미니즘 진영 내부에서도 그녀는 전방위 공격을 마다하지 않으며 논쟁을 이끌어낸다. 그녀의 공격 대상은 주로 1세계 부르주아 페미니즘, 포스트페미니즘, 메트로폴리탄 페미니즘, 지배적 페미니즘, 강단 페미니즘, 유색 페미니즘, 유엔 페미니즘 등으로 호명된 페미니즘이다. 그녀가 말을 건네고 되받아치고 있는 이런 페미니즘이 실체를 갖는 것은 아니다. 오히려 무슨무슨 페미니즘이라는 호칭이 그런 페미니즘이 존재하는 것처럼 만든다.

이처럼 다양한 이름으로 불리는 페미니즘 이론을 통틀어 스피박이 비판하고 있는 요점은 간단하다. 여성이라는 이유만으로 자매애 운운하지만 사실은 그들이 보호하고 계몽하고자 하는 '3'세계 하위 여성 주체의 등골 위에 서서 자신들이 1세계 자본과 공모하고 있다는 점을 성찰하라는 것이다. 지식인들의 지적인 성찰을 주장한다는 점에서 그녀 또한 (포스트)계몽주의자의 면모를 가졌으며 어쩔 수 없는 포스트식민 이성에 바탕을 두고 있다고 할 수 있을 것이다. 그렇다면 '만약if' 초국적 독해 능력을 가지고 있다고 한들 누가 과연 그런 공모에서 벗어날 수 있는가, 라는 것이 스피박에게 제기될 수 있는 질문일 것이다.

그런 비판과 공격을 익히 알고 있는 스피박인지라 페미니즘의 전형적인 방법론이라고도 할 수 있는 자전적인 이야기로부터 메트로폴리탄 페미니즘이라고 불리는 프랑스 페미니즘에 접근하고 있다.

타자로서의 서구

국제적 틀에서 본 프랑스 페미니즘

「국제적 틀에서 본 프랑스 페미니즘」[96]이라는 글에서 스피박은 사우디아라비아의 한 대학 사회학과 교수로 있는 수단 여성의 연구 주제가 '수단에서의 여성 할례에 관한 구조기능주의적인 접근'이었다는 말에 어이없어 한다. 수단에서의 여성 할례의 구조를 '사심 없이' 객관적으로 밝히는 것이 학문인 것처럼 말하고 있는 수단 지식인 여성을 보면서 스피박 자신은 어떤가를 돌이켜보는 것으로 이 글을 시작하고 있다.

스피박 자신은 인도 벵골 상류층 출신으로 미국에 유학 와서 영문학과를 우등생으로 졸업했다. 본인이 아무리 부인하려 해도 인도의 이른바 고급 두뇌의 유출인 셈인데, 그렇다면 그녀의 삶이 인도 하위 여성 주체들의 노동과 전혀 무관하다고 말할 수 있을까? 마하스웨타 데비의 「젖어미」에서 젖어미는 부유층 자녀들에게 젖을 먹여주다가 결국엔 유방암에 걸려서 죽는다. 그녀의 젖을 먹고 자란 상류층 여성들은 영국으로 유학을 떠나고 귀국해서는 대학에 자리잡고, 그렇게 죽어나간 젖어미 같은 하층 노동계급 여성들을 자기 학문의 연구 대상으로 삼는다. 그런 구조기능적인 회로에서 스피박 자신은 면제될 수 있을까? 물론 스피박은 인도로 돌아간 것이 아니라 자신이 비판해 마지않았던 1세계 메트로폴리탄 페미니스트가 되었지만, 그런 면에서 보자면 여성 할례 연구로 사우디아라비아에서 자리를 잡은 수단 출신

96 스피박, 「국제적 틀에서 본 프랑스 페미니즘」, 「다른 세상에서」, 태혜숙 옮김, 여이연, 2003, 276~315쪽 참조.

여교수와 어떻게 얼마나 다르다고 할 수 있을까? 이것이 이 글을 시작하면서 스피박이 보여주는 자기 성찰적인 지점이다.

스피박은 자신이 대학원 시절 유행하던 페미니즘 비평에 전념하게 된 것이 과연 사심 없는 것이었을까, 라고 반문한다. 그녀가 코넬 대학에서 박사논문을 쓰던 그 무렵(1970년대)은 페미니즘의 전성기라고 할 수 있었다. 그녀는 코넬 대학에서 해체론자로 알려진 폴드 만의 지도로 박사논문을 쓰고 미국 중서부 대학인 아이오와 대학에 자리를 잡는다.[97] 그녀는 자신이 프랑스 해체론과 더불어 당시 지적 아방가르드였던 프랑스 해체론을 선택한 것 또한 단순히 우연이라고는 말할 수 없다고 고백한다. 여성학자가 되는 것이 곧 페미니스트가 되는 것이라고 착각하면서 국제적 페미니즘의 영역을 발견하게 되었다는 것이다. 그 결과 자신이 인도의 하위주체 여성들에게 무엇을 해줄 수 있는가, 라는 질문을 했지만 이제는 그 질문 자체를 바꾸게 되었다고 말한다.

내가 그들('3'세계 하위주체 여성)을 위해서 무엇을 해줄 수 있는가, 라는 질문은 우월적인 나르시시즘에서 나온 질문이다. 그보다는 차라리 페미니즘 안에서도 아방가르드 입장을 차지한 프랑스 페미니즘 혹은 국제적 틀에서 본 페미니즘이 과연 무엇으로 구성되어 있는지를 물음으로써 학문의 영역 안에서 논의하는 것이 낫겠다고 생각했다는 것이다. 섣불리 페미니즘 실천 운동이 무엇인가라는 식의 자기만족적인 기만에 사로잡

97 1942년 인도 캘커타에서 태어난 스피박은 2007년 미국 컬럼비아 대학의 교수로 임용되었다. 컬럼비아 대학이 설립된 이래 유일한 유색 여성 교수였다고 한다. 그녀의 출신이 오히려 그녀에게는 특혜가 되었다는 자신의 평가도 이런 이유 때문일 수 있다.

혀 그것이 자매애라도 되는 것처럼 '누구를 위하여'라고 말하지 않기로 하면서, 그녀는 어린 시절의 한 일화로 되돌아간다.

그녀는 어린 시절 벵골 지역에 있는 자기 할아버지 사유지 근처를 산책하다가 마주쳤던 두 늙은 여자의 입씨름을 떠올린다. 두 여자는 빨래를 하다 입씨름을 하게 되었고 한 여자가 상대 여자에게 "이게 네 강이야? 이 강은 회사 거란 말이야"라고 주장하는 소리를 들었다. 어린 나이였지만 스피박은 당시 인도가 영국으로부터 독립했다는 것을 알고 있었다. 그래서 회사의 강이라고 말한 여자의 주장이 틀렸다는 것쯤은 알았다. 그런데 그 여자의 말이 사실이라는 것을 깨닫는 데 무려 31년이나 걸렸다고 스피박은 고백한다. 인도는 여전히 동인도회사의 그늘에서 벗어나지 못했다는 점에서 "이 강은 회사 거란 말이야"라는 그 늙은 여자의 주장에 동의할 수밖에 없었다는 것이다. 그렇다고 '무지렁이' 늙은 여자들의 말이 진리라는 것이 아니다. 학계 페미니스트들은 그들을 대상화하며 미화하고 향수를 부추길 것이 아니라, 하위주체라고 간주된 여성들에게 말 거는 법을 배워야 한다는 것이다.

자본주의가 숨구멍 하나하나까지 장악하고 있는 마당에 무지한 인도 여자들에게 말 거는 법을 어떻게 배울 수 있는가? 그것이 문제다. 스피박은 자신이야말로 고급한 정보를 1세계에 전달하는 토착 정보원 역할을 하고 있는 것은 아닌가라는 회의에 젖기도 한다. 그러면서 더 이상 1세계 페미니스트들이 여성으로서 특권을 누리고 있다는 자책감에 사로잡히지 않는 세상이 되어야 한다고 그녀는 다

짐한다.

　이렇게 서두를 시작한 「국제적 틀에서 본 프랑스 페미니즘」
(1981)은 무엇보다 1970, 80년대 당시 가장 전위적인 이론에 바탕
을 둔 프랑스 페미니즘을 비판하는 데 지면을 할애한다. 프랑스 페
미니즘이라고는 하지만 프랑스 페미니즘에 프랑스 여성은 없다. 아
방가르드한 프랑스 이론(해체론, 후기구조주의 등)과 페미니즘을 접
목시키면서 프랑스에서 가르치고 있는 여성들을 아우르는 명칭이
프랑스 페미니즘이라고 할 수 있겠다. 그중 줄리아 크리스테바Julia
Cristeva는 프랑스 페미니즘을 대표하는(본인은 페미니스트가 아니라
고 부정하지만) 이론가이다.

　『중국 여성에 관하여About Chinese Women』에서 크리스테바는 사르
트르와 거의 유사한 발언을 한다. 사르트르는 좋은 뜻으로 타인종,
타민족이 아무리 알려지지 않았다 하더라도 알 수 있는 방법[98]은 있
을 것이라고 말한 적이 있었다. 그와 마찬가지로 크리스테바가 후시
엔 광장에 나와 말없이 앉아 있는 중국 여성들의 무리
를 보면서 하는 말 또한 사르트르의 나르시시즘과 그
다지 다르지 않다는 것이 스피박의 지적이다. 서구 백
인 여성이라는 계급적인 특권과 인종적인 특권을 누
리는 입장에서 크리스테바는 자신을 묘한 호기심으
로 쳐다보는 여성들을 바라본다. "엄청난 군중이 양지
바른 곳에 앉아 있다. 말없이 꼼짝하지 않고 근심 어린
차분한 눈들. 어느 쪽이든지 간에 그 눈들은 이들을 위

[98] "우리에게 충분한 정
보만 있다면 백치, 어린아이,
원시인 혹은 외국인을 이해
하는 방식이란 항상 있기 마
련이다." 사르트르의 입장이
라는 것이 결국 타자를 자기
지식의 대상으로 만들어 자
아를 견고하게 만드는 나르
시시즘의 한 형태라고 스피
박은 비판한 적이 있다. 스
피박, 『포스트식민 이성 비
판』, 252쪽 참조.

타자로서의 서구

해 우리가 할 수 있는 일이라고는 아무것도 없는 그런 공동체에 이들이 속해 있음을 확신시켜준다. 상대를 꿰뚫어보면서."[99] 침묵하는 여성들 무리 앞에서 크리스테바는 중국 여성들의 정체성을 생각하는 것이 아니라 그들의 눈에 비친 자신의 정체성을 성찰하고 있는 것이다. 타자에 대한 관심조차 이내 강박적인 자기 중심적 사고로 귀환한다는 점에서 그녀는 어김없는 나르시시즘적인 주체이다.

크레스테바는 공산화된 중국에서는 법적·제도적 변혁을 통해 사회적-성적 구조의 변화를 도모했지만 고대 중국은 모권제였다고 설명하고 있다. 처가거주matrilocal는 유교 전통을 거치면서도 살아남아 오늘날까지도 모권제 전통으로 남아 있다고 설명한다. 스피박은 그녀가 참조한 것이라고는 클로드 레비-스트로스Claude Lévi-Strauss나 마르셀 그라네Marcel Granet의 저서가 고작이므로, 중국에 대해서 뭘 제대로 알겠냐는 식으로 비꼰다. 크리스테바는 역사적으로 입증된 사실을 통해서가 아니라 방대한 정신분석학적인 추론으로 이런 결론을 이끌어내고 있다는 것이다. 강력한 모계제도와 유교의 영향을 무시할 수 없다면서도, 그녀는 중국의 농촌 여성들이 천 년 동안 변함없이 유지되었던 가부장제로부터 이제야 떨치고 나오게 되었다고 말한다. 앞에서는 모권제라고 했다가 뒤에서는 수천 년 동안 유교 가부장제의 영향 아래 있었다고 함으로써 앞뒤가 맞지 않는 주장을 하고 있다는 것이 스피박의 날카로운 지적이다. 게다가 크리스테바는 엉터리 한자 지식을 동원해, 한자 안에는 모계의 이미지, 제스처, 기억이 담겨 있다고 주장한다. 중

99 같은 책, 282쪽.

국에 대한 그녀의 지식은 18세기 서구에 불어 닥친 중국 열풍이 실어 나른 조잡한 지식에 바탕을 둔 것이라는 게 스피박의 지적이다. 마치 바르트가 일본을 '기호의 제국'으로 읽어낼 때처럼, 그녀의 해석은 프랑스 좌파 지식인들의 오리엔탈리즘일 수도 있다.

스피박의 입장에서 보자면 그 당시 프랑스 지식인들이 마오주의를 하나의 대안으로 내세운 것 자체가 자기기만이다. 푸코, 들뢰즈 같은 프랑스 좌파 지식인들이 68혁명의 좌절 이후 마오주의자들에게서 헛된 희망을 보았던 것처럼, 크리스테바 역시 그 당시에는 중국의 공산혁명이 여성들에게 해방을 가져다주었다고 보는 입장이었다. 프랑스 지식인 아방가르드 집단라고 할 수 있는 텔켈Tel Quel 그룹은 당시의 소련연방USSR에 실망하고 마오쩌둥 시대의 중국, 쿠바, 남미 등지에서 새로운 가능성을 보았다. 크리스테바는 그런 텔켈 그룹의 일원이었다. 스피박에 따르면 크리스테바의 『중국 여성에 관하여』는 서구의 나르시시즘적인 시선으로 중국을 읽어내고자 하는 오리엔탈리즘의 한 전형처럼 보인다는 것이다.

또한 크리스테바의 『홍루몽』**100** 분석은 문학에 현실을 직접 대입하는 우를 범하고 있다는 것이 스피박의 지적이다. 문학과 현실이 대칭적인 것처럼, 크리스테바는 『홍루몽』을 '귀족 가문에 대한 정확한 초상'

100 『홍루몽』은 청나라 시대의 문인이라면 이 소설을 언급하지 않고는 대화가 되지 않았다고 할 정도로 엄청난 인기를 누렸던 소설이다. 이 소설을 분석하는 학파를 홍학이라고 하여 경학과 다른 학문의 유파가 형성될 정도였다. 이 소설은 청대 금릉에 있는 가賈씨 집안의 흥망성쇠와 더불어 젊은 세 남녀 주인공 사이에 일어나는 사랑과 이별을 다룬 방대한 작품이다. 가보옥을 중심으로 임대옥과 설보차는 서로 엇갈리는 운명을 가지고 태어난다. 주인공 가보옥은, 병약하지만 총명한 사촌누이인 임대옥을 사랑한다. 하지만 가보옥은 할머니 사태군의 계략으로 건강하고 가정적인 설보차와 결국 혼례를 올리게 된다. 그 시각 충격에 빠진 임대옥은 사랑의 시들을 전부 불태우고 절명한다. 가보옥은 모든 부귀영화를 뒤로한 채 과거장을 떠난다. 그는 스스로 인생무상을 깨닫고 출가한다. 홍루몽의 영어 제목은 'The Dream of Red Pavilion'이다.

타자로서의 서구

이라고까지 말한다. 프랑스어 번역본에 의존해서 중국 청중에게 중국에 대해 말하고 있는 크리스테바를 스피박은 철저히 조롱한다. 스피박이 보기에 크리스테바의 식민화된 의식은 심각한 수준이다. 파리의 지적 상류층이 된 것을 마치 자연스런 특권인 양 누리는 그녀의 텍스트에서는 불가리아 시절에 대한 어떤 기억도 찾아볼 수 없다고 스피박은 지적한다. 프랑스 지식인 사회로 편입하기 위해서라면 빈곤한 공산주의 국가였던 그녀의 조국 불가리아에 대한 기억쯤은 완전히 삭제해야 하는 것처럼 군다는 것이다. 스피박은 크리스테바가 서구의 시선으로, 그것도 얄팍한 지식으로, 중국을 발명하고 있는 것을 견딜 수 없어 하는 것처럼 보인다.

국제적 틀에서 보았을 때, 프랑스 페미니즘은 미국 페미니즘과는 확연히 다르다. 미국 페미니즘이 이론적으로 세련되지 못한 경험주의에 머물러 있다면, 프랑스 페미니즘은 아방가르드적이다. 미국 학계에서 프랑스 페미니즘은 필수교과에 속하게 되었다. 프랑스 페미니즘은 여성적인 정체성이 아니라 여성적인 담론의 문제에 관심을 갖는다. 그래서 프랑스 페미니즘은 페미니스트들이 담론의 구멍들 속에서 침묵하고 있는 여성의 목소리가 들리게 하는 법을 배워야 한다고 말한다.

프랑스 페미니즘은 젠더의 생물학적인 성별에 연연해하지 않는다. 크리스테바의 경우 아방가르드적인 글쓰기를 실천하는 것이 곧 혁명적인 것이고 그런 혁명적 글쓰기의 대표로 말라르메, 조이스, 장 주네 등과 같은 남성 작가들을 꼽고 있다. 프랑스 페미니스트 기

획은 프랑스 문학적 아방가르드뿐만 아니라 철학적 아방가르드와
도 접목되어 있다. 데리다를 위시한 반휴머니즘 전통은 사르트르 식
실존주의적 휴머니즘에서 벗어나는 것이고 그것이 크리스테바를
위시한 프랑스 페미니즘이 지닌 철학적인 전위성이었다. 하지만 스
피박은 크리스테바와는 달리 아방가르드 시학의 혁명성에 대해 대
단히 회의적이다. 성 정체성을 해체한다고 해서 성 차별주의가 무너
진다는 것은 터무니없는 낙관이자 기만이라는 것이다.

　　스피박은 크리스테바에게는 대단히 비판적이면서도 엘렌 식수
Helene Cixous에게는 관대한 편이다. 식수는 해체론자 중에서 데리다
를 페미니즘 이론에 적극적으로 수용하고, 그의 사유를 가장 잘 활용
하는 이론가다. 데리다는 생물학적 여성이 아니라 여성적인 것의 이
름을 공공연하게 검토한 이론가다. 음성중심주의(목
소리의 우선성)**101**와 남근이성중심주의(법과 이성의
우선성)보다는 처녀막을 의미하는 「이중의 막La double
séance」, 어머니에 대한 욕망으로서의 철학의 과제를
논한 『조종』, 긍정적 해체 대상으로서의 여성을 거
론한 『에페롱』, 이중적인 긍정으로서의 여성적 요소
를 논의한 「장르의 법칙」, 텍스트의 효과로서의 이중
적인 함입invagianation으로서의 「경계선에서 살기Living
On: Border Lines」 등은 전부 여성적인 것을 은유화하고
있다. 식수는 『메두사의 웃음』과 『출구』에서 데리다
의 이론을 차용한다. 특히 그녀는 데리다가 존재의 형

101　데리다가 목소리의
우선성보다는 글쓰기의 우선
성을 주장한 것에 관해서 호
사가들은 세련된 파리인들
이 사용하는 프랑스어 속에
서 그가 구사하는 알제리 억
양의 프랑스어는 마치 피부
밑에서 스며 나오는 멜라닌
색소처럼 자신의 출신을 여
지없이 드러내므로 글쓰기의
우선성을 주장하게 되었다는
객쩍은 농담을 하곤 한다(지
그문트 바우만의 『액체근대』 참
조). 그런데 문화적 혼혈성을
주장한 그에게도 그런 점이
있었다는 것은 실없는 농담
이라기보다는 뼈 있는 농담
처럼 들린다.

타자로서의 서구

이상학으로 비판했던 이분법적인 사유가 어떻게 남/녀의 이분법적인 구도로 수렴되는지를 보여주면서 그 사이의 경계를 넘나든다.

라캉의 정신분석학에 기대고 있는 크리스테바와 달리 엘렌 식수는 그로부터 거리를 유지한다. 라캉은 여성의 주이상스jouissance를 알려면 로마에 있는 베르니니 조각상을 쳐다보기만 하면 된다고 말한다. 베르니니의 조각상은 테레사가 창에 찔려 순교하는 순간을 묘사한 것이다. 천사의 창에 찔리는 꿈을 꾼 장면에서 그녀는 창자가 창에 꿰뚫리는 고통의 순간 지극한 희열을 맛보는데, 베르니니는 이것을 쾌와 불쾌, 고통 너머에 있는 주이상스의 경제economy of jouissance로 여겼다. 그 순간은 고통과 더불어 지극한 열락이어서, 베르니니는 마치 성적인 오르가슴에 이르러 '한 번만 더'라고 '앙코르, 앙코르'를 외치는 듯한 테레사의 희열 가득한 표정을 조각했다. 그래서 그 장면을 보기만 해도 보는 이들은 그것이 여성의 희열임을 알 수 있다고 라캉은 말한다. 하지만 여성에게 "당신의 주이상스를 알려주십시오"라고 간청한다고 하여 여성들이 대답해줄 수는 없다고 라캉은 말한다. 왜냐하면 여성은 자신이 주이상스 자체이므로 남성의 응시 아래에서 지식의 대상은 될 수 있지만 지식의 주체가 될 수는 없기 때문이다.

라캉의 주장에 대한 반박으로 식수는 메두사 은유를 거론한다. 식수는 "여성을 보려면 메두사를 똑바로 쳐다보기만 하면 된다"고 바꿔 말한다. 메두사의 얼굴을 정면으로 바라본 자는 돌이 되어버린다. 그래서 페르세우스는 방패에 비친 메두사의 얼굴을 보고 목을

쳤다. 식수는 "그들(남성들)은 우리를 두려워할 필요가 있다. 죽음의 옷을 입고 우리로부터 뒷걸음치며 떨고 있는 페르세우스를 보라"라고 비웃는다. 식수는 남성들이 재현할 수 없는 두 가지가, 바로 여성과 죽음이라고 말한다.

하지만 스피박에 따르면, 식수는 주체의 해체가 무한정 지속될 수 있는 자유로운 유희인 것처럼 간주하지만, 데리다에 따르면 해체가 무한정 지속될 수 없다는 것이다. 데리다에게 글쓰기는 단지 산문이나 운문을 생산하는 것이 아니라, '인식론, 존재론, 실천, 역사, 정치, 경제, 제도'를 작동시키면서도 균열시키는 구조를 가리키는 이름이라고 스피박은 주장한다. 그것은 기원과 텔로스가 지연되고 부재하는 구조다. 그럼에도 식수는 종종 데리다의 글쓰기를 문자 그대로의 글쓰기와 동일시하는 소박한 실수를 저지르는 것처럼 보인다는 것이다.

정치적 구체성은 없으면서 이론적으로만 과격한 아방가르드 이론들의 '종이 혁명'이 현실 혁명과 등치될 것이라고 믿는 것 자체가 지식인의 불편한 심기에 위안을 주는 것은 아닐까? 『새로 탄생한 여성』에서 카트린 클레망Catherine Clément과 식수가 나눈 대화가 이 점을 잘 보여준다. 식수가 계급투쟁의 리듬은 언제나 똑같은 리듬은 아니며 때로는 아주 희미하고 미약해질 수도 있다고 말하자, 클레망은 계급투쟁의 리듬이 약해진 것처럼 보일 수도 있겠지만, 계급투쟁의 현실을 직접 측정하고 체험하기 힘든 지식인들이 느끼는 방식과 계급투쟁의 현실 사이에는 상당한 시차가 있다고 지적한다. 지식인

타자로서의 서구

들은 언어와 상상계에 관한 자신의 작업이 더 중요하므로 색안경을 끼고 현실을 볼 수도 있다는 것이다.

스피박은 프랑스 페미니즘에서 평가해줄 수 있는 것으로 징후적인 독법의 개발을 든다. 뤼스 이리가라이Luce Irigaray의 『여성의 타자성에 대한 반사경Speculum de l'autre femme』 또한 해체론적 주제들을 재치 있게 다루고 있지만 이리가라이 역시 프랑스 페미니스트들이 보여준 결함을 그대로 드러내고 있다고 그녀는 지적한다. 하지만 스피박은 이리가라이가 가장 잘 읽어낸 남성 이론가는 프로이트라는 점을 인정한다. 「대칭에 대한 오랜 꿈의 맹점」은 고전으로 사줄 만하다.

그렇더라도 이리가라이보다 프로이트를 더욱 정확하게 읽어낸 것은 사라 코프만이다. 『여성의 수수께끼』에서 사라 코프만은 프로이트가 말한 나르시시즘적인 여성을 분석한다.**102**

프로이트는 「나르시시즘에 관하여」에서 여성의 나르시시즘과 남성의 대상애를 구분한 바 있다. 그에 따르면 나르시시즘적인 여성은 초월적이며 남성에게 사랑받는 것에 무관심하다. 나르시시즘적인 여성은 자족적으로 보인다. 그래서 고양이처럼 초연한 여성은 남성에게는 매혹적이면서도 남성을 좌절시킨다. 나르시시즘적인 여성들은 남성의 페니스를 부러워하지 않기 때문이다. 그녀는 언제나 욕망하는 남성의 손아귀 너머에 있고 남성의 욕망을 채워주지 않는 거리에서 서성거린다. 프로이트에게 욕망은 결핍에 의한 것이므로, 욕망은

102 Sarah Kofman, "Narcissistic Woman," in *The Enigma of Women*, Ithaca: Cornell University Press, 1985 참조.

채울 수 없을 때 지속된다. 남성이 자신의 것으로 소유한 적이 없는 여성, 그래서 남성의 욕망을 채워주지 않은 여성이 나르시시즘적인 여성이다.

하지만 사라 코프만에 따르면 나르시시즘적인 여성의 가치는 남성의 욕망에 의존하고 있다. 외관상 자족적이고 초월적으로 보이는 나르시시즘적인 여성은 역설적으로 타자 지향적이며 타인의 욕망에 기초해 있다. 나르시시즘적인 여성의 정체성은 타자의 욕망의 대상이 되는 데 있기 때문이다. 여성의 나르시시즘은 자기만족적인 자기애가 아니라 대상의 사랑에 바탕을 둔 대상애적인 것이 된다. 이렇게 본다면 프로이트가 남성적인 사랑은 대상을 향해 열리는 대상애가 지배적이고 여성적인 사랑은 자족적인 나르시시즘이라고 분류한 성별 이분법은 무너지게 된다. 이처럼 텍스트가 말하면서도 말하지 않는 것을 읽어내는 징후적인 독법을 가장 잘 활용한 철학자가 사라 코프만이라고 스피박은 말한다. 「국제적 틀에서 본 프랑스 페미니즘」이라는 글에서 스피박이 인정한 유이한 이론가가 식수 그리고 사라 코프만이다.

사라 코프만[103]은 정체성의 형이상학을 해체하면서도 그것이 남성주의적 이데올로기에 포섭될 수 있다는―크리스테바, 식수, 이리가라이 등이 보지 못한―점을 인식하고 있다. 프로이트가 자신의 긴 이론적 여정을 통해 1) 여성은 남성보다 강한 성이다. 2) 그런데 여성은 자신의 강한 힘을 정반대 방향으로 지

[103] 니체의 철학뿐만 아니라 프로이트의 정신분석학에 정통했으며 호기심이 많았던 사라 코프만은 자서전이자 그녀의 마지막 저서가 된 『오르드네 거리와 라바 거리Rue Ordner, rue Labat』를 출판한 이후 '여성의 수수께끼'처럼 자살했다. 당시 그녀의 나이는 60세였다.

타자로서의 서구

향한다. 3) 결국 여성은 남성보다 약한 성으로 판명된다는 역설을 보여주고 있다는 것이 코프만의 지적이다. 코프만은 전 오이디푸스 단계에서 보여준 프로이트 이론의 자기모순을 밝힘으로써 '페니스 선망'을 해체한다. 페니스 선망은 생물학적으로 환원된 것이며 프로이트의 위장전술로서의 해결책이다. 이처럼 사라 코프만이야말로 징후적 독법의 탁월한 사례를 제시하고 있다.

결론적으로 스피박은 미국에서 여성을 종신직 교수로 임용하는 제도가 늘어나고 성 차별이 해결되어 더 많은 여성들이 시장으로 나간다고 해서 '3'세계 여성들에게 돌아갈 혜택은 없다고 단언한다. 오히려 혜택보다는 해를 끼칠 수 있다는 것이다. 페미니즘 학술대회나 아카데미에 페미니즘 분과학문이 늘어나는 것을 페미니즘의 승리로 간주하는 것보다 소박하고 순진한 발상도 없을 것이다. 페미니스트들은 수상쩍은 지원금을 받고 세계 페미니즘 학술대회가 열리는 곳에서 호텔에 투숙하지만, 그런 호텔이야말로 '3'세계 여성 노동자들의 노동력을 착취하고 개발도상국 여성들의 프롤레타리아트화를 가속화하는 데 가담하고 있다는 것이 스피박의 지적이다.

마지막으로 새로운 프랑스 페미니즘이 강조한 것이 쾌락이라는 점에 스피박은 주목한다. 급진적 페미니즘에서 말하는 것처럼(슐라미스 파이어스톤Shulamith Firestone) 여성해방을 재생산으로부터의 해방과 동격으로 둔다면, 그것은 반휴머니즘적인 프랑스 페미니즘의 교훈을 망각하는 것이다. 재생산의 문제에만 주목하는 것은 오히려 친족의 구조 자체가 여성의 일반적인 교환을 통해 형성된다는 논리를 합법화해주기 때문이다. 남녀 결합의 유일한 생산적 잉여가 인류의 미래로서 아이가 되고 그 밖의 모든 사회적 활동은 남성적인 삶이 되는 폐쇄적인 순환 구도가 바로 재생산의 논리인데 거기서 벗어나려는 투쟁이 자칫 그 논리 안에 갇히는 셈이 된다. 그것은 여성의 쾌락을 생산의 필요에 의해 자연이 프로그램해놓은 것으로 간주하는 것이다.

하지만 재생산 문제와 관련하여 남성의 섹슈얼리티와 여성의 섹슈얼리티는 비대칭적이다. 남성의 오르가슴과 그로 인한 사정은 재생산 행위와 일치한다. 하지만 여성의 오르가슴과 쾌락은 배란, 수태, 착상, 임신, 산고와 같은 재생산의 전체 과정 어느 것과도 일치하지 않는다. 게다가 여성의 클리토리스는 재생산의 틀에서 완전히 벗어나 있다. 재생산의 견지에서 오로지 전유되는 것, 법적으로 여성을 소유하는 것은 자궁뿐이다.

재생산 궤도를 벗어난 클리토리스를 여성의 규범으로 삼는다는 주제는 테이레시아스가 말해주는 오이디푸스 장면을 완전히 전복하는 것이다. 바람기 많은 제우스와 헤라가 모처럼 평화롭게 쾌락을 만끽한 후 이야기를 나눈다. 그러다 말다툼을 하게 된다. 사랑의 행위에서 어느 성이 더 많은 쾌락을 누리는가? 이 논쟁에서 테이레시아스가 불려온다. 그는 7년은 여성, 7년은 남성으로 살아본 경험이 있었다. 제우스와 헤라의 부탁을 받은 테이레시아스는 여성 쪽이 더 많은 쾌락을 느낀다고 말해준다. 그러자 화가 난 헤라는, 심판관은 언제나 맹목이다, 눈이 있어도 보지 못한다면 못 보는 것이 차라리

타자로서의 서구

낮다면서 그의 눈을 멀게 한다. 테이레시아스를 가엾게 여긴 제우스는 그에게 심안을 주어서 예언자가 되게 한다. 스피박은 이 이야기가 클리토리스를 완전히 배제한 가부장제의 교묘한 스토리라고 분개한다.

프랑스 페미니즘이 준 교훈을 통해 클리토리스 리비도 경제[104]를 부각시킨다면 자궁 중심의 재생산 사회를 종식시킬 수는 없더라도 자궁 중심 사회의 정상성이 클리토리스 사회를 배제하고 제거함으로써 확립되어왔다는 사실을 맥락화할 수 있을 것이다. 이로써 클리토리스 리비도 경제가 비록 인종과 계급, 민족의 문제를 배제하는 것은 아니더라도 이성애 중심 사회에서 다른 성애(클리토리스를 매개로 하는 여성 동성애 등)를 수치와 치욕으로 만드는 것을 이해할 수 있고, 여성들이 비정상적인 오르가슴을 느끼는 레즈비언 섹슈얼리티의 죄의식에서 벗어나 연대할 수 있도록 해줄 것이다. 프랑스 페미니즘이 준 최고의 선물은 정상적인 섹슈얼리티로 간주되는 이성애 중심 휴머니즘의 경제를 가로지를 수 있도록 해준 것이다. 그것을 연구하면 음핵을 절제당한 수단의 여성들, 인도의 강가에서 빨래하던 늙은 여성들을 이해할 수 있는 가능성이 과연 열릴까? 그것이 스피박이 제기하는 반어법적인 의문이기도 하다.

대략적으로 살펴보았다시피 스피박은 프랑스 페미니즘을 포함하여 다양한 명칭으로 불리는 페미니

[104] 프로이트는 정상적인 여성성을 획득하려면, 여성은 클리토리스의 쾌락을 포기하고 질의 쾌락으로 나아가야 한다고 보았다. 그래야만 재생산이 가능한 이성애가 되기 때문이다. 하지만 페미니스트들은 남성에게서 수동적 만족을 구하는 질의 쾌락이 아니라 클리토리스 쾌락의 능동성, 자율성을 주장한 바 있다. 리비도가 클리토리스에 집중되었을 때 여성이 맛보는 자율성, 경제성을 클리토리스 리비도 경제라고 한다.

즘을 신랄하게 비판한 것으로 유명하다. 그로 인해 발생한 논쟁은 선후배 페미니스트 사이에서 살모殺母충동으로 드러날 정도이므로 주목해볼 필요가 있을 것이다. 이제 필리스 체슬러Phyllis Chesler 같은 보수적인 페미니스트는 페미니즘의 죽음을 선언하는 시대가 되었다. 돌이켜보자면 살모충동을 느낀 시대는 그나마 행복한 시대였는지 모른다. 이미 죽어서 유령이 되었다면 더 이상 죽이고 싶은 충동을 느낄 이유도 없기 때문이다. 죽이고 싶다는 것은 그만큼 영향력을 발휘하고 있다는 뜻이기 때문이다.

차이 속의 페미니즘: 누가 페미니즘 비평을 살해했는가?

페미니즘은 자매애를 정치적 올바름으로 내세웠지만, 페미니즘이 자매애만을 발휘하는 것은 아니다. 페미니스트들이 특히 더 윤리적인 것도 아니고 서로 이해관계에 따라 이합집산하기는 여느 이즘과 마찬가지일 것이다. 수전 구바와 로빈 위그먼Robyn Wiegman은 20세기 마지막에 이르러 서로 폭력적인 언어를 사용하면서 신랄한 논쟁을 벌였다. 《크리티컬 인콰이어리》(1998~1999)에 게재되었던 수전 구바와 로빈 위그먼 사이의 논쟁이 그것이다.

　　수전 구바는 애초에 「누가 페미니즘을 살해하는가?」라는 제목으로 글을 쓰려다가 제목의 수위를 낮춰서 「누가 페미니즘 비평을 골병들게 하는가?」[105]

105 Susan Gubar, "What Ails Feminist Criticism?" *Critical Inquiry* 24, no. 4, summer 1998, pp. 878~902.
106 Robyn Wiegman, "What Ails Feminist Criticism: A Second Opinion," *Critical Inquiry* 25, winter 1999, pp. 362~79.

타자로서의 서구

로 바꿨다. 로빈 위그먼은 구바를 비판하면서[106] 아만다 크로스 Amanda Crose[107]의 소설, 『출전 없는 살인*Murder Without a Text*』을 인용한다. 이 작품은 선후배 페미니스트 사이의 세대 전쟁처럼 읽힌다. 위그먼이 이 소설을 인용한 이유는 젊은 페미니스트들이 선배 페미니스트들을 죽인다는 구바의 주장을 논박하기 위해서였다. 위그먼이 보기에 늙은 페미니스트들이 오히려 젊은 페미니스트들의 숨통을 죄고 있는 셈이다. 페미니스트 학계 내부에서의 갈등과 논쟁과 불화, 그리고 살모충동은 할리우드 영화인 〈이브에 관한 모든 것〉을 연상시킨다. 이 영화는 세대 간의 반목과 배신을 묘사하면서, 늙은 여배우와 젊은 신인 여배우 사이의 갈등과 시샘을 다룬다. 신인 여배우는 처음에는 늙은 여배우를 숭배하는 데서 시작한다. 어머니와 딸 사이의 세대 전쟁이 그렇다시피.

수전 구바는 젊은 페미니스트들이 선배 페미니스트들을 공격하면서 자중지란을 벌이는 것은 페미니즘이 세력을 상실하고 있기 때문으로 판단한다. 그중에서도 계급, 인종, 민족, 에스닉, 섹슈얼리티의 관점에서 1세대 페미니즘을 공격했던 젊은 페미니스트들이 페미니즘을 파괴하고 있다면서 배신감과 섭섭함을 표시한다.[108] 그러자 로빈 위그먼은 오히려 선배 페미니스트들이 젊은 페미니스트들을 살해한다고 반격에 나서게 된다. 해럴드 블룸Harold Bloom이 말했다시피 남자들 사이에 '영향의 불안'으로 인해 살부충동을 느끼는 것과 마찬가지로, 페미니스트 사이에

107 아만다 크로스는 영문학자인 캐럴린 헤일브런의 필명이다. 헤일브런은 자신처럼 영문학자인 케이트 팬슬러라는 아마추어 탐정이 사건을 추론해가는 탐정소설을 썼다.
108 Sianne Ngai, *ugly feelings*, N. Y.: Harvard University Press, 2005, p. 133.

서도 살모충동이 존재한다. 이 과정을 지켜본 아만다 크로스(캐럴린 헤일브런Carolyn Heilbrun의 필명)는 처음에는 자기 작품이 이런 논쟁에 끌려들어간 것에 당혹스러워하면서도 이 논쟁을 어머니와 딸 사이의 세대 전쟁으로 읽어낸다. 수전 구바가 영문학계 전체를 상대로 『다락방의 미친 여자』(1979)를 쓰고 페미니즘 시학을 정립했을 때 로빈 위그먼은 아직 어머니 품안에 안겨 있던 젖먹이였다.

멜라니 클라인Melanie Klein이 『시기와 감사Envy and Gratitude』에서 보여주다시피 딸이 어머니에게 시기심과 배은망덕한 태도를 보이는 것은 어머니가 자신의 생사여탈권을 쥐고 있기 때문이다. 그로 인한 딸의 공포와 분노는 살모충동으로 나아가게 되거나 아니면 그런 충동의 뒤집힌 형태로 과도한 이상화와 숭배 현상이 나타난다. 비유적으로 보자면 선배 세대 페미니스트들의 영향력이 지대한 만큼 그런 영향에서 벗어나려는 후배 세대들의 살모충동은 당연한 것인지도 모른다. 클라인 식으로 말하자면 과도한 이상화는 결국 공포의 뒤집힌 형태이고 그런 무의식적인 공포는 공격성으로 출구를 찾게 된다. 극도의 공격성을 발휘하는 이 단계가 클라인이 말하는 편집분열증의 위치다. 시간이 지나고 우울증의 위치에 이르면 아이의 인식 능력은 발달하게 된다. 아이는 엄마가 자신을 삼키고 잡아먹으려는 공포스러운 존재가 아니라, 자신의 공포가 투사되어 그런 엄마의 이미지를 만들었다는 것을 알게 되면서 감사하는 마음을 배울 수 있게 된다는 것이다.[109] 이것을 유비적으로 보자면 페미니즘을 제도화시킨 선배 세대를 처음에는

[109] Melanie Klein, *Envy and Gratitude*, N. Y.: Routledge, 2001.

타자로서의 서구

이상화하고 존경하지만, 나중에는 자신의 정체성과 생존을 위협하는 존재로 보게 되면서 그들을 극복하고 넘어서려는 욕망이 후배 세대들에게 싹트게 된다.**110**

수전 구바는 페미니스트들의 공격성은 페미니즘의 죽음에 따른 것으로 설명한다. 선배 세대들이 힘들게 개척해놓은 영토에서 온갖 '특수한' 범주들(인종, 에스닉, 섹슈얼리티)을 가지고 와서 자중지란을 벌이는 것은 페미니즘의 인기가 시들해졌기 때문이라는 것이다. 자신과 같은 1세계 백인 강단 페미니스트들에게 벨 훅스는 기이하게도 비난적인 어휘curiously condemnatory vocabulary를 사용하고, 카비Carby는 적대감hostility을, 스피박은 과도한 공격성aggression**111**을 보여준다면서, 그야말로 감정적인 어휘를 동원하여 비판한다. 이들 유색 여성 페미니스트들은 지엽적이고 특수한 것들을 들고 나와서는 그것이 전부인 것처럼 그릇된 보편성을 주장한다는 것이다.

수전 구바는 스피박의 경우 과도하게 공격적이라고 비판하면서, 주디스 버틀러Judith Butler의 경우에는 문법적인 트집을 잡는다. 아주 노골적으로 말하자면 복수주어에 단수 술어를 사용한 것의 무의식을 분석하고자 한다.**112** 구바는 버틀러의 복수 주체 사용의 정치성을 의심한다. 구바는 그녀의 문법적인 오류grammatical errors를 페미니즘과 후기구조주의의 양립 불가능성에 대한 징후로 읽어낸다. 구바에 따르면 복수 주어에 단수 술어를 사용하는 버틀러는 행동을 피

110 The totality and closure of language is both presumed and contested within structuralism. "The division and exchange between this being and having the Phallus is established by the Symbolic, the paternal law…" 같은 책, pp. 896~97.
111 같은 책, p. 137.
112 Susan Gubar, "What Ails Feminist Criticism?"

하고 그 대신 존재양태를 규정하고 싶어 한다(be동사의 사용). 그녀가 사용하는 주어(주체)들은 그녀의 마음속에서 단일 세력single force인 것처럼 간주됨으로써 무의식적으로 단수 동사를 사용한 것은 아닐까, 라고 구바는 비판한다. 말하자면 복수 주어의 오용과 단수 술어의 사용은 후기구조주의가 그처럼 반총체성anti-totality에 촉각을 곤두세우고 있지만 결국은 그들 또한 총체화totalization하려는 욕망에 의존하고 있는 것은 아닐까라는 지적이 수전 구바의 버틀러 분석이다.

수전 구바의 불편한 심정은 복수 주체 일반에 관한 불편함을 거론한 것일 수도 있다. 메두사의 머리처럼 복수성, 혼종성, 유색성을 못마땅하게 여기는 구바의 무의식이 이런 분석을 가능하게 한 것은 아닐까? 왜냐하면 구바는 후기구조주의와 같은 온갖 포스트 이론, 인종, 에스닉, 섹슈얼리티 등이 서로 공모하여 페미니즘 비평을 몰락시키고 있다고 비판하기 때문이다.

이처럼 1세계 백인 페미니스트로서 수전 구바의 불만은 요약하자면 이런 것들이다. 왜 후배 페미니스트들이 자매애를 발휘하지 않는가? 공격 대상을 왜 무력한 선배 여성들로 삼는가? 백인 남성이 아니라 백인 여성이라는 이유만으로 1세계 내부에서 피해자였다는 사실을 왜 인정해주지 않는가? 백인 페미니즘을 골병들게 할 정도로 왜 후배 페미니스트들은 선배 백인 페미니스트들을 공격 대상으로 삼는가? 로빈 위그먼은 후배 세대가 보기에 선배 백인 페미니즘은 인종적인 특혜는 인정하지 않고 우리도 피해자라니까, 라는 식으

　　　　　　　　　　　　　타자로서의 서구

로 말함으로써 자신들이 누린 특권을 인정하지 않으려 한다는 데 문제가 있다고 비판한다. 타자와의 관계에서 자신들이 누린 특권은 결코 포기하지 않으면서 상처와 배신감을 토로하며 스스로를 순진한 희생자로 여기고 오히려 유색 여성 페미니스트들의 공격을 무례한 짓으로 취급해버린다는 것이다.

다양한 학계 페미니즘 사이에서도 이처럼 반목과 갈등은 있고, 이해관계에 따라서 정치성을 달리하기도 한다. 페미니스트들 또한 자신이 처한 위치, 즉 인종, 계급, 민족, 종교, 국적에 따라 글쓰기 방식, 세계의 해석, 문제에 접근하는 방법론이 달라진다. 전 지구화 시대에 이르러 페미니즘이 하나의 정체성, 하나의 정치성으로 연대하는 것은 불가능하다. 그럼에도 불구하고 페미니즘이 무엇인가를 변혁시키고 운동하려면 초국적 독해 능력을 가져야 한다고 스피박은 역설한다. 그렇지 않을 경우 선의로 행한 행동이 어처구니없는 아이러니를 범하면서 지배세력과 공모하는 데 일조할 수 있다는 것이다.

스피박이 경계하는 것은 포스트식민주의 페미니즘을 하나의 유행하는 문화적 주제로 변용함으로써 그것이 가지고 있던 정치성을 증발시켜버리는 것이다. 포스트식민주의 페미니즘이 포스트식민 이성을 발휘하여 마치 자신이 토착 정보원 하위 여성 주체를 대표하고 대변하는 것처럼 자신의 특권을 강화하지 말아야 한다는 것이다. 그렇게 해서는 안 돼, 라는 윤리적인 명령이 세계를 얼마나 변혁시킬 수 있을까? 그것이 스피박 혹은 포스트식민주의 페미니즘이 풀어야 할 과제일 것이다. 1세계 강단에 자리를 잡고 '3'세계를 대표하고 대변함으로써 토착 정보원 역할을 하고 있는 이론가든, 아니면 '3'세계로 돌아가서 강단에 서는 페미니스트든 간에, 자신의 특권은 결코 포기하지 않으면서 온갖 정치적 올바른 소리를 하는 자신을 스스로 성찰의 대상으로 삼으라는 것이 스피박의 끊임없는 지적이다. 스피박 또한 그런 공격으로부터 벗어날 수는 없겠지만 적어도 그녀는 자신이 어떤 위치에서 어떻게 말하고 있는지를 끊임없이 성찰하려고 한다는 점만은 높이 사줄 만하다. 스피박 식으로 말하자면 '배움은 특권을 내려놓는 것'이므로.

맺는 글   비서구의 입장에서 연구한
            타자로서의 서구

인문학의 역할 중 하나가 질문을 바꾸는 것이라고 한다면, 스피박은 충분히 그런 역할을 하고 있다. '나는 누구인가'라는 질문에서부터 '나는 어디에'라는 질문으로 넘어가는 데 적어도 2천 년은 걸렸다. 내가 어디에 있는가에 따라서 나의 정체성이 규정되는 전 지구화 시대에 이르러서야 비로소 타자의 무대화가 진행되고 있다. 타자라는 어휘가 여러 포스트 이론에 흘러넘치고 있지만 그때 타자는 서구를 주체로 했을 때 비서구를 지칭하는 것이었다. 유럽을 타자로 연구하자고 제안한 이론가가 스피박이었다. 그녀는 비서구의 입장에서 유럽이라는 타자가 발명되는 과정을 연구하면 왜 안 되는가, 라는 질문을 제기했고, 바로 그런 질문에 답하려고 한 것이 『포스트식민 이

성 비판』이다. 이 질문 하나만으로도 스피박의 난삽한 모든 이론을
읽는 수고는 보답을 받은 셈이다.

　그녀가 취하고 있는 해체론적 전략은 그녀의 글쓰기를 접근 불
가능하게 만드는 지점이었다. 자신의 입장을 하나의 이론에 고정시
키지 않음으로써 초래된 현상이었다. 말하자면 스피박은 지식인의
위상을 투명한 것으로 간주하지 않는다. 자기 이론을 진리로 만들기
위해 객관적으로 투명한 입장을 취하는 것이야말로 서구 남성 주체
이론의 전형적인 인식론적 폭력이었다는 점을 신랄하게 지적하는
만큼, 그녀는 그런 객관적·보편적 진리를 보장하겠다는 환상에 사
로잡히지 않는다. 지식인으로서 마치 신과 같이 투명한 존재인 듯한
제스처를 취하지 않는다. 자신이 서 있는 기반을 언제나 허물어내면
서 다시 구축해나가는 해체론자로서 스피박을 하나의 고정된 이론
틀에 묶어두기는 힘들다. 이론적인 고정점을 벗어나 지적인 '초점
화자'로 말하는 그녀의 전략은 솔직하지만 동시에 자기 이론을 접근
불가능[113]하게 할 정도로 어렵게 만드는 단점이 되기도 한다.

　앞 장에서 보았다시피 포스트식민 페미니즘의 입장에 서 있는
스피박과 여타 페미니즘의 이해관계는 많은 부분에서 갈린다. 사실
포스트식민주의와 페미니즘의 결합은 용이한 것이 아니다. 포스트
식민 하면 어쩔 수 없이 지배/피지배, 제국주의/민족주의와 같은 이
항대립을 연상하지 않을 수 없고, 페미니즘이라고 하
면 남성/여성이라는 젠더와 가부장적 체제 속에서의
지배/종속 사이의 권력과 욕망의 관계가 연상되기 때

113　Terry Eagleton, "In
the Gaudy Supermarket,"
London Review of Books,
13 May 1999.

문이다. 식민 지배를 경험한 민족국가들은 제국주의적인 식민 기획의 일환으로 근대화를 성취한 경우가 대부분이다. 그러므로 근대화와 서구 제국주의는 거의 언제나 교직되어 있다. 따라서 식민화에 저항하기 위한 피식민 민족국가의 노력들은 흔히 근대화 이전의 봉건적인 전통으로 회귀하려는 복고적인 향수에 의존하는 경우가 허다하다. 그래서 우파 민족주의는 신분 질서에 근거한 과거 전통으로 회귀하려는 욕망에 사로잡힌다. 민족이라는 이름 아래 우파 민족주의가 안고 있는 전근대적이고 봉건적인 가부장적 억압은 감춰져버린다. 반면 좌파 민족주의의 경우 계급을 중심으로 반봉건·반제국주의 투쟁을 주요 모순으로 상정한다. 우파든, 좌파든 민족주의에게 젠더는 부차적인 모순일 뿐이다. 따라서 포스트식민 페미니즘은 계급, 인종, 민족 모순이라는 중첩된 모순을 가로질러야 하는 힘든 과업을 수행해야 한다. 게다가 피식민지 여성이라고 하여 하나의 동일한 범주로 연대하지 못한다. 그러므로 여성들 사이의 차이를 협상하는 것이 필수적이라는 점에서 해체론자인 스피박이지만 전략적인 본질주의를 주장하기도 한다.

1세계 교육기계 안의 바깥에 자신을 위치시키려고 스피박은 부단히 노력하지만, 선생으로서 자신이 하는 역할이 지금의 제도와 체제를 유지하고 재생산하는 것임을 그녀 또한 인정한다. 그것이 그녀가 대면하고 있는 고민의 지점이다. 선생으로서 스피박의 고민은 마하스웨타 데비의 「아낌없이 주는 두올로티」에 등장하는 학교 선생인 모한의 고민과 흡사해 보인다. 인도 독립기념일을 축하하고 학생들에게 민족의식을 고취시키기 위해 모한은 학교 운동장에 있는 클레이 코트에 인도의 지도를 그려놓았다. 병이 들어 고향으로 돌아가던 두올로티는 깨끗한 흙 마당을 보고 그곳에 몸을 눕힌다. 두올로티는 카미야다. 카미야는 가족의 빚을 탕감하기 위해 인신매매된 여성을 지칭하는 말이다. 이들은 철저한 고리대에 묶여서 성 노동을 하게 된다. 두올로티는 아버지가 진 빚 3백 루피를 갚기 위해 성 노동을 시작해 8년 동안 4만 루피를 갚아주고도 여전히 하루에 다섯 명에서 스무 명의 손님을 받아야 했다. 결국 성병에 걸려 죽어가게 되어서야 그녀는 해방된다. 다음날 아침 모한과 학생들은 인도의 지도 위에 누워 있는 두올로티를 발견한다. 이 소설의 마지막은 이와 같은 수사의문문으로 끝난다. "모한은 이제 어떻게 할까? 두올로티가 인도를 전부 다 뒤덮고 있는 마당에."

　벵갈어 두올롯doulot은 부를, 두올로티douloti는 '부의 거래'를 의미한다. 모한은 무엇을 할까? 그것은 스피박이 자신에게 항상 되묻는 질문이기도 하다. 최종심급화된 여성의 몸이 전 지구화된 금융자본주의의 흐름에서 어떤 변혁을 가져올 수 있는가? 혹은 변혁은 차치하고 하위 여성 주체는 말할 수라도 있는가? 사티를 결행하는 여성이 어떻게 무슨 말을 할 수 있겠는가? 스피박에 따르면 하위 여성 주체는 말할 수 없다. 그렇다면 스피박이 할 수 있는 것이라고는 한 줌의 대학원생들을 모아놓고 인문학을 가르치는 것뿐일까? 『포스트식민 이성 비판』을 거쳐 『다른 여러 아시아』에 이르면서 스피박은 인문학의 창조적 상상력에서 그나마 변화의 가능성을 보고 있다.

스피박은 자기 스스로 실천하는 마르크스주의-페미니스트-해체론자라고 명명하는바, 이론적인 실천뿐만 아니라 사회적인 실천 행위를 지속적으로 해오고 있다는 점에서 자신이 비판해 마지않는 포스트페미니스트들과 변별성을 유지하고 있다. 그녀는 1986년부터 비영리 교육사업에 착수해 1997년 드디어 뱅골 지역에 비영리 교육재단을 설립했다. 전 지구촌을 통틀어 가장 빈곤한 지역의 아동들에게 초보적인 교육을 제공하기 위해서였다. 그 지역사회에서 교사를 훈련시키고 그들이 다시 빈곤 가정 아동들을 교육시키는 프로그램이다. 스피박이 학교를 세운 지역은 앞으로 유권자가 될 아동들이 많이 모여 사는 곳이다. 그래서 그 지역의 아동들을 교육시킴으로써 민주주의를 발전시키려는 의도에서 그런 프로젝트를 만들었다고 그녀는 말한다. 그런 면에서 보자면 그녀는 단지 포스트식민 페미니스트 이론가일 뿐만 아니라 실천하는 활동가이기도 하다.

남한은 전 세계에서 유일한 분단국가라는 특수한 상황에 처해 있다. 스피박의 포스트식민 페미니즘은 이런 상황에서 어떻게 개입하고 협상해야 할 것인지에 대한 통찰을 제공한다. 여는 글에서 언급했던 컨트롤데이터 사에서 해직된 여공들은 사반세기가 지나 하위 여성 주체로서 스스로 말할 수 있게 되었다. 이혜란 감독의 〈우리는 정의파다〉(2005)는 우리 사회가 오래 잊고 있었던 여성 노동자들의 이야기를 새롭게 부각시켰다. 〈우리는 정의파다〉의 제작일지가 보여주다시피 2005년 3월, 그로부터 27년 전이었던 1970년대 말 동일방직에서 해고된 여성 노동자들이 모여서 복직을 요구하며 집회를 열었다. 이 다큐멘터리는 사반세기에 걸친 한국 '여공'의 역사를 당사자의 입장에서 다시 쓰고 기록한 것이다. 27년 전 여성 노동자들이 뭉쳐 민주노조를 조직하자 회사는 남성 노동자 구사대를 동원해 노조사무실에 똥물을 투척했다. 그로부터 한 세대가 지난 지금까지 그들은 아무도 기억해주지 않는 무관심 속에서도 스스로를 잊지 않았다. 학자, 기자, 면담자 들이 지겹도록 대상화한 것에 반발하면서 자신들의 목소리로 자기네들의 이야기를 하려고 모였다. 이제는 사십대, 오십대의 나이가 되었고 대다수는 비정규직 여성 노동자로 살아가고 있는 그들이 모여서 스스로를 치유하는 이야기를 하고 있다. 한국 사회에서 계급, 젠더의 모습은 여전히 지속되는 실패의 이야기라고 할지라도 당사자 스스로 말하고자 한다는 점에서 분명 하위 여성 주체는 말할 수 있다는 점을 보여준 성공의 드라마였다. 이들 동일방직 복직 투쟁자들 중에는 컨트롤데이터 사에서 해고된 이영순 씨도 포함되어 있었다.

스피박을 잘 읽어내는 방식은 각기 다른 역사적·시대적·사회적 상황을 맥락화함으로써 탈식민화하는 이론과 실천의 장을 열어나가는 것이다. 그녀가 언급하는 알제리, 인도, 멕시코, 한국, 그리고 다른 여러 아시아 등이 국제적인 노동분업에서 각기 다른 공간을 차지하고 있다. 그런 차이를 이론화하는 작업이야말로 스피박이 주장하는 포스트식민 페미니즘이 해야 할 과제 중 하나일 것이다. 한국은 분단국가라는 특수한 상황에 처해 있고, 그렇기 때문에 민족을 들먹이면서도 남북한은 반세기 이상 적대 관계를 유지하고 있다. 이

명박 정부가 들어서면서 또다시 북한을 주적으로 간주하게 되었고 심심하면 간첩단 사건과 공안 사건이 터지는 나라다. 게다가 정부는 북한에게 관용과 시혜의 제스처를 취하면서도 지하철 방송에서는 수상한 자, 혹은 간첩을 신고하라고 방송한다. 정부가 필요에 따라 좌파들을 수시로 빨갱이로 몰아 투옥하는 것이 대한민국의 현주소다. 이처럼 온갖 모순이 중첩된 한국 사회에서 남한 여성과 북한 여성, 연변 조선족 여성 들이 여성이라는 이름만으로 연대한다는 것은 힘들겠지만, 바로 그렇기 때문에 한국의 페미니즘이 만들어나갈 세상은 어떠해야 할 것인지를 끊임없이 반성하면서 출구를 찾아야 할 것이다. 그것이야말로 스피박이 주장하는 포스트식민 이성을 매개로 한 비판적인 작업일 것이라고 믿는다.

주요 용어 사전

원거리 생성시학teleopoiesis:
데리다가 만든 신조어. tele+poiesis는 멀리 떨어진 두 곳을 상상력으로 생성시키고 만들어내고 연결시키는 것을 의미한다. 시공간을 가로질러 상상력을 생성하는 힘으로서 원거리 생성시학은 초국적 독해 능력에 필수적이다.

전략적 본질주의strategic essentialism:
사회적 행동을 하기 위해서 일시적으로 본질주의적인 입장에 서는 것을 말한다. 페미니즘 내부에서 본질주의 논쟁이 심화되었을 때 스피박은 그런 논쟁이 소모적일 뿐만 아니라 여성은 없다는 반본질주의를 가지고서는 페미니즘이 서로 연대할 수 없다는 점을 인정하고 잠정적인 본질주의적 입장을 취했는데 그때의 본질주의를 말한다.

전이transference:
정신분석학에서 전이는 피분석 주체가 이전에 자신에게 소중했거나 중대한 외상을 입힌, 그래서 애증이 공존하는 대상에게로 향했던 양금으로서의 무의식을 분석가에게 투사하는 것을 의미한다. 이처럼 분석 중에 애증의 대상이 이동하는 것을 전이라고 하고 그러한 피분석 주체의 전이에 대해 분석가가 환자 주변의 인물과 자신을 동일시하는 무의식적인 반응의 총체를 역전이라고 한다. 라카프라는 현재가 필연적으로 미래를 담고 있듯이 과거가 현재로 반복 치환되어 들어온다는 의미로 전이의 개념을 수정해서 역사의 분석에 이용한다.

정동affect:
스피노자에 따르면 인간의 정신은 이성에 전적으로 종속되지 않는다. 몸을 가지고 있는 이상 인간은 이성이 아니라 혼란스런 느낌, 정서, 의지, 충동과 같은 여러 가지 정념, 즉 희로애락애오욕과 같은 전의식적이고 상징계 이전의 잔재로 남아 있는 어떤 흐름과 강도를 가지고 있다. 스피노자에 따르면 이런 감정은 하나로 고정된 것이 아니다. 그것은 정지와 운동이라는 맥락 속에서 다양한 모습의 강도와 흐름을 지니게 된다. 그것을 스피노자는 정동이라고 부른다. 스피노자에게 수치심, 복수심, 두려움, 유사희망, 불안, 공황 등은 상황에 따라 슬픔으로 정지될 수 있다. 수치심은 자신이 타인에게 비난받는다고 상상하는 어떤 행동의 관념을 동반하는 슬픔이다. 복수는 타인에게 슬픔을 가함으로써 자신의 슬픔으로부터 벗어날 수 있다고 상상하는 슬픔이다. 두려움은 자신이 두려워하는 큰 악을 작은 악으로 피하려는 욕망에 의해 자극되는 슬픔이다. 불안은 자신의 욕망이 침해당할 수 있다는 가능성을 가정할 때 비롯되는 슬픔이다. 공황은 작은 악을 통해 큰 악을 피하려는 욕망, 즉 공포에서 벗어나는 것조차 방해당하는 일반화되고 대규모화된 두려움이다. 스피박에 따르면 서구 철학은 이런 정동을 이성에 종속시킴으로써 서구 제국주의의 문명화 사업을 훨씬 더 강력하고 효과적으로 진행하는 데 이바지했다는 것이다.

정체성평등주의identarianism:
성적 소수자들, 다인종, 다문화 사이에 기계적인 정체성의 평등을 주장함으로써 정체성을 하나의 페티시로 만드는 현상.

초국적 독해 능력transnational literacy:
전 지구적 금융자본주의 시대는 한 국가 차원의 독해 능력만으로는 온갖 모순이 중첩된 사회를 파악하기 힘들다. 그래서 국민국가의 경계선을 넘어서 지구지역적으로 연결되어 있는 세계를 이해할 수 있는 독법이 필요한데 그것을 스피박은 초국적 독해 능력이라고 일컫는다.

카타크레시스catachresis:
오어법 또는 말의 오용이라고도 한다. 어색하거나 무리한 은유 또는 혼합 은유나 함축적 은유에서 흔히 보이는 잘못된 단어 용법, 즉 비유의 남용이나 말의 오용을 가리킨다. 때로 이 말은 해학적인 효과를 얻기 위해 의도적으로 사용되기도 한다. 고대 로마의 수사학자인 마르쿠스 퀸틸리아누스Marcus Quintilianus는 이를 필요한 말의 오용이라고 부르고, 푸블리우스 베르길리우스Publius Vergilius의 장편서사시 『아이네이스*Aeneis*』의 한 부분 "그들은 팔라스의 신술神術로 말馬을 지었다equum divina Palladis arte/aedificant"를 인용하였다. 여기서 '말을 지었다'에 쓰인 'aedificant'는 '집을 지었다'라는 뜻이므로 이를 말馬에게 적용한 것은 말의 오용인 것이다. 이밖에 효과적으로 쓰인 말의 오용은 윌리엄 셰익스피어의 『햄릿』에 나오는 "고통의 바다에 무기를 들고 저항하다To take arms against the sea of troubles"라는 표현과 존 밀턴John Milton의 『리시다스*Lycidas*』에 나오는 "목양자의 지팡이를 들 줄도 모르는 눈먼 입들!Blind mouths! That scarce themselves know to hold a sheep-hook"에서도 찾아볼 수 있다. 사람이 무기를 들고 바다와 싸울 수 없음은 물론이고, 입이 눈멀 수 없으며, 더욱이 입으로 지팡이를 들 수 없음은 명백한 일이지만 이 문장에서 얻고자 하는 수사 효과는 그러한 시도의 불가능성과 쓸모없음에서 비롯되는 것이다. 이러한 예에서 알 수 있듯이 오어법은 은유에 무리하게 사용되어 어색한 표현이 되어서는 너저분한 말의 오용으로 전락하거나, 아주 효과적으로 사용되어 특정 은유의 효과를 배가시키는 놀라운 양상을 보여 의도적인(필요한) 말의 오용이 되기도 한다.

토착 정보원native informant:

토착 정보원은 서구만이 각인할 수 있는 문화적 정체성의 텍스트를 생산하는, 하지만 그 자체로서는 공bland인 존재이다. 따라서 토착 정보원은 유럽적인 주체를 위해 요구되면서도 폐지되는 것이다. 칸트의 경우, 합리적 의지에게 자유를 허용하는 반성적 판단의 자율성에 착수하기 위해 한정적인 것determinant의 타율성을 나타내는 사례로 토착 정보원이 요구되고 폐제된다. 마르크스의 경우, 생산양식의 서사에 정상성을 보증하는 것으로 토착 정보원이 요구되고 폐제된다. 과거와는 달리 전 지구가 남/북으로 나눠진 지금 북이 자신의 삶의 수준을 유지하는 데 필수적인 남의 자원과 노동에 바탕을 두고 있다는 사실은 폐제되어버린다. 스피박은 남에서도 가장 가난한 기층민중이라고 할 수 있는 하위주체 여성들이 토착 정보원의 전형적인 사례인지를 끊임없이 상기시키고자 한다.

파레르곤parergon:

par(가장자리, 주변) + ergon(작품)을 뜻하는 단어다. 파레르곤은 가장자리 장식임에도 불구하고 대상의 미를 증진시키는 것이다. 그것은 대상의 전체적인 표상에 외부적인 것이자 비본질적인 것이다. 하지만 대상이 그 자체로 완벽하게 구성되어 있다면 더 이상의 첨가물이 필요하지 않을 것이다. 액자 안의 그림은 액자에 의해서 안과 바깥, 그림과 그림 외부가 구분되는 것처럼, 파레르곤은 철학에 부차적인 것이면서도 그것의 완성을 위해서는 반드시 필요한 보완적인 것supplement이다. 뉴홀랜드인과 티에라델푸에고인들은 칸트의 철학에 스쳐 지나가는 부차적인 존재이지만 칸트의 도덕적 주체를 확립하는 타자의 역할을 하는데, 이런 것을 파레르곤이라고 한다.

파르마콘Parmacon:
데리다의 개념. 독이 되기도 하고 약이 되기도 하는 것.

폐제foreclosure:
억압보다 훨씬 더 강력하고 훨씬 더 효과적인 일종의 방어가 있다. 거기서 자아는 양립할 수 없는 표상을 정동affect과 더불어 폐기한다. 마치 그런 표상이 자아에게 한 번도 떠오른 적이 없었던 것처럼 처신한다. '늑대 인간'이 가장 전형적인 사례라고 프로이트는 꼽는다. 라캉적 의미에서 폐제는 억압과 다르다. 폐제는 무의식적으로 억압하는 것과는 달리 주체의 상징계 바깥에서 일어나는 것이므로 폐제된 기호형식들은 주체의 무의식에 통합되지 않는다. 그러므로 내부에 무의식적으로 억압된 것이 아니므로 내부에서 귀환하는 것이 아니라 실재계의 한가운데서 환각으로 다시 나타난다. 그것은 자아에게 어떤 표상으로 각인되지 않는다.

피부색주의chromatism:
피부색으로 인해 드러나는 가시적인 차이에 기초한 인종차별주의를 뜻하는 것으로, 유색 여성이란 용어 또한 백인 여성을 투명하고 순결한 백색으로 보고 그것에 비추어 유색이라고 부르는 것이라는 의미에서 스피박은 유색colored 여성이라는 표현 대신 피부색주의라고 명명한다.

하위주체subaltern:
그람시가 사용한 용어다. 하위주체는 본래 군대 내에서 지위가 낮은 졸병들을 지칭한 단어로 그람시는 검열을 피하기 위해 이 단어를 사용했다. 그람시는 프롤레타리아를 하위주체로 지칭했다. 이 단어는 엄격한 계급 분석으로 분류되지 않는 모든 것을 통틀어 지칭하는 것으로 변형되었다. 스피박은 이 개념이 엄격히 한정되지 않고 기층민중과 같이 막연한 통칭으로 사용되는 것 때문에 선호한다고 말한다.

합입Invagination: 약이 독이 되는 파르마콘처럼 안과 바깥을 구분하기 힘든 것의 은유로 처녀막hymen은 질vagina의 안과 바깥을 삼투하는 것이므로 안과 바깥의 경계를 흐리는 것을 뜻한다. vagina는 질이라는 뜻뿐만 아니라 칼집이라는 의미도 있다.

가야트리 스피박 서지 목록

저서

- *Myself, I Must Remake: The Life and Poetry of W.B. Yeats*(박사학위 논문, 1974)
- *In Other Worlds: Essays in Cultural Politics*(1987)
  『다른 세상에서 : 문화정치학 에세이』 태혜숙 옮김, 여성문화이론연구소(2008)
- *Selected Subaltern Studies*(1988)
- *The Post-Colonial Critic*(1990)
  『스피박의 대담: 인도 캘커타에서 찍힌 소인』, 새러 하라쉼 엮음, 이경순 옮김, 갈무리(2006)
- *Outside in the Teaching Machine*(1993)
  『교육기계 안의 바깥에서 - 초국가적 문화연구와 탈식민 교육』, 태혜숙 옮김, 갈무리(2006)
- *The Spivak Reader*(1995).
- *A Critique of Postcolonial Reason: Towards a History of the Vanishing Present*(1999)
  『포스트식민 이성 비판』, 태혜숙·박미선 옮김, 갈무리(2005)
- *Death of a Discipline*(2003)
  『경계선 넘기: 새로운 문학연구의 모색』, 문화이론연구회 옮김, 인간사랑(2008)
- *Other Asias* (2005)
  『다른 여러 아시아』, 태혜숙 옮김, 울력(2011)
- *Who Sings the Nation-state?*(2007)
  『누가 민족국가를 노래하는가 : 주디스 버틀러, 가야트리 스피박의 대담』,
  주디스 버틀러 공저, 주해연 옮김, 산책자(2008)
- *An Aesthetic Education in the Era of Globalization*(2012)

번역

Of Grammatology(1976)

Imaginary Maps(1994)

Breast Stories(1997)

Old Women(1999)

Song for Kali: A Cycle(2000)

Chotti Munda and His Arrow(2002)

더 읽을 책

『탈식민주의! 저항에서 유희로』, 바트 무어-길버트, 이경원 옮김, 한길사(2001)

『스피박 넘기』, 스티븐 모튼, 이운경 옮김, 앨피(2005)

『탈식민주의에 대한 성찰: 푸코, 파농, 사이드, 바바, 스피박』, 박종성, 살림(2006)

『백색신화』, 로버트 영, 김용규 옮김, 경성대학출판부(2008)

감사의 글

부산대학교 김용규 선생님께 가야트리 스피박의 『포스트식민 이성 비판』에 관한 해설서를 쓰겠다고 약속드린 게 2년 전이었다. 약속을 제대로 지키지 못한 채 어느덧 2012년이 되었다. 늦었지만 이제라도 김용규 선생님께 감사하다는 말을 전하고 싶다. 중간에서 메신저 역할을 해준 이경 선생님에게도 감사한다.

매사에 심드렁하고 의욕이 없던 시기였으므로, 난해한 스피박의 텍스트와 씨름하다 보면 오기가 생겨서라도 삶의 의욕이 충만해질 것으로 생각했다. 그런데 막상 스피박을 잡자 편두통이 극심해져서 삶의 의욕이 더욱 저하되었다. 스피박 해설서는커녕 스피박 텍스트에 매몰될 것 같아서 텍스트를 한동안 멀찌감치 밀쳐놓았다. 그사이 스피박과는 무관한 세미나를 진행하게 되었다.

책을 함께 읽고 세미나를 진행하고 있는 구성원들에게 감사하는 마음을 전한다. 채식이 대세인 시대에도 성찰적이고 비판적인 육식주의자인 김선아 선생, 나직나직 조곤조곤 논리적인 조혜영 선생, 허를 찌르는 유머감각으로 우리의 멘토 노릇을 담당하고 있는 허윤, 톡톡 튀는 활력으로 세미나에 활기를 불어넣는 한우리 등에게 감사를 표한다. 10년 넘게 함께 세미나를 해온 여성문화이론연구소 정신분석 세미나팀원들에게는 항상 고마운 마음이다. 세미나 뒤풀이 자리에서 나오는 허무주의, 냉소주의, 기회주의, 호기심, 뒷담화, 잡담들이 우울한 삶의 풍경에 긍정적인 해독제 역할을 해준다고 믿고 싶다. 파올로 비르노Paolo Virno의 통찰이 아니더라도 우리의 지적 잡담이 주는 즐거움이 우울, 불안, 공황, 자폐증에 대한 생산적 치유제로 피드백되고 있다는 사실에 새삼 감사한다.

2012년 5월

임옥희

찾아보기

타자로서의 서구

발간사
'우리시대 고전읽기/질문총서'를 펴내며

오늘날 우리 사회에서 새삼스럽게 화두가 되고 있는 것이 '고전'이
다. 왜 고전인가? 미래가 불투명한 현실에서 고전은 하나의 등불처
럼 미래의 방향을 비춰주고, 개인의 암울한 장래 앞에서 고전은 한
줄기 빛처럼 세상의 어둠을 밝혀주는 안내자의 역할을 할 수 있을
것으로 여겨지기 때문이다. 어쩌면 고전이 시대의 화두라는 말은 이
시대 자체가 나아가야 할 목표와 좌표를 상실한 암담한 시대라는 사
실을 방증하는 것일지 모른다. 게오르그 루카치의 말처럼 현재가 별
이 빛나는 창공을 지도 삼아 갈 수 있는 행복한 서사시적 시대라고
한다면, 고전은 존재하지 않아도 무방하리라. 하지만 '고전'은 그런
시대의 행복한 조화가 깨어지고 우리 자신이 시대와 불화하고 서로
어긋나는 소설 시대의 산물에 다름 아니다.

우리는 너무 쉽게 고전을 시대 현실과 동떨어진 대척점에 놓으
려는 유혹에 빠지곤 한다. 정말 고전은 우리 현실과 대립하는 위치
에 서서 미래를 비춰줄 찬란한 등불과 같은 것인가? 이 질문에 긍정
으로 대답하면 우리는 고전을 그것을 산출한 시대적 현실과 연결된
살아 있는 생물체로 보지 못하고 그 현실과 분리된 물신화된 화석으
로 간주할 가능성이 다분하다. 언제부터인가 고전은 시간을 뛰어넘

는 '모방의 전범'으로, 또 19세기 매슈 아널드가 말한 '세상에서 말해지고 생각된 최고의 것', 즉 교양을 얻을 수 있는 최고의 원천으로 간주되기 시작했다. 나아가서 고전은 '변화와 상대성에 저항하는 보루'로서 시대를 초월하는 인간의 보편적 가치를 담지한 작품으로 정전화되어왔다. 하지만 시대와 장소를 뛰어넘어 통용되는 초월적 '보편성'이란 우리시대가 필요해서 창안한 관념일 뿐 실제 존재하지 않는다. 고전의 화석화에 저항하는 당대적 현실과, 고전이 정전화될 때 간섭하는 권력의 존재를 감안한다면, 그와 같은 초월적 보편성의 이념은 이데올로기적 허구에 가깝다.

　'우리시대 고전읽기/질문총서'는 이러한 절대적이고 초월적인 보편으로서 고전의 허구성을 비판하기 위해서는 무엇보다 먼저 우리시대의 문제적 텍스트들을 읽는 연습이 절실하다는 생각에서 기획되었다. 그 문제적 텍스트가 시대적 현실 속에서 살아 움직이는 실체임을 깨닫게 될 때, 즉 그 텍스트들이 당대의 현실에 어떤 질문을 던지고 있는지, 그 질문을 서사적으로 어떻게 풀어나가는지, 그리고 그 질문이 어떻게 새로운 대안으로 연결될 수 있는지 보다 생생하게 읽어내는 방식을 체득하게 될 때, 우리는 현재의 삶이 제기하는 문제들에 보다 적극적으로 대응할 수 있을 것이다. 뿐만 아니라 우리시대의 고전을 제대로 읽을 수 있을 때 우리는 과거의 고전들에 대해서도 예전과는 전혀 판이한 해석을 할 수 있다. 왜냐하면 이러한 읽기는 고전을 당대의 생생한 현실 속으로 되돌려놓을 수 있을 뿐만 아니라 그 고전을 산출한 과거의 지적 공간을 오늘날의 지적 공간 안에 편입시킴으로써 그 고전을 우리시대의 고전으로 새롭게 창조할 수 있는 방법을 모색하는 데 큰 도움이 될 것이기 때문이다.

우리시대의 고전을 읽는 이점은 여기에만 그치지 않는다. 과거의 고전들이 수많은 공간적·장소적·횡단적 차이들에서 벗어나 어떤 목적적 시간성에 의지하고, 나아가 종국에는 시간성 자체를 초월하여 해석되는 경향이 없지 않았다면, 우리시대의 고전은 철저하게 그 고전을 산출한 시공간의 장소성에서 벗어나서 해석될 수 없음을 깨닫게 해준다. 또한 이러한 장소성에 대한 자각은 고전의 정전화 과정 속에 침투해 있는 다양한 권력과 이데올로기들을 드러내준다. 그중 가장 대표적인 것이 서구중심주의와 그에 기대고 있는 민족주의이다. 서구의 발전을 이상적 준거틀로 삼는 서구중심주의든, 서구에 대항한다는 명목으로 서구적 모델을 자기 내부에서 찾고자 하는 민족주의든 모두 고전을 서구적 모델의 견지에서 인식해왔다. 그 결과 서구의 고전은 이상적 모델로 보편화되었고 비서구나 주변부의 고전들은 서구적 수준에 미달하는 것으로 억압되거나 아예 목록에서 제외되었다. 우리시대의 고전을 보다 철저히 읽어야 하는 이유는 바로 이런 서구중심주의의 단일보편성을 비판하는 한편 주변부에 다양한 '보편적' 텍스트들이 존재함을 재인식하는 데 있다. 요컨대 '우리시대 고전읽기/질문총서'는 단일보편성의 상대화와 주변의 다양한 보편들에 대한 인정을 지향한다. 고전을 해당 시대가 제기한 핵심적 질문에 나름의 진단과 대안을 제시하는 중요하고 문제적인 텍스트라고 간단히 규정할 때, 오늘날 비서구와 주변부에서 제기되는 중요한 질문들을 다루는 그런 텍스트들을 발굴하고 견인하는 것은 필연적이다.

결론적으로 말해, 우리시대의 살아 있는 고전을 읽는 작업은 이중적 과제를 수행한다. 그것은 한편으로는 과거의 고전을 당대와 현재의 생생한 현실 속으로 다시 가져와 그것이 제기하는 질문을 여전히 살아 있는 질문으로 계승함으로써 모든 고전이 결국 우리시대의 고전임을 깨닫게 하는 것이고, 다른 한편으로는 우리시대의 고전들이 던지는 질문과 답변들을 꾸준히 우리 자신의 것으로 체화함으로써 우리로 하여금 미래의 고전에 대한 새로운 창안자가 되도록 하는 것이다. '우리시대 고전읽기/질문총서'는 바로 이런 과제에 기여하는 것을 꿈꾸고자 한다.

2012년 5월
부산대학교 인문학연구소

타자로서의 서구